GOLDMANN GELBE TASCHENBÜCHER

Band 2998

Jörg Andrees Elten · Flugzeug entführt

Zu diesem Buch

An einem Sonntag nachmittag, am 6. September 1970, startete in Amsterdam die israelische Boeing 707. Es begann das dramatischste Ereignis dieses Jahres, die größte Flugzeugentführungsaktion in der Geschichte der Zivilluftfahrt. Bewaffnete Palästinenser zwangen die Piloten, auf einem Stück glühendheißem Wüstensand zu landen. Besatzung und Passagiere der zwei gekaperten Maschinen machten eine lebensgefährliche Robinsonade durch: unbarmherzig prallte die Wüstensonne auf das Blech der Riesenvögel, drohten die Mündungen der Piratenwaffen. Und da brach in Jordanien der Bürgerkrieg aus. Husseins Beduinensoldaten kämpften gegen die Freischärler.
Auf dem internationalen diplomatischen Parkett herrschte reges Treiben. Die Welt schien am Rande eines Krieges zu stehen ...
Das Buch ist eine vor Spannung knisternde Story vom Mut und Einfallsreichtum des Menschen in einer schier ausweglosen Situation. Die plastische Erzählkunst des Autors zieht den Leser magnetisch in die dramatischen Ereignisse hinein.

JÖRG ANDREES ELTEN

Flugzeug entführt

Der aufsehenerregende Report über die
vier Flugzeugentführungen
der palästinensischen Befreiungsfront

WILHELM GOLDMANN VERLAG

MÜNCHEN

7031 · Made in Germany · Genehmigte Taschenbuchausgabe. Die Originalausgabe ist im Scherz Verlag, Bern–München–Wien, unter dem Titel »An einem Sonntag nachmittag« erschienen. Umschlagentwurf: Ilsegard Reiner. Foto: SZ-Archiv, München. Gesetzt aus der Linotype-Garamond-Antiqua. Druck: Presse-Druck Augsburg. Verlagsnummer 2998 · St/Zu
ISBN 3 442-02998-8

I

Sie hielten sich an der Hand, als sie in Amsterdam an Bord der israelischen Boeing 707 gingen. Schlomo Vider, Steward in der 1. Klasse des El-Al-Fluges 219 nach New York, hielt sie für ein verliebtes Paar auf Hochzeitsreise. Er: Ende Zwanzig, schlank, drahtig, rötliches Haar, schmales Gesicht, goldgerahmte Brille, grauer Maßanzug. Sie: von zerbrechlicher Grazie, klein, wohlgeformt, schlanke Taille, sensible Hände, schwarzseidenes langes Haar, olivfarbener Teint, hellblauer Hosenanzug. Sie wollten zusammensitzen, aber die El-Al-Stewardess, die sie am Eingang der Touristenkabine in Empfang nahm, konnte das Gedränge der Passagiere noch nicht übersehen. Flug 219 – Tel Aviv, Amsterdam, New York – war voll ausgebucht. Die Stewardess wies dem Pärchen zunächst getrennte Sitze an und bat um Geduld. Kurz vor dem Start zog das attraktive Paar um und nahm direkt hinter der Trennwand zwischen der 1. und 2. Klasse auf den Sitzen 4 B und 4 C Platz. Neben ihnen am Fenster saß Mrs. Faye Schenk, eine amerikanische Jüdin aus New York. Sie dachte: Was für ein hübsches Paar! Ihr fiel auf, daß die beiden kein Wort miteinander sprachen. Sie lasen englische Zeitungen – er den konservativen *Daily Express,* sie die Londoner *Times.*

Als Flugcaptain Uri Bar-Lev sich über Bordlautsprecher dafür entschuldigte, daß der Abflug durch Sicherheitsmaßnahmen in Amsterdam verzögert worden sei, zog sie ihre Jacke aus und legte sie zu ihren Füßen auf das Paket aus dem zollfreien Einkaufszentrum des Amsterdamer Flughafens Schipol. Sie hatte sich dort ein japanisches Sony-Transistorradio gekauft. Er steckte seine Brille hinter das Ziertaschentuch in die Jackettasche.

Uri Bar-Lev startete die mit fünfundvierzig Tonnen Treibstoff vollgetankte Boeing 707 zum Transatlantikflug nach New York um 13.10 Uhr.

Es war Sonntag, der 6. September 1970. Solange das Flugzeug stieg, um seine Reisehöhe von elftausendfünfhundert Metern zu erreichen, blieben die hundertfünfundvierzig Passagiere angeschnallt.

Nach dreißig Minuten servierte die Stewardess Jeanette Demerjan den I.-Klasse-Passagieren Aperitifs. Der New Yorker Steuerberater Harry Clark bestellte einen Gin-Tonic. In der Touristenklasse las Mrs. Faye Schenk in dem Buch *The imminent destruction of Israel*. Plötzlich hörte sie – es war 13.46 Uhr – einen »tierischen Schrei«. Sie blickte überrascht von ihrer Lektüre auf und sah die beiden jungen Leute, die eben noch neben ihr Zeitung gelesen hatten, im Gang des I.-Klasse-Abteils nach vorn stürzen. Sie schrien ununterbrochen das arabische Wort »Jallah!«, was auf deutsch soviel wie »Weg da!« oder »Vorwärts!« heißt.

Er hielt eine silbrig glänzende Schußwaffe in der Hand, die wie ein Spielzeugrevolver aussah – sie war nur sieben Zentimeter lang. Sie fuchtelte mit zwei kleinen zylindrischen Dosen herum – es waren Handgranaten aus Plastik.

Ihr Geschrei ist den meisten Passagieren später als »unartikuliert« oder »tierisch« im Gedächtnis haften geblieben. Aber mit diesem Schrei begann das dramatischste Ereignis des Jahres 1970:

Es lähmte den internationalen Flugverkehr, das Massenverkehrsmittel der modernen Welt.

Es eröffnete eine neue Ära im Guerilkrieg der Dritten Welt gegen das Establishment der reichen Industrienationen.

Es zwang die beiden Supermächte USA und UdSSR zu einer gefährlichen Machtprobe.

Es löste einen Bürgerkrieg in Jordanien aus und stürzte damit die gesamte arabische Welt in eine tiefe Krise.

Es führte schließlich zum Tod des ägyptischen Staatspräsidenten Gamal Abdel Nasser, der die arabische Krise mit staatsmännischem Geschick überwand und dabei seine letzten physischen Reserven verbrauchte.

Das Pärchen, das El-Al-Steward Schlomo Vider für Hochzeitsreisende gehalten hatte, rannte schreiend bis zur sogenannten »Service-Lounge« vor. Das ist ein Sonderabteil für das Bordpersonal – zwei gegenüberliegende Sitzreihen, dazwischen ein Tisch. Hier saßen Schlomo Vider, ihm gegenüber der Chefsteward Avraham Eisenberg und neben ihm die Stewardess Jeanette, ein dunkelhaariges Mädchen armenischer Abstammung. In zehn Minuten wollten sie das Mittagessen servieren.

Die drei begriffen sofort: Entführungsversuch! El-Al-Angestellte verhalten sich im Gegensatz zum Bordpersonal anderer Fluggesellschaften in einer solchen Situation nicht passiv: Als Israelis befinden sie sich im Kriegszustand mit den Arabern; sie reagieren also wie Soldaten, die angegriffen werden. Sie sind bereit, nicht nur ihre eigene Haut zu retten, sondern auch das Flugzeug zu verteidigen – koste es, was es wolle. Für solche Fälle gibt es genaue Instruktionen.

Aber bei diesem Flug 219 am 6. September 1970 waren schon beim Start in Amsterdam die Instruktionen nicht genau befolgt worden. Flugcaptain Uri Bar-Lev hatte dem israelischen Sicherheitsbeamten, der für das I.-Klasse-Abteil zuständig war, erlaubt, bei ihm im Cockpit Platz zu nehmen. Der Sicherheitsbeamte war sein Vetter. Der unerlaubte Familienplausch beschwor nun eine Situation herauf, die Mannschaft und Passagiere der Boeing in höchste Gefahr brachte: Vider, Eisenberg und Jeanette mußten mit den Flugzeugentführern ohne die Hilfe des Sicherheitsbeamten fertig werden, der hinter der verschlossenen Cockpit-Tür wie in einem Käfig saß.

An diese Tür schlug der junge Mann nun mit dem Knauf seines Revolvers und schrie: »Aufmachen!« Seine Begleiterin stand hinter ihm, hielt die beiden Handgranaten hoch und rief: »Die Granaten sind entsichert!«

Vom Cockpit aus schaute der Sicherheitsbeamte durch ein Guckloch – die Tür blieb jedoch geschlossen. Denn dies ist die schärfste Regel der El Al: bei einem Entführungsversuch wird die gepanzerte Tür zur Flugzeugführerkanzel unter keinen Umständen geöffnet.

Die Entführer waren ratlos. Diesen Moment versuchte Steward Schlomo Vider zu nutzen: Er erhob sich langsam von seinem Fensterplatz, aber der Flugzeugentführer schoß ihm sofort ins Bein – eine Warnung, daß sich ohne seine Erlaubnis niemand an Bord vom Platz rühren durfte. Schlomo Vider spürte den Schuß kaum, weil der Entführer aus Sicherheitsgründen Munition mit geringer Durchschlagskraft benutzte. Erst eine Minute später bemerkte Vider, daß ihm das Blut am Bein herunterlief.

Chefsteward Eisenberg sah besorgt, daß die beiden Entführer immer nervöser wurden. Mit ruhiger Stimme sprach er sie an: »Regen Sie sich nicht auf. Lassen Sie mich über Bordtelefon mit dem Captain sprechen. Ich will ihm sagen, daß er aufmachen soll.«

Der Entführer war einverstanden, und Eisenberg gab dem Captain in hebräischer Sprache, die die Araber nicht verstanden, durch: »Uri, flieg weiter, wir kommen schon zurecht!«

Uri flog weiter, die Tür blieb geschlossen.

Da schnappte sich der Entführer die Stewardess Jeanette, legte seinen linken Arm um ihren Hals, richtete mit der rechten Hand den Revolver auf ihre Schläfe, schleppte sie zur Cockpit-Tür und schrie: »Aufmachen, oder ich töte das Mädchen!«

Sie waren jetzt zu dritt an der Cockpit-Tür – das Entführerpärchen und Jeanette –, und alle drei schlugen im Zustand völliger Verzweiflung an die Tür. »Aufmachen!«

Nichts geschah!

Die israelische Stewardess verlor beinahe die Nerven. Sie zitterte bereits am ganzen Körper, und der verletzte Schlomo Vider befürchtete das Schlimmste für sie. Er hob die Hände und stand langsam auf. Sofort richtete der Entführer wieder den Revolver auf ihn, aber Vider sagte: »Lassen Sie mich mal mit dem Captain sprechen.«

Er trat einen Schritt vor. Der Entführer schien unentschlossen. Vider wagte einen weiteren Schritt. Jeanette hämmerte an die Tür. Noch einen Schritt – dann sprang Vider den Entführer aus einem Meter Entfernung an. Ein weiterer Schuß fiel, bevor Vider mit der Rechten die Hand mit dem Revolver zur Seite schlug. Mit der Linken packte er den Entführer am Haar und schlug seinen Kopf gegen die Cockpit-Tür. Beide fielen zu Boden. Die Mädchen – Jeanette und die Entführerin – flüchteten nach hinten in das I.-Klasse-Abteil.

In diesem Augenblick führte Captain Bar-Lev ein abenteuerliches Flugmanöver aus. Er zog die schwere Boeing 707 über die linke Tragfläche in einen Sturzflug. Der beabsichtige Effekt stellte sich ein: Die Entführerin, die immer noch ihre beiden Handgranaten umklammerte, verlor das Gleichgewicht. 1.-Klasse-Passagier Harry Clark ließ seinen Gin-Tonic zu Boden fallen und stürzte sich von hinten auf das Mädchen. »Ich sprenge das Flugzeug in die Luft!« schrie die Entführerin. Clark würgte sie am Hals und keuchte: »Okay, dann sterben wir beide!« Sie ließ die Handgranaten fallen, die nicht explodierten; sie waren gesichert.

Der sechsundfünfzigjährige Amerikaner war wie von Sinnen. Er würgte das Mädchen weiter und ließ erst von ihm, als es ohnmächtig unter ihm zusammenbrach und er glaubte, es sei tot.

An Bord des El-Al-Flugzeugs befand sich noch ein zweiter israelischer Sicherheitsbeamter, der im rückwärtigen Teil der Maschine saß und nur für die Touristenklasse zuständig war. Geduckt und sprungbereit hatte er das Handgemenge in der I. Klasse von weitem verfolgt. Er griff nicht ein, weil er zunächst fest davon überzeugt war, daß sich im Touristenabteil Komplizen der Entführer aufhalten müßten. Auf ihr Auftauchen wartete er mit gespannter Aufmerksamkeit. Erst als er feststellte, daß die Entführer vorne überwältigt wurden und sich im Touristenabteil nichts rührte, stürzte er mit gezogenem Revolver nach vorn, ging schnurstracks auf die Cockpit-Tür zu und schoß in das Knäuel der beiden kämpfenden Männer. Drei Schüsse machten den Entführer kampfunfähig – zwei Schüsse trafen Schlomo Vider. Plötzlich war der Kampf vorüber. Vider dachte, sein Gegner sei ohnmächtig geworden, und stieß ihn beim Aufstehen mit dem Fuß an, aber der Entführer gab nur unartikulierte Laute von sich. Da erst bemerkte der Steward, daß er voller Blut war ...

Inzwischen war Chefsteward Eisenberg dem Passagier Harry Clark zu Hilfe gekommen. Eisenberg riß sich die Krawatte vom Hals und fesselte der Entführerin damit die Hände auf den Rücken. In dem Handgemenge hatte sie ihre Perücke und viel von ihrem Make-up verloren. Und als der israelische Sicherheitsbeamte sie am Boden liegen sah, erkannte er sofort die »Heldin der arabischen Revolution«, die sechsundzwanzigjährige Leila Khaled, deren legendärer Ruf sich auf die Entführung einer TWA-Maschine im August 1969 nach Damaskus gründete.

Den rauchenden Revolver in der Hand, rief der Sicherheitsbeamte: »Laßt sie am Leben, ich kümmere mich um sie!« Über Bordtelefon informierte er den Captain, welch kostbare Beute sich an Bord befand.

Die israelischen Verkehrsflugzeuge sind mit einem Spezialfunkgerät ausgestattet, das es der Besatzung ermöglicht, aus allen Teilen der Welt direkt mit der Zentrale in Tel Aviv Verbindung aufzunehmen. Über dieses Funkgerät gab Uri Bar-Lev nun die Meldung durch: »Wir haben Leila Khaled an Bord überwältigt!« Bar-Levs Gesprächspartner in Tel Aviv war Captain Tohar, der Chefpilot von El Al. (Zevi-Tohar hatte 1962 am Steuer jenes El-Al-Flugzeugs gesessen, mit dem der vom israelischen Sicherheitsdienst entführte KZ-Mörder Adolf Eichmann nach Israel geflogen worden war.) Nichts lag näher, als Bar-Lev zu befehlen: »Nonstop zurück nach Tel Aviv.« Der israelische Geheimdienst, der sofort eingeschaltet worden war, brannte darauf, die illustre palästinensische Widerstandskämpferin in die Hände zu bekommen. Aber Bar-Lev hatte Einwände: An Bord befand sich eine entschärfte Handgranate, die der Entführer während des Kampfes mit Schlomo Vider hatte fallen lassen. (Die Granate explodierte nicht, weil, wie sich später herausstellte, die Feder des Zündmechanismus zu schwach war.) Außerdem wollte der Captain den schwerverletzten Vider so schnell wie möglich ins Krankenhaus bringen lassen.

Uri Bar-Lev entschloß sich daher zur Landung in London. Inzwischen war Schlomo Vider auf drei Sitze in der I. Klasse gebettet worden. Unter den Passagieren an Bord befand sich ein Arzt, der sich um den Verletzten kümmerte. Vider verlor Blut, aber sein Herz schlug regelmäßig.

Die zierliche Leila Khaled lag ihm gegenüber auf dem Boden. Sie war wieder zu sich gekommen, aber Eisenberg und Clark saßen auf dem Körper der Gefesselten. Sie hatten die Entführerin arg verprügelt: Schläge ins Gesicht, gebrochenes Nasenbein, geprellte Rippen. Vor Angst zitternd sah Leila auf ihren Komplizen, der mit dem Tode kämpfte. Der Entführer – er hatte einen honduranischen Paß auf den Namen Diaz Fernandez bei sich, hieß aber in Wirklichkeit Patrick Joseph Arguello – lag im Sterben.

Im Touristenabteil hatte es während des Sturzflugs hysterische Szenen gegeben: Frauen kreischten, Kinder schrien. Mrs. Ester Moyal aus Linden, New Jersey, stimmte das hebräische Volkslied »*Hava Nagilla*« an. (»Das tue ich immer, wenn irgend etwas Aufregendes passiert.«) Die Stewardessen und ein Teil der Passagiere stimmten ein. Einigen war jedoch bei dem extremen Flugmanöver schlecht geworden. Sie erbrachen sich.

Im I.-Klasse-Abteil wurde der sterbende Patrick Arguello inzwischen von den Sicherheitsbeamten und drei Fluggästen mit Stricken und Gürteln gefesselt.

Captain Bar-Lev ließ sich von seinem Co-Piloten Arie Oz ablösen und befahl ihm, auf dem Londoner Flughafen Heathrow notzulanden. Er selbst öffnete jetzt endlich die Cockpit-Tür, um den Sicherheitsbeamten aus seinem »Käfig« zu befreien. Bar-Lev konnte die Tür kaum aufstoßen, weil der Flugzeugentführer davor lag. Er mußte ihn erst mit aller Kraft beiseite schieben. Als er den Blick hob, sah er seinen Chefsteward auf dem zierlichen Mädchen sitzen. Leila starrte ihn schreckensblaß an. Sie dachte, nun werde sie getötet, denn sie hielt die Israelis für kaltblütige Killer. Aber niemand richtete die Waffe gegen sie.

Achtzehn Minuten, nachdem Leila Khaled und Patrick Arguello von ihren Sitzen aufgesprungen waren, setzte Co-Pilot Arie Oz die Boeing auf Piste 28 R des Londoner Flughafens auf. Wie durch ein Wunder kam es nicht zu einer Bruchlandung: Arie Oz hatte in der Aufregung vergessen, zuvor Treibstoff abzulassen. Die Maschine, die für den Transatlantikflug vollgetankt war, hatte also ein viel zu großes Landegewicht, als sie die Piste berührte, aber die Reifen hielten dem Druck stand.

Löschzüge, Ambulanzwagen, Polizei – die Engländer waren über Funk alarmiert worden und auf alle Eventualitäten vorbereitet. Police Constable Mervyn Jones kletterte über eine ausgefahrene Feuerleiter zur vorderen Kabinentür hinauf. Sie wurde geöffnet, und einer der beiden israelischen Sicherheitsbeamten überreichte Jones einen Revolver und drei Handgranaten. Bei dem Revolver handelte es sich um eine kleine italienische Startpistole mit durchbohrtem Lauf. Alle Stahlteile des Revolvers waren durch Plastikmaterial ersetzt worden, so daß die elektronischen Detektoren in den Flughäfen auf die Waffe nicht ansprechen konnten. Jones beeilte sich, die Granaten sechzig Meter vom Flughafen entfernt in ein Grasloch zu legen.

Plötzlich Alarm: »Alle Fahrzeuge weg von der Maschine!« Was war geschehen? Patrick Arguello hatte für einen Augenblick das Bewußtsein wiedererlangt und gemurmelt: »Die Maschine wird explodieren!« Es waren seine letzten Worte, aber sie lösten eine fieberhafte Suche nach Bomben aus, die die Sicherheitsbeamten nun an Bord vermuteten. Was sie fanden, war lediglich Leila Khaleds schöne schwarze Perücke ...

Leila stand immer noch Todesängste aus. Da ertönte am Eingang eine typisch englische Stimme: »Ich bin Albert Merson von Scotland Yard. Ich möchte die Gefangenen übernehmen!«

Die Entführerin atmete erlöst auf. Jetzt erst war sie sicher, nicht erschossen zu werden. Allerdings waren die Israelis – Besatzung und Sicherheitsbeamte – nicht bereit, ihre beiden Gefangenen an Scotland Yard auszuliefern. Albert Merson berief sich jedoch darauf, daß der Entführungsversuch im britischen Luftraum, und zwar über dem Ort Clacton-on-Sea, stattgefunden habe, deswegen seien zweifelsohne die britischen Sicherheitsorgane für die Flugzeugentführung zuständig.

Zwischen den Israelis und den englischen Polizisten kam es zu einem regelrechten Handgemenge, als die Briten Arguello und Leila aus der Maschine holen wollten. Schließlich gaben die Israelis nach – mit Rücksicht vor allem auf Vider, der dringend ärztliche Hilfe brauchte.

Vider wurde aus dem Flugzeug getragen und in einem Krankenwagen schnellstens zum nahe gelegenen Hollingdon-Krankenhaus gefahren. Ein zweiter Ambulanzwagen nahm Arguello und Leila auf. Sie lagen gefesselt nebeneinander. Leila weinte hemmungslos, Arguello gab keinen Ton mehr von sich. Police

Constable Stuart Cokley, der mit der Krankenschwester Elizabeth Dyer ebenfalls im Ambulanzwagen saß, drückte eine Sauerstoffmaske auf Arguellos Gesicht. Mit der anderen Hand durchschnitt er ihm die Fesseln an Armen und Beinen. Elizabeth Dyer löste Leilas Fesseln. Drei Minuten, bevor sie das Krankenhaus erreichten, hörte Arguellos Herz zu schlagen auf. Leila Khaled wurde in den Röntgenraum des Hospitals geführt, wo Schwester Elizabeth ihr beim Entkleiden half. Dabei fiel ein Umschlag aus Leilas Schlüpfer. Schwester Elizabeth hob ihn auf und übergab ihn einem weiblichen Polizeibeamten, der in diesem Augenblick den Raum betrat.

Der Umschlag enthielt drei Bogen Papier. Auf dem ersten: Instruktionen an die Passagiere. Auf dem zweiten: der Wortlaut einer Funknachricht für die Flugsicherungsstationen. Und auf dem dritten: ein detaillierter Kursplan für den Flug vom Ärmelkanal nach Amman in Jordanien. Leila hatte die Texte aus dem Arabischen ins Englische übersetzt.

Die Instruktionen für die Passagiere hatten folgenden Wortlaut: »Meine Damen und Herren, ich bitte um Ihre Aufmerksamkeit. Bitte schnallen Sie Ihre Sicherheitsgurte an. Hier spricht Schadia, Ihr neuer Captain. Die Abdel-Jaber-Kommandoeinheit der Volksfront für die Befreiung Palästinas, die das Kommando des El-Al-Flugs übernommen hat, bittet alle Passagiere an Bord, sich an folgende Instruktionen zu halten:

1. Bleiben Sie bitte ruhig sitzen.

2. Im Interesse Ihrer eigenen Sicherheit falten Sie bitte die Hände hinter dem Kopf.

3. Machen Sie bitte keine Bewegung, die das Leben anderer Passagiere an Bord des Flugzeugs gefährden könnte.

4. Wir werden Ihren Wünschen entgegenkommen, soweit es sich mit dem Plan unserer Kommandoeinheit vereinbaren läßt.

Meine Damen und Herren, Ihr Flugziel ist jetzt ein freundliches Land, und freundliche Menschen werden Sie empfangen. Ich danke Ihnen. Wir wünschen Ihnen einen angenehmen Flug.«

Die Funknachricht an die Flugsicherungsstationen auf dem Boden lautete folgendermaßen: »Die Volksfront für die Befreiung Palästinas teilt Ihnen mit, daß die Abdel-Jaber-Kommandoeinheit die völlige Kontrolle über dieses Flugzeug hat. Captain Schadia bittet Sie, von jetzt ab das Flugzeug mit dem Codesignal ›Front 707‹ anzurufen. Andernfalls werden wir Ihre Anfragen nicht beantworten. Nieder mit dem Zionismus, nieder mit dem Imperialismus, nieder mit dem Rogers-Plan!«

Die schriftlichen Instruktionen, welche die Polizei in den Taschen des toten Arguello fand, waren in spanischer Sprache abgefaßt. Den Angaben zufolge sollte er den Entführungsversuch zehn bis zwanzig Minuten nach dem Start beginnen, also solange sich das Flugzeug noch in niedriger Höhe befand. Auf diese Weise wurde das Risiko eines plötzlichen Kabinendruckverlustes vermindert, falls der Rumpf des Flugzeugs durch Granatsplitter oder Schüsse beschädigt würde.

Während Leila Khaled sich noch für die Röntgenuntersuchung entkleidete, kämpfte ein Chirurgenteam des Krankenhauses um das Leben des schwerverletzten El-Al-Stewards Schlomo Vider. Er litt unter einem starken Schock und hatte große innere Blutungen. Den Rückflug nach Tel Aviv hätte er unter den Umständen bestimmt nicht überstanden. Es mußte eine sofortige Notoperation vorgenommen werden, um sein Leben zu retten.

Leila war inzwischen gründlich untersucht worden. Aber außer dem gebrochenen Nasenbein und vielen blauen Flecken konnte der Arzt keine ernsthaften Verletzungen feststellen. Er teilte der Polizei mit, daß Leila Khaled haftfähig sei.

Bevor sie das Krankenhaus verließ, fragte Leila nach ihrem Komplizen Arguello. Ein Polizeioffizier teilte ihr knapp mit, daß er gestorben sei, und Leila begann zu weinen. Sie weinte immer noch, als zwei Polizeibeamte ihr mit einem Mantel Kopf und Gesicht verhüllten, sie aus dem Krankenhaus führten und in einen wartenden Polizeigefangenenwagen schoben.

Was hatte dieses zierliche Mädchen zu dem abenteuerlichen Entschluß gebracht, ihr Leben aufs Spiel zu setzen? Sie wußte ganz genau, daß El-Al-Maschinen von schwerbewaffneten Sicherheitsbeamten geschützt werden, und als sie in Amsterdam an Bord ging, mußte sie es in dem Bewußtsein getan haben, einen

Kampf auf Leben und Tod mit diesen spezialgeschulten Anti-Guerilla-Kämpfern vor sich zu haben.

Leila Khaleds Tollkühnheit wird nur verständlich, wenn man ihre düstere Biographie kennt. Sie wurde im April 1944 als achtes Kind eines kleinen arabischen Textilhändlers in der palästinensischen Hafenstadt Jaffa geboren. (Heute hat Leila neun Geschwister – sechs Schwestern und drei Brüder.) Später zog die Familie nach Haifa um, und als 1948 der erste jüdisch-arabische Krieg ausbrach, wurde ihr Vater während der ausgedehnten Straßenschlachten von der Familie getrennt. Leilas Mutter entschloß sich, Haifa zu verlassen, da das Leben dort immer gefährlicher wurde. Sie schloß das Haus beim Gehen sorgfältig ab, denn sie war überzeugt, schon bald wieder mit den Kindern zurückzukommen. Leila war damals vier Jahre alt.

Ihre Mutter hatte sich getäuscht: Wie Zehntausende von anderen palästinensischen Familien sah auch die Familie Khaled ihre Heimat nicht wieder. Von Haifa aus rettete sie sich in die libanesische Kleinstadt Tyre, wo Mutter Khaleds Angehörige wohnten. Sie schlüpften bei einem Onkel unter. Vater Khaled blieb monatelang verschollen. Als er schließlich wieder mit seiner Familie zusammentraf, war er ein kranker, gebrochener Mann. Bis zu seinem Tod im Jahr 1966 konnte er keinen regulären Beruf mehr ausüben.

Die Khaleds zogen in Tyre in ein Zwei-Zimmer-Haus, der Onkel unterstützte sie mit hundertfünfzig Mark pro Monat. Bei der Flüchtlingshilfe-Organisation der Vereinten Nationen (UNWRA) waren sie als Flüchtlinge registriert und erhielten Lebensmittelzuteilungen: 1500 Kalorien pro Tag und pro Kopf. Die Kinder gewöhnten sich an den ewigen Hunger. Aber sie gewöhnten sich nicht daran, mit Reistöpfen und Säcken vor den Lebensmittelverteilungsstellen Schlange zu stehen wie Bettler, die auf ein »Bakschisch« warten. Das war für viele der früher selbständigen Familien eine Erniedrigung, die auch die Kinder empfanden.

Leila besuchte zunächst eine anglikanische Schule in Tyre. Später erhielt sie ein UNWRA-Stipendium und ging in die amerikanische Missionsschule der benachbarten Stadt Sidon. In den

Schulberichten wird sie als ruhig, kooperativ und willig geschildert. Von den fünfzehn Schülerinnen ihrer Klasse war sie die zweitbeste. Ihre Intelligenz und schnelle Auffassung wurden besonders gelobt. Für Politik zeigte sie damals allerdings noch kein Interesse.

Nach dem Abitur besuchte Leila – wieder von einem UNWRA-Stipendium unterstützt – die amerikanische Universität in Beirut, die Brutstätte der nationalistischen arabischen Elite. Leila wollte Apothekerin werden. Das Stipendium reichte jedoch nicht aus, und die Eltern hatten kein Geld, ihre studierende Tochter zu unterstützen. Daher mußte sie das Studium nach einem Jahr zu ihrer größten Enttäuschung aufgeben. Sie ging in das ölreiche Scheichtum Kuweit am Persischen Golf und nahm dort eine Stellung als Englischlehrerin an. Einer ihrer Brüder arbeitete als Ingenieur, ein anderer als Bankkaufmann im Scheichtum Abu Dhabi – ebenfalls am Persischen Golf. Mit ihren Gehältern unterstützten die Geschwister ihre Familie in Tyre.

Auch in ihrer recht gut bezahlten Stellung in Kuweit verlor Leila Khaled nicht das Gefühl, zu den Unterprivilegierten dieser Welt zu gehören. Tief beeindruckt vom Schicksal ihres Vaters, den die Verbitterung über den Verlust der Heimat zum willenlosen Menschen gemacht hatte, beschloß sie, einen anderen Weg zu gehen: Sie wollte kämpfen. Sie lehnte es auch ab, sich als »Flüchtling« bezeichnen zu lassen, denn: »Meine Familie ist nicht geflohen, sondern von den Zionisten vertrieben worden.« Die Vertreibung empfand sie als ein Unrecht, ja als unerträgliche Schande.

Der Prozeß ihrer Politisierung freilich vollzog sich nur langsam. Erst durch den Sechs-Tage-Krieg im Jahre 1967 wurde Leila Khaled aus der passiven Opposition in den aktiven Widerstand getrieben. Bezeichnenderweise gibt sie seither als ihr Geburtsdatum den 6. Juni 1967 an – jenen Tag, an dem der Sechs-Tage-Krieg begann, welcher schließlich auch das restliche Palästina unter israelische Herrschaft brachte.

In der Tat: Leila Khaled wurde neu geboren. Sie zerstörte hinter sich die Brücken, die sie mit einer bürgerlichen Existenz verbanden. Die sensible, eher stille Lehrerin gab es nicht mehr. Sie kündigte von einem Tag auf den anderen ihren gutbezahlten Job und trat als radikale und fanatische Widerstandskämpferin in die Reihen der Volksfront für die Befreiung Palästinas (PFLP) ein. Schon bald wurde der Chef der politischen Abteilung, Dr. Wadir Haddad, auf sie aufmerksam. Der zweiundvierzigjährige palästinensische Arzt hatte ebenfalls seine bürgerliche Existenz aufgegeben und sich der arabischen Revolution verschrieben. Er war es, der Überfälle auf zivile Verkehrsflugzeuge als Waffe im »Kampf gegen Zionismus und Imperialismus« entdeckte. Leila Khaled schloß sich jener kleinen, eingeschworenen Gruppe von Männern und Frauen an, die Dr. Haddad systematisch zu Luftpiraten ausbilden ließ.

Die Flugzeugentführung vom 6. September 1970 hatte Dr. Haddad in Beirut und in der Bundesrepublik sorgfältig vorbereitet. Er erwies sich als außerordentlich geschickter Organisator. Dennoch war der Anschlag auf das El-Al-Flugzeug bereits im Ansatz von der Wachsamkeit des israelischen Bodenpersonals in Amsterdam gestört worden.

Wenn der israelische Sicherheitsbeamte, der im Touristenabteil der El-Al-Maschine saß, von der Vermutung ausging, daß sich an Bord mindestens vier Luftpiraten befinden mußten, hätte er damit beinahe recht gehabt. Denn tatsächlich hatte Dr. Wadir Haddad für den Flug 219 vier Entführer vorgesehen: zwei in der ersten und zwei in der Touristenklasse. Aber nur Leila Khaled und Patrick Arguello war es gelungen, durch das israelische Sicherheitsnetz zu schlüpfen. Sie kamen unerkannt an Bord.

Wo waren die beiden anderen?

2

Dem dreiundvierzigjährigen amerikanischen Flugcaptain Jack Priddy kam die Idee beim Mittagessen in seiner waldumsäumten Villa in Northport auf Long Island: »Hast du nicht Lust, mit 'rüberzufliegen?« fragte er seine Frau Valery. Sie fand die Idee großartig, und so fuhren sie abends zusammen zum Kennedy-Flughafen. Jack Priddy übernahm einen Jumbo-Jet der Pan American World Airways zum Flug nach London. Valery war noch nie in diesem modernen Großraumflugzeug geflogen, war neugierig und freute sich auf den Flug und das Wochenende in Europa.

Am frühen Freitag morgen, es war der 4. September 1970, kamen sie in London an, bezogen ein Hotelzimmer und schliefen sich aus. Samstag abend sollten sie nach New York zurückfliegen – Zeit genug fürs Theater und für einen ausgiebigen Bummel durch die Lokale von Soho. Aber es kam anders, als sie gedacht hatten.

Kurz vor Mitternacht rief das Pan-Am-Operationsbüro vom Londoner Flughafen im Hotel an: In Rom war ein Pan-Am-Flugzeug durch Maschinenschaden ausgefallen, und Priddy wurde gebeten, mit seiner Crew ein Ersatzflugzeug von London nach Rom zu überführen. Also flogen sie am Samstag morgen erst einmal von London nach Rom.

Bei seiner Ankunft fand Priddy eine Anweisung vom Flugplanbüro New York vor: Bitte mit Sabena (der belgischen Luftlinie) nach Brüssel fliegen, am Sonntag morgen weiter nach Amsterdam und dort den Pan-Am-Flug 093 nach New York übernehmen. Für die Maschine, die Priddy laut ursprünglichem Flugplan von London nach New York hätte fliegen sollen, war inzwischen eine andere Besatzung abkommandiert worden. Der Umweg über Rom hatte Priddy und seine Crew also rein zufällig auf den Flug 093 gebracht.

Schon am Samstag nachmittag kam das Ehepaar Priddy in Brüssel an und zog mit der Crew ins Hotel »Metropol« ein. Abends gingen sie zum Essen in das elegante Restaurant »Wappen von Brüssel«. Vor dem Weiterflug nach Amsterdam machten sie am nächsten Morgen einen Sonntagsspaziergang durch die Stadt. Valery kannte Brüssel noch nicht und war begeistert. Der strahlende Herbsttag, die milde Luft und der wolkenlose Himmel versetzten das Ehepaar Priddy in schönste Ferienlaune.

Chefstewardess Augusta Schneider, die zu Jack Priddys Crew gehörte, hatte dagegen an diesem Sonntag morgen ein ungutes Gefühl. Sie wußte nicht, warum. Die merkwürdige Unruhe hatte schon am Abend zuvor begonnen. Nach dem Abendessen war sie frühzeitig ins Hotel zurückgekehrt, um zu Bett zu gehen. Aber sie konnte keinen Schlaf finden, stand auf und begann ihren Koffer zu packen.

Normalerweise packt eine reisegewohnte Stewardess in wenigen Minuten – wirft ihre Sachen in den Koffer und drückt die Schlösser zu. An diesem Abend jedoch beschäftigte sich Augusta Schneider eine geschlagene Stunde mit der Packerei und verstaute jedes einzelne Kleidungsstück mit solcher Sorgfalt, als gälte es, eine lange Reise anzutreten. Dann legte sie sich wieder zu Bett und begann zu lesen. Sie las bis zum nächsten Morgen, ohne Schlaf zu finden.

Gegen Mittag flog die Pan-Am-Crew mit Sabena nach Amsterdam. Vierzig Flugminuten. Nur ein kleiner Sprung. Auf dem dortigen Flughafen wartete schon der Jumbo-Jet Nr. 093, den Captain Priddy übernehmen sollte. Das Bordpersonal ging sofort an Bord; Priddy meldete sich im Einsatzbüro und machte seinen Flugplan. Er würde zunächst in einer Höhe von neuntausendfünfhundert Metern fliegen. Wenn einige Tonnen Treibstoff verbraucht waren, konnte er den Riesenvogel über dem Atlantik auf seine Reisehöhe von zwölftausend Metern bringen. Die Meteorologen kündigten ideales Flugwetter an. Der Jumbo-Jet trug übrigens den Namen »Fortune«, also »Glück«. Er kann dreihundertzweiundsechzig Passagiere aufnehmen, war aber nur zur Hälfte besetzt.

Kurz nach 14 Uhr ließ Captain Priddy die vier Triebwerke an und rollte langsam zur Startbahn. Während das Flugzeug in Warteposition ging, fragte Augusta Schneider zwei junge Neger, die links vorn in der I. Klasse auf den Plätzen 3 E und 3 F saßen, was sie zu lesen wünschten. Die beiden baten um die

Herald Tribune. Sie waren höchstens fünfundzwanzig Jahre alt, und Augusta Schneider wunderte sich wieder einmal, daß so junge Leute in der teuren I. Klasse reisten. Im übrigen machten die beiden Passagiere einen guten Eindruck: intelligente Gesichter, dunkle Anzüge von solider Eleganz, schmale Samsonite-Aktenköfferchen, höfliches Benehmen.

In der Warteposition wurde Captain Priddy über Funk vom Kontrollturm gebeten, noch einmal auf die Frequenz der Bodenkontrolle umzuschalten: »Dort hat man eine Nachricht für Sie.«

Priddy schaltete um. Die Bodenkontrolle meldete sich: »Clipper 093. Wir hatten vorhin eine El Al von Schiphol zum J. F. Kennedy. Zwei Leute entführten das Flugzeug. Es gab eine Notlandung in Hathrow. Und noch etwas: El Al wies heute morgen zwei Passagiere für diesen Flug ab, weil sie ihnen nicht traute. Sieht so aus, als ob Sie jetzt die beiden Leute an Bord haben...«

»Haben Sie die Namen der Passagiere?« fragte Priddy.

»Der eine heißt Diop, der andere Gueeye – ich buchstabiere...«

Priddy unterbrach: »Wir werden die beiden ausrufen und mit ihnen sprechen, bevor wir starten.«

Der Captain verließ das Cockpit, stieg die Wendeltreppe hinunter, die von der Bar im Obergeschoß des Jumbo zum I.-Klasse-Abteil führt, und bat den Chef des Bordservice, John Ferugio, die beiden Passagiere über Bordlautsprecher auszurufen.

»Passagiere Gueeye und Diop! Wollen Sie sich bitte zu erkennen geben!« ertönte es wenig später.

Ferugio und Captain Priddy gingen durch das ganze Flugzeug bis hinten zum Ende der Touristenklasse. Niemand meldete sich. Auf dem Rückweg wiederholte Ferugio seine Durchsage.

In diesem Augenblick sahen Chefstewardess Augusta Schneider und Mrs. Valery Priddy, wie sich die beiden jungen Neger erhoben, lässig durch den Gang schlenderten und im hinteren Mitteltrakt der I. Klasse neue Plätze einnahmen. Mrs. Priddy kam das verdächtig vor, aber sie hätte keinen Grund dafür angeben können. Als Priddy und Ferugio vorbeikamen, gaben sich die beiden als die Gesuchten zu erkennen.

Priddy stand etwas unsicher vor ihnen. Gesetzlich hatte er keine Handhabe, die Passagiere zu durchsuchen. Trotzdem sagte er: »Es tut mir leid, meine Herren, ich habe eine Nachricht von der Bodenkontrolle bekommen und muß Sie leider durchsuchen. Wenn Sie nicht damit einverstanden sind, muß ich Sie zum Flughafengebäude zurückbringen.«

Die beiden Passagiere schienen überrascht, aber sie blieben höflich und sagten: »Wir verstehen das zwar nicht, aber wenn Sie uns durchsuchen müssen, dann tun Sie es ruhig.« Priddy tastete sie ab – von den Schultern bis zu den Socken. Er durchsuchte ihre Aktenköfferchen. Er fand nichts.

Inzwischen hatte auch Augusta Schneider einen unbestimmten Verdacht. Sie ging zu den Sitzen, die die beiden Neger ursprünglich eingenommen hatten, fühlte die Sitzpolster ab, griff in die Seitentaschen, holte sogar die Rettungswesten heraus. Sie wußte selbst nicht, warum sie dies tat. Jedenfalls fand auch sie nichts.

Als Captain Priddy seine ergebnislose Durchsuchung beendet hatte, kam er sich etwas lächerlich vor. »Entschuldigen Sie, meine Herren«, sagte er. »Es scheint ein Irrtum vorzuliegen, Sie können nach New York weiterfliegen.«

Die beiden Schwarzen lächelten.

Auf dem Rückweg zum Cockpit gab Priddy Ferugio die Anweisung: »Behandeln Sie die Herren bitte besonders freundlich.«

Um 14.21 Uhr meldete der Captain der Bodenkontrolle knapp: »093 startbereit!«

»Okay, Sir, Sie können den Kontrollturm auf Frequenz 118,1 rufen«, war die kurze Antwort.

Priddy bestätigte und fügte hinzu: »Vielen Dank noch für die Information, die Sie uns gegeben haben.« Dann steuerte er seinen Jumbo-Jet auf die Startbahn 27 und meldete um 14.26 Uhr der Flugsicherung: »Wir haben tausend Meter erreicht!«

Wenige Minuten später machte der Kontrolleur im Radarzentrum eine merkwürdige Entdeckung: Auf dem Radarschirm sah er, wie sich der weiße Punkt, der Priddys Maschine bezeichnete, im Zickzack bewegte.

»Warum fliegen Sie Zickzack?« fragte er sofort an.

Priddy verstand ihn nicht. »Bitte wiederholen«, gab er zurück.

»Haben Sie Schwierigkeiten?« Die Radarkontrolle drückte sich nun präziser aus.

»Nein, nein«, wehrte Priddy ab. »Ich möchte den Passagieren nur die Stadt etwas genauer zeigen. Sie sieht von hier oben so besonders schön aus.«

»Ach so«, tönte es beruhigt zurück. »Ich sah Sie Zickzack-Kurs fliegen, und weil ich die Story über die El Al gehört hatte, die Entführung, dachte ich, es wäre bei Ihnen was nicht in Ordnung.«

»Negativ«, erklärte Priddy. »Alles in Ordnung. Wir werden Sie sofort rufen, wenn irgendwelche Schwierigkeiten auftauchen. Schönen Dank auch.«

Die Passagiere durften unterdessen die Anschnallgurte öffnen. Im hinteren Teil der I. Klasse erhoben sich die beiden jungen Neger von ihren Sesseln und kehrten auf die Sitze 3 E und 3 F zurück. Noch immer ahnte niemand, daß Captain Priddy bei der Leibesvisitation etwas übersehen hatte: Die höflichen jungen Neger waren sehr wohl bewaffnet. Sie trugen zwei kleine Revolver und zwei Minihandgranaten aus Plastik bei sich — versteckt im sogenannten Genitalbereich, das heißt in einer Spezialhalfter unter dem Hodensack.

Schon dreizehn Tage vor diesem Flug waren die beiden jungen Männer in Amsterdam aufgetaucht. Am 24. August 1970 hatten sie das Doppelzimmer 302 im Hotel »Carlton« auf der Vujzelstraat bezogen. Sie nannten sich laut Anmeldeformular Semoe Pethe Gueeye und Sanghone Diop, geboren 1948 in Senegal, Westafrika. Beruf: Student. Woher die beiden wirklich kamen, ist nicht völlig geklärt. Aber es gibt einen Hinweis darauf, daß sie per Taxi aus Mailand angereist waren, wahrscheinlich, um auf dem Weg nach Amsterdam die scharfen Flughafenkontrollen zu vermeiden.

Am nächsten Vormittag, also am 25. August, überquerten die

beiden den Münzplatz vor ihrem Hotel und gingen zum Büro der israelischen Fluggesellschaft El Al auf dem Rokin 40. Während Diop draußen wartete, bestellte Gueeye zwei Einzelflüge I. Klasse nach Santiago de Chile über New York für Sonntag, den 30. August. Der El-Al-Angestellte wunderte sich, denn der Neger wollte bar bezahlen, rund sechstausend Mark – eine ungewöhnlich hohe Summe für einen jungen Studenten. In den Pässen, die er vorlegte, fehlte zudem das amerikanische Transitvisum. Die Reise war also salopp vorbereitet. Und warum reservierte der Mann keinen Rückflug?

Immerhin: El Al stellte die Flugscheine aus und kassierte. Aber nachdem sich der Kunde verabschiedet hatte, trug der Verkaufsmanager die ominöse Angelegenheit seinem Chef, dem Amsterdamer El-Al-Direktor Glezer, vor. Dieser meinte: »Es kann nicht schaden, wenn wir Goldberg mal anrufen.«

Zeev Goldberg, Angehöriger des israelischen Geheimdienstes und seit zwei Jahren der El Al in Amsterdam als Sicherheitsbeamter zugeteilt, fand die Sache auch nicht ganz koscher. Er rief die Luftfahrtabteilung der holländischen Staatspolizei an, gab die Namen der Verdächtigen durch und bat um Amtshilfe: Was machen die beiden Schwarzen eigentlich in Amsterdam?

Der niederländische Polizeichef des Flughafens Schiphol, Major Gerritsen, versprach, sich um den Fall zu kümmern. Er war an das Mißtrauen der Israelis schon gewöhnt und hatte Verständnis dafür. Am nächsten Tag, dem 26. August, ließ er Gueeye und Diop beschatten. Sie machten einen Spaziergang durch Amsterdam und nahmen mit niemandem Kontakt auf.

»Keine Verdachtsmomente«, meldete Gerritsen an Goldberg.

Zwei Tage später, am 28. August, erschienen Diop und Gueeye erneut im El-Al-Büro und erklärten, sie wollten nicht am 30. August, sondern erst eine Woche später, am 6. Septemfer, fliegen. Durch diese Umbuchung machten sie sich noch verdächtiger. Goldberg rief wieder den Polizeichef von Schiphol an, und Major Gerritsen sagte zu, daß seine Leute die beiden Passagiere in den nächsten Tagen noch einmal beschatten würden.

Aber dazu kam es nicht. Im Morgengrauen des 31. August

stürmten Guerillas von den Südmolukken die Residenz des indonesischen Botschafters bei Den Haag. Sie schossen einen holländischen Polizisten nieder und nahmen Frau und Kinder des Botschafters als Geiseln fest. Polizeichef Gerritsen war mit seinen Leuten tagelang blockiert, so daß die Routinearbeit liegenblieb – also auch die zweite Recherche nach den beiden El-Al-Passagieren, die den Israelis verdächtig erschienen.

Als Goldberg nichts mehr von Gerritsen hörte, ließ er Gueeye und Diop kurzerhand von der Buchungsliste des El-Al-Flugs 219 streichen. Das El-Al-Büro teilte den beiden im Hotel »Carlton« telefonisch mit, die I. Klasse sei leider schon von Tel Aviv aus voll gebucht. Sie könnten also nicht mit El Al fliegen, aber es gäbe ja noch andere Flugmöglichkeiten. Gueeye und Diop entschieden sich für den Pan-Am-Flug 093.

Ein Angestellter der El Al rief daraufhin das Reservierungsbüro der amerikanischen Gesellschaft an und avisierte zwei neue Passagiere. Der holländische Pan-Am-Stationsmanager wunderte sich zwar, denn normalerweise schoben die Israelis anderen Fluggesellschaften keine Kunden zu, schon gar nicht für die I. Klasse – aber er nahm die Buchung an.

Am Sonntag, dem 6. September, meldeten sich Gueeye und Diop schon gegen halb elf vormittags am Abfertigungsschalter der Pan Am auf dem Flughafen Schiphol und buchten einen Anschlußflug von New York nach Santiago de Chile. Dem Buchungsrevisor der Pan Am kam die Sache mit Gueeye und Diop etwas merkwürdig vor. Er rief das El-Al-Büro an und fragte, ob mit den beiden Passagieren wirklich alles okay sei. Die Israelis teilten lakonisch mit, es liege nichts Besonderes gegen sie vor, aber El Al könne sie für den Flug 219 nicht annehmen, weil die Maschine voll besetzt sei. Kein Wort davon, daß ihnen Gueeye und Diop verdächtig erschienen!

Und so akzeptierte Pan American World Airways die beiden jungen Schwarzen für den Flug 093, zumal schließlich auch die Anschlußbuchung per Telex aus New York bestätigt wurde.

Zur gleichen Zeit, als Gueeye und Diop die holländische Paßkontrolle zur Abflughalle passierten, landete draußen die Lufthansa-Maschine LH 286 aus Frankfurt. An Bord befanden sich die beiden Komplizen von Gueeye und Diop: Patrick Arguello und die hübsche »Heldin der arabischen Revolution«, Leila Khaled. Sie waren am frühen Morgen mit der Lufthansa in Stuttgart abgeflogen. Nach dem ursprünglichen Plan, den die arabischen Entführungsexperten der radikalen Volksfront für die Befreiung Palästinas unter Leitung von Dr. Wadir Haddad ausgearbeitet hatten, sollten sie in Amsterdam mit Gueeye und Diop zusammentreffen, um dann zu viert das El-Al-Flugzeug nach New York zu überfallen. Der israelische Sicherheitsbeamte Zeev Goldberg hatte diesen Plan durchkreuzt, indem er die »Senegalesen« Gueeye und Diop von der Passagierliste streichen ließ. (Die Tatsache, daß Leila Khaled und Patrick Arguello der Aufmerksamkeit von Zeev Goldberg entgingen, kostete den israelischen Geheimdienstler schon wenige Tage später den Job: Er wurde nach Tel Aviv zurückbeordert und entlassen.)

Kurz nach 14 Uhr erfuhr das El-Al-Operationsbüro auf dem Amsterdamer Flughafen von dem Überfall auf die Maschine nach New York, und Goldberg ahnte, daß er irgendwo etwas übersehen hatte. Dazu fielen ihm plötzlich auch noch die beiden verdächtigen Neger ein, und blitzschnell wurden ihm die Zusammenhänge klar: Gueeye und Diop hätten Leila Khaled und Patrick Arguello bei der Entführung der El-Al-Maschine unterstützen sollen! Glücklicherweise waren sie zu dem Flug nicht zugelassen worden (weshalb die Entführung dann ja auch scheiterte), aber sie hätten keinesfalls an die Pan Am weitergeschoben werden dürfen. Die Entschlossenheit der Volksfrontleute war bekannt – und Goldberg war sicher, daß nun die Pan Am Nr. 093 an die Reihe kommen würde.

Aus unerfindlichen Gründen unterrichtete Goldberg nun nicht das Pan-Am-Operationsbüro, sondern nur die Flughafenpolizei. Die diensttuenden Beamten maßen dem Fall Gueeye und Diop keine dramatische Bedeutung bei, zwei Polizisten machten sich jedoch auf den Weg zum Abfluggate 6. Als sie dort ankamen, rollte Captain Priddy mit seinem Jumbo-Jet bereits zur Startbahn. Die Beamten riefen den Kontrollturm an und beschränkten sich auf die Mitteilung, daß an Bord des Jumbo zwei Passagiere seien, die El Al abgewiesen hatte. Von dem begründeten Verdacht des israelischen Sicherheitsbeamten Goldberg erfuhr Captain Priddy nichts...

Etwa zehn Minuten, nachdem die schwere Maschine abgehoben hatte, stieg Valery Priddy über die Wendeltreppe in die Bordbar hinauf und bestellte bei der Stewardess Gabrielle Remey einen Martini. Während die Stewardess den Drink mixte, kam Gueeye in die Bar und ließ sich Mrs. Priddy gegenüber nieder. Als dritter gesellte sich Pan-Am-Captain Lachapelle zu ihnen, der auf dieser Reise als Passagier mitflog. Priddy hatte ihn gebeten, die beiden Schwarzen auf alle Fälle ein bißchen im Auge zu behalten.

Unten in der I. Klasse fragte Chefstewardess Augusta Schneider den zweiten Neger, was er zu trinken wünsche. Diop bestellte einen Manhattan.

Als Gabrielle Remey Mrs. Priddys Martini servierte, sprang Gueeye plötzlich auf und stieß einen wilden Schrei aus. Mrs. Priddy konnte den Schwarzen im Moment nicht sehen, weil Gabrielle ihr die Sicht verdeckte, und ehe sie begriff, was geschehen war, sah sie die Stewardess und Lachapelle die Wendeltreppe hinunterjagen. Vor ihr stand Gueeye – in der Linken eine Handgranate, in der Rechten einen kleinen Revolver. Er schrie die Frau des Captains an: »Los, 'runter!«

Am ganzen Leibe zitternd, befolgte Mrs. Priddy den Befehl.

Am Fuß der Treppe mixte Augusta Schneider Drinks für die anderen I.-Klasse-Passagiere, als Captain Lachapelle an ihr vorbeieilte. »Schau dich nicht um – wir werden entführt!« zischte er ihr zu.

Augusta schaute sich trotzdem um – und direkt in die Mündung der Pistole, die Diop auf sie richtete. Die Stewardess schwankte und mußte sich an der Anrichte festhalten. Mühsam riß sie sich zusammen, wandte sich von Diop ab und fuhr fort, Drinks zu mixen. Sie tat es ganz mechanisch und versuchte dabei, ihre Nerven unter Kontrolle zu bringen.

Da tauchte schweißüberströmt Gueeye neben ihr auf und herrschte sie an: »Los, alle Passagiere der I. Klasse nach hinten!«

Augusta hatte sich wieder in der Gewalt. Sie ging einen Schritt auf Gueeye zu. Ihr kam die Idee, daß der Mann keinen echten Revolver in der Hand hielt. Vielleicht eine Spielzeugpistole? Gueeye drückte, der Zündbolzen klickte, aber es löste sich kein Schuß. Dann sah sie die Handgranate in seiner linken Hand und wich zurück. In diesem Augenblick schrie eine Frau hysterisch auf, die Stewardess mußte sie beruhigen und hatte keine Chance mehr, sich mit dem »Spielzeugrevolver« zu befassen. Die Handgranate sprach ohnehin für sich . . .

So wandte Augusta sich an die I.-Klasse-Passagiere und forderte sie mit fester Stimme auf, ihr Handgepäck an sich zu nehmen und in die Touristenklasse zu gehen. Gueeye stand mit gezogenem Revolver hinter ihr und überwachte den Auszug.

Dann deutete er mit der Waffe auf die Wendeltreppe und befahl Augusta: »Nach oben!«

Es war wie ein Traum – oder ein Film! Augusta schaute sich den Mann noch einmal genau an. Es fiel ihr wieder auf, wie elegant er gekleidet war: tailliertes Jackett, seidenes maßgeschneidertes Hemd, goldene Manschettenknöpfe. Er war sehr aufgeregt. Schweißperlen standen auf seiner Stirn, und sein Blick flatterte unruhig hin und her.

Die Stewardess ging nach oben, Gueeye folgte ihr. Plötzlich spürte sie seinen Griff im Genick. Mit der rechten Hand drückte er den Revolver an ihre Schläfe, drängte sie zur Cockpit-Tür und keuchte: »Los, aufmachen!«

Die Tür war verschlossen.

Augusta Schneider blieb ganz ruhig. Der Vorgang hatte etwas völlig Abstraktes, Unwirkliches. Sie sagte: »Mein Schlüssel ist unten in der Handtasche!«

Der Entführer stieß Augusta den Revolver ein paarmal in die Rippen: »Mach auf!« Er schien nicht gehört zu haben, was sie sagte.

Da schlug sie mit der Faust an die Tür, die von Flugingenieur Julius Dziuba geöffnet wurde. Sofort schob Gueeye seinen Fuß in den Türspalt und drückte die Stewardess ins Cockpit. Gleichzeitig brüllte er die Besatzung an: »Alle Mann Hände hoch!«

Hinter ihm zwängte sich Diop herein. Schreck und Überraschung stand in den Gesichtern der Cockpit-Crew, die gehorsam die Hände hob. Wie in einem James-Bond-Film, dachte die Stewardess. Und: Wer fliegt denn jetzt die Maschine?

Gueeye hatte zunächst sein Ziel erreicht. Er schob Dziuba und Augusta energisch aus dem Cockpit. Dann wandte er sich an den Captain.

Priddy hatte eben noch mit dem Londoner Pan-Am-Operationsbüro gesprochen und die merkwürdige Geschichte von den beiden zurückgewiesenen El-Al-Passagieren erzählt. Amsterdam hatte inzwischen möglicherweise weitere Details durchgegeben. Aber seine Kollegen am Boden wußten nichts Neues. »Vielleicht war's auch ein Mißverständnis«, meinte Priddy abschließend – als die Cockpit-Tür aufflog. Ehe er die Hände hob, konnte er nur noch ins Mikrofon flüstern: »Sieht so aus, als wäre es doch kein Mißverständnis!« Und dann schaltete er schnell den Radar-Code 3100 ein. Auf dem Radarschirm der Flugsicherungszentrale »British Airways« in London erschien jetzt die Pan Am 093 als blinkender Punkt. Die britischen Flugkontrolleure, die die Maschine über den Atlantik einzuweisen hatten, wußten nun, daß etwas nicht in Ordnung war. Aber was? Die Bedeutung des Code 3100 war zu jener Zeit nur in den USA bekannt: Entführung. (Inzwischen ist der Code auch international eingeführt worden.)

Jetzt ließen die Entführer die Katze aus dem Sack: »Zurück nach Amsterdam!« befahlen sie.

Priddy merkte, wie aufgeregt die beiden waren. Er versuchte sie zu beschwichtigen: »Beruhigen Sie sich! Wir fliegen, wohin Sie wollen. Sie brauchen uns nur den Ort zu sagen. Schließlich soll ja niemandem etwas passieren.« Gleichzeitig erhöhte er die Geschwindigkeit und zog die Riesenmaschine in eine Linkskurve.

British Airways fragte: »093, warum ändern Sie den Kurs? Was ist los?«

Priddy antwortete nicht. Der Flugkontrolleur am Boden schien plötzlich zu begreifen, was los war. Er gab Priddy die Anweisung: »Gehen Sie sofort auf neuntausend Meter 'runter!«

Priddy steuerte den schweren Jumbo-Jet nach unten und versetzte Gueeye damit in größte Aufregung. »Was machen Sie da?

Nicht 'runtergehen! Nicht 'runtergehen!« schrie er. Offenbar glaubte er, daß Priddy zu einer Notlandung ansetzen wollte.

Der Captain, der den Revolver des Entführers im Genick spürte, erklärte ruhig: »Wir müssen 'runter, sonst stoßen wir mit einem anderen Flugzeug zusammen. Nur bis auf neuntausend...«

Gueeye beobachtete den Höhenmesser. »Okay«, sagte er. »Auf neuntausend.«

Als der Jumbo wieder auf Kurs Amsterdam war, erklärte der Entführer plötzlich: »Ich will gar nicht nach Amsterdam. Ich will nach Beirut. Wir werden in ein freundliches Land fliegen.«

Priddy schaltete ungerührt den Bordlautsprecher ein und wandte sich an die Passagiere: »Meine Damen und Herren, hier sind zwei Herren, die in ein freundliches Land fliegen wollen. Ich erfülle ihren Wunsch.«

Es war jetzt kurz nach drei Uhr nachmittags. Für die Kontrolleure in den europäischen Flugsicherungszentralen zeichnete sich eine sensationelle, noch nie dagewesene Situation ab: Soeben war eine El-Al-Maschine nach einem dramatischen Entführungsversuch in London notgelandet. Und jetzt, knapp eine Stunde später, war nicht nur dieser Jumbo Pan Am 093 aus Amsterdam entführt worden – noch zwei weitere Düsenriesen jagten mit fast tausend Kilometer Geschwindigkeit durch den europäischen Luftraum Richtung Nahost: eine Boeing 707 und eine DC 8. Alle drei Maschinen entführt von Männern und Frauen, die über Funk in gebrochenem Englisch meldeten, sie hätten im Auftrag der Volksfront für die Befreiung Palästinas das Kommando an Bord übernommen: Etwa um 15.30 Uhr steuerte der amerikanische Flugcaptain Carroll Woods seine TWA-Boeing 707 über Saloniki Richtung Südost. Eine schweigsame junge Frau saß hinter ihm im Cockpit und bedrohte sie mit einer Pistole. Sie war mit ihrem Komplizen in Frankfurt zugestiegen.

Der Schweizer Flugcaptain Fritz Schreiber überflog am Steuer seiner DC 8 Brindisi in Süditalien und befolgte die Befehle eines schönen, dunkeläugigen Mädchens, das mit seinem Komplizen mittags in Zürich an Bord gekommen war. Auch die

Swissair- und die TWA-Maschine waren vor dem Überfall auf dem Weg nach New York gewesen.

Knapp zwei Wochen vor diesem generalstabsmäßig vorbereiteten Handstreich waren die acht Luftpiraten aus Beirut nach Europa gekommen. Im Hotel »Carlton«, Amsterdam, in den Stuttgarter Hotels »Schwabenbräu« und »Unger« und im Hotel »Terminus« in Frankfurt hatten sie auf ihren Einsatz gewartet. Alle Entführer waren jünger als dreißig. Ihre Handgranaten und Pistolen bestanden aus Plastikmaterial, das auf die elektronischen Suchgeräte in den Flughäfen nicht ansprach. Sie hatten Flugstraßenpläne bei sich, wie sie auch Berufspiloten benutzen. Sie kannten die Grundbegriffe der Navigation und die technischen Einrichtungen im Cockpit. Sie hatten mit Hochschulstipendien der UNO an der amerikanischen Universität in Beirut studiert, einige auch in Europa und Amerika.

Diese jungen Leute gehörten zur intellektuellen Speerspitze einer neuen Generation von Palästinensern. Fast alle hatten ihre Jugend in Flüchtlingslagern zugebracht: miserable Behausungen, knappe Essensrationen, Haß auf Israel. Die heranwachsende Generation entwickelte unter dem Eindruck ihrer sozialen und politischen Diskriminierung ein neues, revolutionäres Bewußtsein. Ihre Vorbilder: Mao, Castro und Che Guevara. Ihre theoretische Grundlage: die Werke Lenins. Die Volksfront für die Befreiung Palästinas entstand in den Flüchtlingslagern. Leila Khaleds Biographie zeigt es – sie zeigt auch, daß die Volksfront die einzige arabische politische Gruppe ist, in der junge Frauen eine prominente Rolle spielen. Viele ihrer führenden Leute sind übrigens Christen, an der Spitze der Kinderarzt Dr. Georges Habbasch. Auch der Chefplaner der Großaktion Flugzeugentführung, Dr. Wadir Haddad, ist Christ.

Die Entführungen wurden von der Haddad-Gruppe in den Räumen der Volksfront-Zeitung *Al Hadaf* (Das Ziel) in Beirut geplant. Die Gruppe verlegte ihr Hauptquartier jedoch kurz vor der Aktion vorübergehend von Beirut nach Stuttgart. Es gibt einen Hinweis darauf, daß auch Dr. Haddad im Stuttgarter Hotel »Schwabenbräu« abgestiegen war. Von hier aus konnte er besser Verbindung mit den Entführern halten als von

Beirut aus. Nachdem Gueeye und Diop in Amsterdam beispielsweise von der Passagierliste des El-Al-Fluges 219 gestrichen worden waren, setzte Dr. Haddad die beiden dunkelhäutigen Palästinenser (seine besten Leute) gleich auf den Pan-Am-Flug 093 an. Allerdings war der Haddad-Gruppe dabei entgangen, daß Pan Am für den Flug 093 nach New York das moderne Großraumflugzeug Boeing 747 einsetzt. Gueeye und Diop bemerkten das erst, als sie an Bord gingen. Ihnen war sofort klar, daß sie den schweren Jumbo nicht zu dem bis dahin noch geheimgehaltenen Flugziel bringen konnten, dem sogenannten »Revolutionsflugplatz« in der jordanischen Wüste. Dort hätte eine 747 keinesfalls landen können. Deshalb gaben sie Flugcaptain Jack Priddy auch den Befehl, zunächst Beirut anzufliegen.

Als die Kontrolleure in den europäischen Flugsicherungszentralen das Ausmaß der Entführungsaktion begriffen, unterrichteten sie sofort die betroffenen Fluggesellschaften Pan American World Airways, Swissair und Transworld Airlines. Den Präsidenten dieser Gesellschaften war klar, daß es sich um eine Großaktion handelte, um ein politisches Ereignis von dramatischer Bedeutung. Aber noch hatten die Entführer ihre Forderungen nicht bekanntgegeben. Worauf lief die Aktion hinaus?

Innerhalb weniger Minuten wurde Präsident Nixon in seinem Sommerquartier San Clemente unterrichtet. Der britische Premierminister Edward Heath erhielt die Nachricht auf seinem Landsitz Chequers. Sein Außenminister, Sir Douglas Home, brach den Urlaub in Schottland ab. Bundeskanzler Brandt war gerade in Berlin und wurde vom Bundespresseamt verständigt. Der Schweizer Außenminister Graber erhielt die Nachricht in seinem Sommerhaus bei Ascona.

Die Regierungschefs warteten – sie warteten auf Ereignisse, die die Welt drei Wochen lang in Atem halten sollten. Und mit ihnen warteten die Angehörigen der entführten Passagiere. Wann würden die Entführer ihre Forderungen stellen? Und würden die betroffenen Nationen diese Forderungen erfüllen können?

Das war am Nachmittag des 6. September 1970.

3

Als Flugcaptain Jack Priddy, den Revolver des Entführers Gueeye im Rücken, Richtung Nahost abdrehte, wußte er nichts von den weittragenden Implikationen seiner Entführung. Aber selbst wenn er sie gekannt hätte, wäre gerade jetzt nicht der Zeitpunkt gewesen, um sich darüber Gedanken zu machen. Er war verantwortlich für das Leben von hundertvierundsiebzig Passagieren. Und das Leben dieser Passagiere war gefährdet. Wohl war es Priddy gelungen, die Erregung der Entführer zu dämpfen, aber es gab technische Probleme. Viele.

Das Großraumflugzeug Boeing 747 wurde zu jener Zeit noch nicht auf Strecken eingesetzt, die über Rom hinaus nach Osten führten. So hatte Priddy auch keine Flugunterlagen für den Nahen Osten an Bord – keine Flugstraßenpläne, keine Angaben über die Flughäfen in diesem Raum. Die Lage wurde zusätzlich dadurch kompliziert, daß der Entführer, der Beirut als Flugziel angegeben hatte, schließlich doch nicht mehr so sicher war, ob er dort landen wollte. Er erklärte, er könne das Problem erst dann lösen, wenn er mit seinen Genossen in Amman Kontakt aufgenommen habe. Dr. Haddad saß ja unerreichbar in Stuttgart.

Captain Priddy mußte sich also auch Unterlagen über verschiedene Ausweichflughäfen beschaffen – Kairo, Bagdad, eventuell Nikosia. Waren diese Flughäfen überhaupt für Jumbo-Jets eingerichtet? Mit welchen Flugzeiten mußte gerechnet werden? Sollte er unterwegs Treibstoff ablassen, um das Landegewicht der Maschine zu verringern?

Die Boeing 747 verfügt über einen hochmodernen Navigationscomputer, der unabhängig von den Leitstellen auf dem Boden Kurs und Flugzeit berechnet, wenn man ihm die geographische Länge und Breite des Zielflugplatzes einfüttert. Aber der Computer muß mit einschlägigen Daten gespeist werden, und die konnte Priddy nicht liefern.

Es beruhigte ihn allerdings ein wenig, als Gueeye nebenbei bemerkte, daß dies schon das dritte Flugzeug sei, das er entführe. Es war dem Captain ganz recht, in dieser kritischen

Situation mit einem Profi zusammenzuarbeiten. Ein Laie hätte womöglich durchgedreht! Allerdings war Gueeye auf die kleinere Boeing 707 spezialisiert. Schulungskurse hatten ihn in Jordanien auf diesen Flugzeugtyp vorbereitet. Er kannte sämtliche Instrumente und jeden Schalter der 707, nicht aber des Jumbo-Jet. Der Captain mußte ihm zum Beispiel die Anordnung der Schalter des Funkgeräts erklären, das bei der 747 anders konstruiert ist als bei der 707. Aber als er es Gueeye gezeigt hatte, ging er damit um, als habe er sein ganzes Leben nichts anderes getan. Zu Priddys Erstaunen kannte er auch die Grundlagen der Navigation. So begriff der Entführer natürlich sehr schnell die technischen Probleme des Captains und gestattete Priddy zur Festlegung der Flugroute ungestörten Funkverkehr mit den Flugkontrollstellen.

Als der Jumbo in den Frankfurter Funkbereich einflog, schaltete Priddy die Frequenz seiner Gesellschaft ein und nahm Verbindung mit dem Pan-Am-Operationsbüro des Rhein-Main-Flughafens auf. Er bat um die geographische Länge und Breite von Beirut und Bagdad, forderte Daten über die Landebahnen von Beirut, Kairo und Bagdad an und die Funkfrequenzen der dortigen Kontrolltürme. Pan Am Frankfurt setzte sich mit Pan Am London in Verbindung, wo die Daten für Priddy zusammengestellt und über die Kanäle der Gesellschaft nach München, Klagenfurt und Zagreb weitergegeben wurden. Als Priddy auf seiner Luftstraße diese Städte überflog, rief er die Daten ab.

Gueeye ließ ihn, wie gesagt, gewähren. Allerdings bestand er darauf, daß der Funkverkehr zwischen Captain und Bodenstationen über Bordlautsprecher übertragen werde, damit er mithören konnte. So hatte Priddy keine Gelegenheit, seinen Leuten unten Informationen über die Situation an Bord zu geben. Man wußte dort freilich ohnehin, daß Pan Am 093 entführt worden war, und die Flugkontrolleure versuchten dem Captain die Lage zu erleichtern, indem sie die Flughöhe von neuntausend Metern freihielten – das heißt, alle anderen Verkehrsmaschinen, die auf der von Priddy benutzten Luftstraße unterwegs waren, wurden aus dieser Höhe herausmanövriert.

Die Atmosphäre im Cockpit entspannte sich. Gueeye saß hinter dem Captain, hielt den Revolver mit der Rechten auf Priddys Rücken gerichtet und stützte dabei die Hand auf die Armlehne seines Sitzes. Diop hatte das Cockpit verlassen.

Wenig später kam es dort jedoch beinahe zu einer kritischen Situation: Captain Priddy wollte eine Flugkarte auf seinen Knien ausbreiten. Da er dazu nicht genug Platz hatte, drückte er auf den Knopf, der seinen Sitz nach hinten bewegte. Gueeye, der mit ausgestreckten Beinen hinter ihm saß, fand sich plötzlich eingeklemmt. Für den Bruchteil einer Sekunde mußte der Entführer wohl geglaubt haben, der Captain wolle ihm einen Streich spielen. Blitzartig fuhr er hoch und zielte mit verzerrtem Gesicht direkt auf Jack Priddys Kopf. Co-Pilot Pat Levix sah erschrocken zu, tippte dann aber dem Captain auf die Schulter und machte ihn darauf aufmerksam, daß Gueeye eingeklemmt sei. Eilig ließ Priddy den Sitz wieder nach vorne rutschen.

Über Saloniki kam es zu einem zweiten Zwischenfall: Priddy bemerkte plötzlich, wie Gueeye und Flugingenieur Dziuba hinter ihm mit Taschenlampen auf dem Boden des Cockpit herumkrochen.

»Was ist los?« fragte er.

»Er hat den Sicherungsstift der Handgranate verloren!« erklärte Dziuba mit gepreßter Stimme.

Eine falsche Bewegung hätte jetzt genügt, um das Cockpit zu zerstören und hundervierundsiebzig Passagiere plus einundzwanzig Besatzungsmitglieder in den Tod zu schicken. Aber schließlich wurde der Sicherungsstift unter dem Sitz des Co-Piloten gefunden.

Erleichtert bot Levix Gueeye eine Zigarette an und begann behutsam eine Art Konversation mit dem Entführer. »Wo kommen Sie eigentlich her?« fragte er.

»Ich bin in Jerusalem geboren. Damals gehörte die Stadt noch zu Palästina.« Er habe auf der amerikanischen Universität in Beirut studiert und sei mehrere Male in den Vereinigten Staaten zu Besuch gewesen.

»Und warum haben Sie die Maschine entführt?«

Gueeye gab in ausgezeichnetem Englisch mit amerikanischem Akzent bereitwillig Auskunft: Er habe das Flugzeug entführt, um das amerikanische Volk auf das Schicksal des palästinensischen Volkes aufmerksam zu machen. Die Palästinenser seien von den Zionisten aus ihrer Heimat vertrieben worden, und die Welt habe bisher keine Notiz davon genommen. Zugleich sollte mit der Entführung die amerikanische Regierung gewarnt werden, die Israel mit Phantom-Kampfflugzeugen versorge.

Als käme ihm ein plötzlicher Einfall, fragte Gueeye Dziuba übergangslos: »Wieviel kostet eigentlich dieser Jumbo-Jet?«

»Dreiundzwanzig Millionen Dollar«, war die Antwort.

»Da hat sich meine Arbeit heute ja gelohnt«, meinte Gueeye trocken.

Erst ungefähr zehn Stunden später sollte die Crew den makabren Sinn dieser Bemerkung auf dramatische Weise erfahren...

Kurz vor Athen wandte sich der Entführer direkt an die Passagiere. Pat Levix reichte ihm auf Wunsch das Bordmikrofon, und Gueeye sagte: »Hier spricht die Volksfront für die Befreiung Palästinas. Warum haben wir dieses amerikanische Flugzeug entführt? Weil die amerikanische Regierung Israel täglich hilft. Die amerikanische Regierung versorgt Israel mit Phantom-Flugzeugen, die unsere Lager angreifen und unsere Dörfer vernichten. Die Entführung soll das amerikanische Volk endlich darauf aufmerksam machen, wie stark die US-Regierung den Weltfrieden gefährdet, indem sie täglich in Palästina und Vietnam Morde und Verbrechen begeht. Wir haben unsere Häuser und unser Land vor zweiundzwanzig Jahren verlassen müssen. Jeden Tag greifen uns die Israelis in unseren Lagern an. Wir wollen, daß Sie durch unsere Aktion die ganze Wahrheit über diese Vorgänge erfahren. Wir entschuldigen uns für jede Unannehmlichkeit, die wir Ihnen verursachen, aber Sie müssen uns einfach verstehen. Ende der Durchsage.«

Schweißüberströmt reichte Gueeye das Mikrofon Captain Priddy, der ungerührt weitersprach: »An das Kabinenpersonal! Darf ich um drei Tassen Kaffee bitten. Eine mit Milch, eine mit Zucker, eine schwarz.«

Priddys Durchsage löste bei den Passagieren, die noch ganz im Bann der Worte des Entführers standen, entspannende Heiterkeit aus. Auch Valery Priddy lachte mit. Seit zwei Stunden hatte sie eine Zigarette nach der anderen angezündet und furchtbare Ängste um ihren Mann ausgestanden. Als sie jetzt seine gelassene Durchsage hörte, wußte sie, daß Jack jedenfalls nichts geschehen war und daß er seine typische Ruhe behalten hatte. Er würde schon mit den Entführern fertig werden ...

Währenddessen saß Augusta Schneider mit Sanghone Diop allein in der Bar im Obergeschoß des Jumbo-Jet. Der Entführer hatte Augusta als eine Art Verbindungsperson zwischen sich, den Passagieren und dem Bordpersonal ausgewählt. Obwohl sich die beiden nicht unfreundlich gegenübersaßen, blieb Diop stets mißtrauisch. Als Augusta einmal in die Bordküche hinunterging, um ihm eine Tasse Kaffee zu holen, folgte Diop ihr wenig später in einem phantastischen Aufzug. Die Stewardess hätte fast die Kaffeetasse fallen lassen, als er plötzlich neben ihr auftauchte. Diop hatte oben aus den Halterungen an der Cockpit-Wand eine Axt und ein großes Messer, eine Art Machete, genommen, die dort für Notfälle, zum Beispiel Bruchlandungen, aufbewahrt wurden. Nun stand er mit geschwungener Axt, mit Revolver und Handgranate, die Machete im Hosenbund, in der Bordküche.

»Wo ist die andere Machete – und die andere Feueraxt?« fragte er.

Augusta Schneider bewahrte mühsam Haltung. Was will er mit der Axt? dachte sie. Mau Mau – alles, was sie jemals über grausame afrikanische Stammesriten gelesen hatte, schoß ihr durch den Kopf. Aber sie fragte mit möglichst harmlosem Gesicht: »Was für eine Machete?«

»Die zweite Machete und die andere Axt!«

»Die gibt es nicht!«

Diop wurde wütend: »Lügen Sie nicht!« Offenbar wußte er ganz genau, was zur Ausrüstung eines modernen Verkehrsflugzeuges gehörte.

Der laute Wortwechsel hatte den Chef des Bordservice, John Ferugio, in die Küche gelockt.

»Was ist los?« fragte er und starrte entsetzt auf den dunkelhäutigen Entführer, der mit Axt und langem Messer neben der friedlich blubbernden Kaffeemaschine stand.

»John, gibt es noch eine andere Machete?« erkundigte sich Augusta.

Ferugio warf ihr einen fragenden, unsicheren Blick zu und meinte schließlich: »Ich werde mal im Bordhandbuch nachschauen. Vielleicht steht da was drin.«

Da machte der Entführer dem Theater ein Ende: »Gehen Sie nach hinten und holen Sie sie!«

Als Ferugio verschwinden wollte, hielt Diop ihn jedoch zurück: »Sie bleiben hier! Miss Schneider wird sie holen!«

So lief Augusta Schneider durch das Touristenabteil nach hinten und holte Axt und Machete, die es selbstverständlich doppelt gab. Um die Passagiere nicht unnötig zu erschrecken, wenn sie mit diesen furchterregenden Gegenständen durch den Gang kam, schob sie sie unter ihre Uniformjacke und ging langsam und etwas steif zur Küche zurück. Dennoch hielt sie unterwegs eine besorgte Dame am Ärmel fest: »Was ist los, Mademoiselle?« Augusta wurde es schwindelig. Die Axt begann zu rutschen! Aber sie zwang sich zur Ruhe: »Ich werde es Ihnen später sagen, Madame. Im Augenblick kann ich nicht mit Ihnen sprechen.«

Dann schlüpfte sie schnell durch den Vorhang und ließ aufatmend Machete und Axt auf den Boden fallen. Direkt vor die Füße des Entführers.

Diop lächelnd: »So ist es recht, Miss Schneider. Und in Zukunft bitte keine Tricks mehr!« Er nahm die beiden Waffen an sich. Offenbar hatte er befürchtet, ein Mitglied des Bordpersonals könne sie gegen die Entführer verwenden. Das wäre ja immerhin möglich gewesen. Jetzt wirkte er entspannter. Bis ihm eine neue Idee kam: »Bitte lassen Sie die Pässe der Passagiere einsammeln, Miss Schneider«, forderte er.

Augusta wollte selber gehen, aber Diop befahl: »Nein, Mr. Ferugio soll das machen.«

Ferugio sammelte also alle Pässe ein und übergab sie Augusta, die dem bis zu den Zähnen bewaffneten Diop wieder über die

Wendeltreppe in die Bordbar folgen mußte. Dort setzten sie sich nebeneinander an einen Tisch und sortierten die Pässe nach drei Gruppen: Diplomaten – Amerikaner – Übrige.

»Schauen Sie bitte mal, wer israelische Stempel und Visa im Paß hat«, verlangte Diop dann.

Da er in der Rechten den Revolver und in der Linken eine Handgranate hielt, hatte er keine Hand frei, um selber nachzusehen. Augusta blätterte die Pässe durch, wobei sie von Diop scharf beobachtet wurde. Hin und wieder deutete er mit der Pistole auf einen Paß und fragte: «Was ist das? Sieht das nicht hebräisch aus?« Wenn es sich lediglich um einen israelischen Ein- oder Ausreisestempel handelte, gab er sich zufrieden. Was er suchte, waren israelische Pässe. Nun befanden sich zwar zahlreiche Juden an Bord, aber kein einziger israelischer Staatsbürger. Diops Stimmung verschlechterte sich zusehends, und Augusta Schneider ahnte allmählich, daß der Entführer eine ganz bestimmte Person suchte. Da stellte er auch schon die barsche Frage: »Haben Sie nicht eine ganz wichtige Persönlichkeit an Bord, Miss Schneider?«

Augusta wußte von nichts. Diop insistierte: »Einen Mann namens Rabin?«

Yizhak Rabin war Generalstabschef der israelischen Armee während des Sechs-Tage-Kriegs. Später kam er als israelischer Botschafter nach Washington. Erst nach Wochen wurde bekannt, daß die Volksfront einen Hinweis erhalten hatte, General Rabin flöge am Sonntag, dem 6. September 1970, von Europa nach New York. Die Information war freilich falsch, Rabin also nicht an Bord.

Da kam die Frage nach der sogenannten *»Ident seat chart«*. Das ist die Liste, auf welcher die Fluggesellschaften besonders wichtige Passagiere mit biographischen Angaben aufführen. Auch die Sitznummern sind dort vermerkt. Das Bordpersonal ist angewiesen, diese Passagiere mit besonderer Zuvorkommenheit zu behandeln.

Augusta Schneider brachte Diop die Liste. Der Entführer las aufmerksam die Namen und bat dann die Stewardess, Dr. Mosel zu holen. Als Augusta jedoch zum Bordmikrofon griff, um den Passagier auszurufen, schlug Diop ihr sanft auf die Finger: »Das Intercom wird nicht benutzt«, sagte er höflich.

Dr. Mosel, Arzt und holländischer Staatsbürger, arbeitete für die World Health Organization der Vereinten Nationen. Als er hinter Augusta Schneider die Bordbar betrat, erhob sich Diop und sagte zuvorkommend: »Guten Abend, Sir. Bitte nehmen Sie Platz.«

Der Arzt setzte sich. Diop und Augusta blieben stehen.

»Darf ich fragen, wohin Sie fliegen wollten?« fragte der Entführer.

Dr. Mosel berichtete, daß er auf dem Weg nach Puerto Rico gewesen sei. Er sei Spezialist für die Erforschung von Dysenterie Problemen in tropischen Ländern.

»Dysenterie?« Diop schaute Augusta Schneider fragend an.

»Das ist die medizinische Bezeichnung für Durchfall«, beeilte sich die Stewardess zu erklären. Er hat es wahrscheinlich für einen politischen Begriff gehalten, dachte sie leicht amüsiert.

Dr. Mosel war bemüht, den Entführer freundlich zu stimmen. Er sprach davon, daß er auch längere Zeit in Kairo gewesen sei, wo er schwerwiegende Gesundheitsprobleme untersucht habe. Das schien Diop zu gefallen. Man unterhielt sich eine Weile über Kairo, dann wurde Dr. Mosel anstandslos entlassen.

Als nächsten wollte Diop einen alten Herrn sehen, der ihm schon zu Beginn der Reise aufgefallen war, als er nämlich eine kleine Gebetskappe aufsetzte. Es handelte sich um einen Diamantenhändler aus Antwerpen, einen orthodoxen Juden, der viele Jahre in deutschen Konzentrationslagern verbracht hatte. Als er hörte, daß das Flugzeug von der Volksfront entführt worden war, fiel er in Ohnmacht, und John Ferugio mußte ihn mit einer Sauerstoffmaske behandeln. Davon hatten Augusta Schneider und Diop allerdings nichts bemerkt.

Nun sollte die Stewardess den Diamantenhändler holen. Als sie ihn bat, mit nach oben zu kommen, wäre er vor Entsetzen beinahe noch einmal in Ohnmacht gefallen.

»Haben Sie keine Angst, ich bin ja bei Ihnen. Und wenn er Sie nach Ihrer Religion fragt, dann sagen Sie, Sie seien katholisch«, versuchte Augusta ihn zu beruhigen. Dennoch mußte die Stewardess den alten Herrn stützen, als sie die Wendeltreppe hinaufstiegen.

Wieder bot Diop seinem »Gast« höflich Platz an, und der alte Herr ließ sich, am ganzen Körper zitternd, behutsam in einem Sessel nieder. Es wurde eine äußerst kurze Unterhaltung.

»Welche Religion haben Sie?« fragte Diop.

Die Antwort kam zögernd und stockend: »Katholisch.«

Der Entführer lachte laut auf: »Sie können gehen«, sagte er dann. Und als der alte Herr verschwunden war, meinte er, er habe ja gar nichts gegen Juden und jüdische Religion. Das sei eine Religion wie viele andere auch. Wogegen sie vielmehr kämpften, das seien Zionismus und die israelische Politik.

Zu einer kritischen Situation kam es während dieser Verhöre nur einmal, als Diop zwei junge Leute, Studenten der Universität von New York, kommen ließ. Sie waren jüdischen Glaubens und hatten ihre Sommerferien in Israel verbracht. Der eine Student fuhr ihn plötzlich an: »*You fucking Arabs!* Glaubt bloß nicht, daß ihr mit der Sache ungeschoren davonkommt! Die Israelis werden euch das heimzahlen, darauf könnt ihr Gift nehmen!«

Augusta Schneider erstarrte vor Schrecken. Sie hatte sich die ganze Zeit um ein gutes Verhältnis zu dem Entführer bemüht, um Zwischenfälle an Bord zu vermeiden, und nun dies! Beschwörend und kopfschüttelnd starrte sie den jungen Mann aus New York an. Der aber ließ sich nicht bremsen: »Die Israelis werden euch Prügel geben. Die werden euch den verdammten Hintern verdreschen! Das ist doch klar!«

Diop wurde aschgrau im Gesicht. »Wenn wir hier nicht im Flugzeug wären, würde ich euch sofort über den Haufen schießen«, sagte er mit gefährlich leiser Stimme. Und dann lauter: »'raus!«

Aufatmend führte Augusta die Studenten zur Treppe. Dann fragte sie den Entführer ablenkend: »Haben Sie nicht Hunger? Möchten Sie etwas essen? Wir haben herrlichen belgischen Kuchen an Bord. Schmeckt wie französische Patisserie.«

Diop hatte keinen Hunger. Ob sie vielleicht Orangensaft

habe? Augusta ging hinunter zur Bordküche und füllte ein großes Glas. Als sie es dem Entführer reichte, befahl er: »Trinken Sie zuerst!«

Augusta nahm zwei Schlucke. »Trinken Sie mehr, trinken Sie die Hälfte aus«, verlangte Diop. Die Stewardess wußte natürlich, was das zu bedeuten hatte: Der Entführer fürchtete, daß sie dem Orangensaft Schlafmittel beigemengt hatte! Tatsächlich wartete er noch eine Viertelstunde, nachdem sie die Hälfte des Saftes ausgetrunken hatte, beobachtete sie scharf und griff dann erst zum Glas, um es zu leeren.

Der Gedanke mit dem Schlafmittel war Augusta Schneider tatsächlich gekommen, während sie das Glas mit Orangensaft füllte. Das Röhrchen lag in ihrer Handtasche... Aber sie wollte kein Risiko eingehen.

Wenig später konnte die Stewardess den Entführer doch zum Essen überreden. Sie dachte sich: Wer was im Magen hat, der wird nicht so leicht nervös! So servierte sie Diop also einen Teller Suppe. Er setzte sich ihr gegenüber an den Tisch, schaute auf den Teller und war sich einen Moment unschlüssig. In der einen Hand hielt er den Revolver, in der anderen die Handgranate. Wie sollte er den Löffel nehmen? Schließlich reichte er Augusta die Handgranate: »Halten Sie das mal!«

Augusta wich zurück. Darauf war sie nicht vorbereitet!

»Nun nehmen Sie schon!« Diop drückte ihr die Granate in die Hand und zeigte ihr, wie man mit dem Mittelfinger die Feder des Zündmechanismus halten mußte, damit die Handgranate nicht in die Luft ging. Augusta hielt sie krampfhaft fest, während Diop seine Suppe löffelte. Lachend lobte er sie: »So ist's richtig!« Dann schob er den Teller zurück und meinte: »Wenn hier an Bord irgendwas schiefgehen sollte, dann zerstören wir das Flugzeug in der Luft.«

Augusta hatte nicht den Eindruck, daß dies leeres Gerede sei. Zwar schienen ihr die Männer keine Fanatiker zu sein, auch keine Verrückten, aber sie machten einen entschlossenen Eindruck. Und sie waren sicher bereit, sich selbst zu töten, wenn ihre Aktion gefährdet werden sollte.

Irgendwo muß dieser Mann aber auch eine schwache Stelle

haben, dachte die Stewardess und begann vorsichtig: »Schauen Sie, wir haben nur unschuldige Menschen an Bord, darunter viele Frauen und Kinder. Und auch Familienväter. Wenn denen was passiert, dann wachsen ihre Kinder ohne Väter auf. Haben Sie eigentlich Kinder?«

Damit hatte sie Diop ein Stichwort gegeben. Sofort zog er seine Brieftasche und zeigte ein Familienfoto: seine pummelige Frau mit drei kleinen Kindern. Das jüngste war noch ein Baby.

»Die sind ja süß!« rief Augusta spontan aus.

Diop lächelte stolz: »Lauter Jungen«, erklärte er.

»Und was wird aus Ihren Söhnen und Ihrer Frau, wenn Sie das Flugzeug in die Luft sprengen und dabei selbst sterben?« fragte Augusta.

Diop wurde nachdenklich: »Sie haben recht – aber wir müssen unsere Sache zum Erfolg führen. Wir dürfen keine Rücksicht auf uns selbst nehmen.«

Dann fragte er die Stewardess, ob sie schon einmal in den arabischen Ländern gewesen sei und wie ihr die Araber gefielen. Augusta sah endlich eine Chance, die Barriere zu durchbrechen, die bisher zwischen ihnen gewesen war. Sie erzählte ihm begeistert von ihren Aufenthalten in Kairo und Damaskus, flocht ein paar arabische Worte ein, die sie gelernt hatte, und sagte, sie hielte die Araber für ein wunderbares Volk und ihre Kultur für faszinierend. Diop freute sich offensichtlich. Er wollte wissen, ob sie an die Sache der Palästinenser glaube und ob sie verstünde, warum sie das Flugzeug entführt hätten. Die Stewardess hatte begreiflicherweise kein Interesse daran, sich mit dem Entführer auf eine politische Diskussion einzulassen. So sagte sie lediglich, sie glaube, daß jedes Volk ein Recht auf Heimat und Selbstbestimmung habe. Um dem Gespräch eine andere Wendung zu geben, zitierte sie den Koran: »Dort steht: ›Du sollst nicht ohne Ehre töten.‹«

Diop war überrascht: »Sie haben den Koran gelesen, Miss Schneider?«

»Ja – und ich entsinne mich sehr an diese Stelle.«

Nachdenklich meinte Diop: »Es ist ein gutes Zitat ...«

Dann kam er wieder auf die Kinder zu sprechen: »Hat der Captain auch Söhne?«

Augusta Schneider wußte es nicht, aber sie sagte spontan: »O ja, fünf. Sie sind noch sehr jung.«

»Und Mr. Ferugio?«

»Der hat drei kleine Mädchen.«

»Und Sie? Wie alt sind Sie eigentlich?«

»Ich bin dreiunddreißig, aber nicht verheiratet.«

Diop war fassungslos. »Wie ist das denn möglich?« Daß ein hübsches Mädchen mit dreiunddreißig Jahren noch unverheiratet sein sollte, war ihm völlig unbegreiflich.

Augusta lächelte: »Bis jetzt hat mich eben noch keiner haben wollen ...«

Diop, die Hand mit dem Revolver auf den Tisch gestützt, starrte sie an. Plötzlich sagte er: »Aber *ich* würde Sie heiraten!«

Augusta Schneider brach in fast hysterisches Gelächter aus. Aber als sie Diops Gesicht sah, nahm sie sich zusammen und bat um Pardon. Die Vorstellung, sie und der Entführer ... Es war einfach verrückt. Alles.

So vergingen die Stunden. An Bord war es ganz ruhig. Die Passagiere unterhielten sich nur flüsternd miteinander, viele lasen. Im Cockpit erhob sich Co-Pilot Levix und sagte zu Gueeye: »Ich muß mal auf die Toilette.«

Gueeye stand auf: »Okay, aber lassen Sie die Tür auf.«

Während Levix verschwand, stand Gueeye in der Tür und paßte auf. Augusta Schneider schaute von der Bar aus zu. Die nehmen wirklich kein Risiko in Kauf, dachte sie. Aber als sie selbst wenig später zur Toilette gehen mußte und Diop um Erlaubnis bat, befahl auch er: »Bitte die Tür auflassen!«

Da fauchte sie ihn empört an: »Das kommt überhaupt nicht in Frage, mein Herr!«

Diop lachte wie über einen gutgelungenen Witz: »Okay, dann machen Sie sie eben zu.«

Als es dunkel wurde, erreichten sie Beirut. Für die Entführer wurde die Lage kritisch: Die libanesische Regierung war gegen Flugzeugentführungen und würde ihnen sicher keinen freundlichen Empfang bereiten. Anderseits ahnten die Genossen von der Volksfront nicht, daß sie in Beirut heruntergehen wollten. Denn sie wurden auf dem »Revolutionsflugplatz« in der jordanischen Wüste erwartet – mit einer Boeing 707 und nicht mit dem viel größeren Jumbo-Jet 747, der dort nicht landen konnte.

Während der Jumbo in fast zehntausend Meter Höhe über Beirut kreiste, kam es zwischen dem Entführer Gueeye, Captain Priddy und verschiedenen Leuten auf dem Flughafen Beirut zu einem dramatischen Funkverkehr.

Priddy schaltete die Frequenz des Pan-Am-Operationsbüros von Beirut ein und meldete sich als erster.

Priddy: »Hier spricht Captain Jack Priddy an Bord Pan-Am-Clipper 093!«

Gueeye auf der gleichen Frequenz: »Hier ist die Volksfront für die Befreiung Palästinas. Flugzeugentführer an Bord Clipper 093.«

Pan Am: »Hier ist Beirut, Flugkontrolle-Operationspersonal, Frequenz 131,4.«

Priddy: »Habt ihr jemanden, der eine Nachricht übersetzen kann?«

Pan Am: »Geben Sie die Nachricht durch.«

Gueeye: »Panop Beirut, ich verlange einen verantwortlichen Vertreter der Volksfront, mit dem ich in Ihrem Büro sprechen kann.«

Pan Am: »Haben Sie eine Telefonnummer?«

Gueeye: »Nein.«

Pan Am: »Bitte warten Sie.«

Die Pan-Am-Leute nahmen sofort Verbindung mit den libanesischen Behörden auf. Unterdessen saß Mr. Williams, Pan-Am-Chef in Beirut, am Telefon, ließ sich über die Lage auf dem Flughafen orientieren und berichtete auf einer anderen Linie seinem Boss Najeeb Halaby, der im Pan-Am-Wolkenkratzer in New York am Apparat hing.

Gueeye wurde langsam nervös. Bis jetzt hatte er mit dem Pan-Am-Büro Beirut in englischer Sprache gesprochen. Jetzt verlangte er einen Mann, mit dem er arabisch sprechen konnte. Er bekam ihn.

Gueeye: »Bruder, hast du schon mit einem verantwortlichen Vertreter der Volksfront Verbindung aufgenommen?«

Pan Am (es spricht ein arabischer Angestellter auf arabisch): »Wir haben jetzt Kontakt mit einem verantwortlichen Vertreter. Sobald er hier im Büro ist, nehmen wir wieder mit Ihnen Verbindung auf.«

Captain Priddy schaltete sich ein und bat um Wetterangaben.

Pan Am auf englisch: »Das Wetter wurde aufgenommen um 16.50 Uhr. Wind: 10 Knoten, 300 Grad. Sicht und Wolkenhöhe okay. Temperatur 30. Dew 7 und Qnh 1003. Kein besonderes Wetter.«

Dann meldete sich wieder der arabische Pan-Am-Angestellte, der Gueeye anredete: »Ich habe ein Telegramm von Mr. Najeeb Halaby, Vorstandsvorsitzender der Pan American World Airways der Vereinigten Staaten, das folgenden Wortlaut hat: ›Mr. Najeeb Halaby bittet die Luftpiraten, die Pan Am 093 in Beirut landen zu lassen. Es geht um die Sicherheit der Passagiere und die Sache der Freiheit. Es gibt keinen anderen Flughafen in diesem Raum, der eine sichere und ungefährliche Landung zuläßt.‹«

Gueeye: »Wir werden in Beirut landen. Aber man muß mir garantieren, daß sich außer einem verantwortlichen Vertreter der Volksfront niemand dem Flugzeug nähert.«

In diesem Augenblick betraten der stellvertretende Flughafendirektor, Mr. A. Bedran, und der Oberst der libanesischen Armee Saloum das Pan-Am-Operationsbüro. Sie baten die Pan-Am-Angestellten, den Luftpiraten mitzuteilen, daß das Flugzeug nicht in Beirut landen könne. Man schlug Bedran vor, selber mit dem Entführer zu sprechen.

Bedran: »Hier spricht der stellvertretende Flughafendirektor von Beirut. Nur zu Ihrer Information – die Hauptlandebahn von Beirut Airport ist gegenwärtig wegen Reparaturarbeiten geschlossen. Die andere Landebahn ist nicht für das Gewicht einer Boeing 747 gebaut. Wir schlagen vor, daß Sie das Flugzeug nach Damaskus Airport umleiten. Dort können Maschinen dieses Typs landen.«

Dieser Vorschlag versetzte Gueeye in höchste Erregung. Er

wußte, daß die Beziehungen der Volksfront zu dem Regime in Damaskus nicht nur gespannt, sondern ausgesprochen feindselig waren. Gueeye und Diop mußten mit Verhaftung, Verurteilung und längerem Gefängnisaufenthalt rechnen.

Gueeye mit erregter Stimme: »Wir werden nicht in Damaskus landen! Wir werden in Beirut landen! Verstehen Sie mich? Ich werde nicht in Damaskus landen, sondern in Beirut. Antworten Sie! Antworten Sie!«

Bedran: »Wir versuchen, Kontakt zur Volksfront herzustellen und einen Vertreter zum Flughafen kommen zu lassen. Kreisen Sie bitte solange über Beirut. Bis dahin ist auch geklärt, welcher andere Flughafen Sie aufnehmen kann.«

Da die Unterhaltung in arabischer Sprache geführt worden war, hatte Captain Priddy ihr nicht folgen können. Aber das Pan-Am-Operationsbüro unterrichtete ihn: »Die Flughafenbehörden versuchen jetzt auch, Kontakt mit der Partei der Herren aufzunehmen, die Sie an Bord haben. Bis dahin kreisen Sie bitte über Beirut.«

Die Nerven des Entführers waren nun bis zum Äußersten gespannt. Er hatte sehr wohl begriffen, daß die Libanesen ihn abwimmeln wollten. Und mehr denn je rechnete er mit einer kritischen Situation, wenn er das Flugzeug gegen deren Willen in Beirut niedergehen ließ.

Gueeye eindringlich: »Für den Fall, daß diese Maschine auf dem Flughafen Beirut landet, wiederhole ich zum zweitenmal: Sollte irgend jemand, Polizei oder Armee, versuchen, sich dem Flugzeug zu nähern, werden wir es augenblicklich in die Luft jagen! Wir haben genügend Dynamit an Bord, um die Maschine total zu zerstören!«

Nachdem Captain Priddy fünfundvierzig Minuten über Beirut gekreist hatte, wurde er allmählich ungeduldig und fragte das Pan-Am-Operationsbüro: »Clipper 093 an Pan Am: Ist es Ihnen gelungen, Kontakt mit den Volksfrontleuten herzustellen?«

Pan Am: »Die Flughafenbehörde teilte eben mit, daß der Mann auf dem Weg zum Kontrollturm ist, um mit den Leuten an Bord zu sprechen. Er nimmt dann Frequenz 118,9.«

Gueeye schaltete auf die angegebene Frequenz um. Aus dem Lautsprecher im Cockpit tönte die Stimme des stellvertretenden Flughafendirektors.

Bedran: »Ich bin jetzt im Kontrollturm und erwarte den Volksfrontvertreter. Er kommt aus Bhamdoun nach Beirut. Das wird eine Weile dauern, Sie müssen also noch warten.«

Gueeye: »Okay, danke.«

Bhamdoun ist ein Sommerkurort in den Bergen nördlich von Beirut und ungefähr eine halbe Autostunde vom Flughafen Beirut entfernt.

Gueeye schaute durch das Cockpit-Fenster auf die Lichtbänder blitzender Autoscheinwerfer hinab. »Sonntag abend«, sagte er zu Captain Priddy. »Hauptverkehrszeit in Beirut! Da kommen die Leute alle aus den Bergen zurück. Es kann lange dauern, bis der Vertreter der Volksfront durchkommt.«

Dann fiel ihm ein, daß er sich einmal erkundigen könne, wie die Entführung der El-Al-Maschine 219 verlaufen sei.

Gueeye: »Kann ich vielleicht den Namen meines jetzigen Gesprächspartners erfahren?«

Bedran nannte seinen Namen.

Gueeye: »Kann ich Ihnen ein paar Fragen stellen?«

Bedran: »Fangen Sie an.«

Guyee: »Eine El-Al-Maschine wurde heute auf dem Flug nach London entführt. Wo ist sie gelandet?«

Bedran: »Allem Anschein nach in London.«

Gueeye: »Wer hat sie entführt?«

Bedran: »Oh, mein Gott, wir wissen nichts – außer, daß sie in London gelandet ist.«

Gueeye: »Danke.« Eine Gefühlsregung sah man ihm überraschenderweise nicht an. Aber die Nachricht mußte ihn getroffen haben.

Captain Priddy wußte – entgegen der Auskunft, die ihm die Flughafenbehörde gegeben hatte –, daß er technisch sehr wohl in der Lage war, den Jumbo-Jet in Beirut zu landen. Aber er rechnete auch mit der Möglichkeit, daß die libanesische Armee die Landung der Maschine verhindern würde. In diesem Fall wollte er Bagdad anfliegen, und es wurde langsam Zeit, sich entsprechende Fluginformationen zu verschaffen.

Priddy: »Pan Am – geben Sie uns bitte, wenn möglich, die normale Flughöhe zwischen Damaskus und Bagdad an.«

Pan Am: »Augenblick, Sir. – Zwischen Beirut und Damaskus Minimalflughöhe fünftausend Meter, von Damaskus nach Bagdad dreitausend. Offenbar keine Besonderheiten.«

Priddy: »Wir haben keine Karten für die Strecke Beirut-Bagdad. Deshalb bleiben wir wahrscheinlich auf neuntausend, wenn wir nach Bagdad fliegen. Würden Sie dort bitte schon mal fragen, ob die technischen Voraussetzungen gegeben sind, daß die Passagiere überhaupt aussteigen können?«

Pan Am etwas später: »Gerät und Einrichtungen von Bagdad negativ. Nicht verfügbar.«

Priddy: »Kann uns eine andere Fluggesellschaft aushelfen?«

Pan Am: »Die zuständige Fluggesellschaft ist die nationale Fluggesellschaft, also Iraqui Airways, und die haben kein Gerät für die 747.«

Priddy: »Benachrichtigen Sie bitte trotzdem Iraqui Airways hier in Beirut, daß wir möglicherweise ihre Hilfe in Anspruch nehmen müssen, wenn wir nach Bagdad gehen sollten.«

Gueeye schaltete ungeduldig wieder auf die Frequenz des Kontrollturms um: »Wir warten immer noch auf die Ankunft des Vertreters der Volksfront!«

Kontrollturm: »Auch wir warten.«

Gueeye: »Kann man mit dem Mann denn nicht telefonieren?«

Kontrollturm: »Wir stehen in Verbindung mit den zuständigen Behörden, die ihrerseits den Mann informiert haben. Man hat uns gesagt, daß er von Bhamdoun nach Beirut kommt.«

Gueeye: »Das weiß ich längst. Aber wann war das? Vor zehn Minuten, vor einer halben Stunde? Oder wann?«

Kontrollturm: »Wir wiederholen noch einmal, daß Beirut Airport technisch ohnehin nicht in der Lage ist, das Flugzeug aufzunehmen.«

Gueeye ärgerlich: »Und ich wiederhole, daß ich mich darüber in keine Diskussion einlassen werde, bis ein verantwortlicher Vertreter der Volksfront eingetroffen ist.«

Endlich – Captain Priddy kreiste seit anderthalb Stunden über Beirut – meldete sich der Kontrollturm mit der Nachricht, daß der gewünschte Volksfrontmann eingetroffen sei. Er benutzte den Decknamen Abu Khaled. Allerdings gehörte er nicht zu der Gruppe um Dr. Wadir Haddad, die die Flugzeugentführungen vorbereitet hatte. So wußte er auch nicht, welche Genossen sich nun als Entführer an Bord des Jumbo-Jet befanden.

Gueeye hatte andererseits keine Ahnung, wer Abu Khaled sein könne. Mißtrauisch und gereizt versuchte er, die Identität seines Gesprächspartners festzustellen, während Abu Khaled herausfinden wollte, mit wem er es eigentlich zu tun habe.

Khaled: »Hallo, hallo!«

Gueeye: »Ja. Fang an.«

Khaled: »Hallo, hallo. Hier spricht Abu Khaled. Kannst du mich hören?«

Gueeye: »Wer?«

Khaled: »Walid Kaddoura (offenbar ein zweiter Deckname, d. V.) spricht. Und wer bist du, Bruder?«

Gueeye: »Sameer.«

Khaled: »Sameer?«

Gueeye: »Ja.«

Khaled: »Wer spricht?«

Gueeye fluchend: »Verdammt – Sameer!«

Khaled: »Wer spricht, Bruder? Welches Kommando?«

Gueeye war empört, daß Khaled die Geheimhaltungsvorschriften der Volksfront mißachtete: »Soll ich etwa Namen enthüllen? Aber du – wie kann ich wissen, oder welchen Beweis gibt es, daß du wirklich Mitglied der Volksfront bist?«

Khaled: »Abu Achmad ist mit mir gekommen, Bruder. – Younes Njeim . . .«

Aber auch das war kein Beweis für Gueeye. Offenbar sagten ihm die beiden Namen gar nichts.

Da gab Khaled einen Namen preis, der echt zu sein schien: »Ashraf, Bruder! Ashraf!«

Gueeye erleichtert: »Ja – ja, jetzt weiß ich Bescheid!«

Khaled: »Okay. – Kommt ihr aus Amsterdam?«

Gueeye: »Ja – aus Amsterdam.«

Khaled: »Was ist geschehen?«

Gueeye: »Wir mußten das vorgesehene Flugziel ändern, weil wir dort mit der Maschine nicht landen können.«

Khaled: »Das haben wir auch schon aus Amman gehört. Könnt ihr woanders landen? Wie sieht's mit dem Treibstoff aus?«

Gueeye: »Ich werde den Captain fragen.« Kurze Pause. »Hallo, hallo, der Captain sagt, daß er noch Treibstoff für vierzig Minuten hat.«

Khaled: »Fliegt auf keinen Fall nach Damaskus!«

Gueeye: »Garantiert nicht. Aber ich kann eventuell in Kairo oder Bagdad landen, auftanken und neue Instruktionen über unser nächstes Ziel abwarten. Oder wir landen hier in Beirut.«

Abu Khaled konnte die Sache nicht allein entscheiden. Er mußte das Volksfront-Hauptquartier in Amman anrufen – genauer gesagt, einen Mann mit dem Decknamen Abu Maher, der dort das Kommando führte, während sich Dr. Georges Habbasch in Nordkorea aufhielt und Dr. Wadir Haddad in Europa war. »Bleib auf der Frequenz, Bruder, und warte«, befahl er Gueeye.

Gueeye: »Wir brauchen eine schnelle Antwort. Der Treibstoff wird knapp! Wir haben nicht viel Zeit. Der Captain sagt, daß ihr euch in zwanzig Minuten entscheiden müßt.«

Khaled: »In fünf Minuten wirst du eine Antwort haben, Bruder!«

Inzwischen war nämlich Oberst Hamdan von der libanesischen Armee in den Kontrollturm gekommen, dem Abu Khaled kurz entschlossen ein barsches Ultimatum stellte: »Wenn Sie nicht sofort entscheiden, daß die Maschine in Beirut landen darf, werde ich meinen Leuten dort oben Anweisung geben, das Flugzeug in die Luft zu sprengen!«

Der Oberst kommandierte ein Regiment Soldaten, das mit gepanzerten Fahrzeugen auf dem Flughafen zusammengezogen worden war. Sein Befehl lautete, unter allen Umständen die Landung des Jumbo-Jet zu verhindern. Unter dem Druck des Ultimatums griff Hamdan nun zum Telefon und rief den damaligen libanesischen Staatspräsidenten Helou an. Dieser entschied: »Das Flugzeug darf landen, aber nur zum Auftanken!«

An Bord des Jumbo-Jet wurde Gueeye immer ungeduldiger: »Hallo, Abu Khaled! Was sollen wir machen? Vier Minuten sind schon um, und wir warten immer noch!«

Khaled: »Sie geben Landeerlaubnis zum Auftanken. Inzwischen werden wir mit Amman sprechen, und in fünfundvierzig Minuten können wir dir weitere Instruktionen geben.«

Gueeye: »Landen? Auf welchem Flugplatz?«

Khaled: »Beirut Airport zum Auftanken. Das dauert fünfundvierzig Minuten, und danach kriegst du neue Anweisungen.«

Gueeye: »Soll das heißen, das die libanesischen Behörden mit unserer Landung einverstanden sind? Vorhin hat man uns gesagt, das sei aus technischen Gründen gar nicht möglich. Sollen wir nun landen oder nicht?«

Khaled: »Du kannst landen, du kannst landen!«

Gueeye langsam und sehr deutlich: »Bitte sag den Libanesen folgendes: Wenn sich jemand dem Flugzeug nähern sollte, werden wir es vollständig zerstören.«

Khaled: »Aber ich und Bruder Abu Achmad sollten zum Flugzeug kommen und mit dir reden.«

Gueeye: »Dann nenne mir ein Kennzeichen. Du weißt, es ist dunkel, und man kann kaum jemanden erkennen, der sich dem Flugzeug nähert.«

Khaled: »Bruder, ich trage einen grauen Pullover mit langen Ärmeln, und Abu Achmad trägt einen blauen Pullover mit kurzen Ärmeln.«

Gueeye: »Okay, einverstanden. Aber noch eins: nur ihr beide! Ich werde auf jeden schießen, der mit euch kommt.« Und dann: »Übrigens, weißt du überhaupt, wie viele wir hier oben sind?«

Khaled: »Keine Ahnung.«

Gueeye: »Weißt du überhaupt, wer mit dir spricht?«

Khaled: »Du hast vorhin den Namen Sameer genannt – aber ich weiß nicht, wer du bist.«

Gueeye: »Aber du hast gewußt, daß wir aus Amsterdam kommen.«

Khaled: »Bruder, das ist eine Notsituation. Ich weiß nur, daß Ashraf und Abu Hani euch nicht befohlen haben, nach Beirut zu fliegen. Sonst habe ich keine Ahnung.«

Gueeye: »Ich weiß, daß es eine Notsituation ist. Wir ahnten schließlich auch nicht, daß wir eine 747 haben würden.«

Captain Priddy wurde das endlose Hin und Her zwischen Entführer und Volksfrontvertreter allmählich lästig. Ruhig, aber energisch schaltete er sich ein: »Fünfzehn Minuten zum Runterkommen! Wir brauchen fünfzehn Minuten zum Landen. Das wollte ich bloß gesagt haben.«

Aus dem Kontrollturm antwortete eine Stimme auf englisch: »Hier spricht der Kontrolleur im Dienst. Wir brauchen zehn Minuten, um die Landung vorzubereiten.«

Gueeye: »Wenn sich irgend jemand dem Flugzeug nähert, sind Sie verantwortlich!«

Kontrolleur: »Verstanden. Abu Khaled und Abu Achmad sind hier bei uns. Jetzt lassen Sie mich bitte mit dem Captain sprechen, damit ich ihm die Frequenz für die Radarlandung geben kann.«

Gueeye: »Okay. Ich gebe Ihnen den Captain.«

Priddy: »Beirut, hier ist Clipper 093. Ich bitte um Landeinstruktionen.«

Kontrolleur: »Sie müssen eine sehr sanfte Landung machen. Nehmen Sie Landebahn 03 oder Landebahn 21 von der See her. Die 03 können Sie voll anfliegen, aber bei der 21 müssen Sie die ersten sechshundert Meter auslassen.«

Priddy: »Field-Elevation?«

Kontrolleur: »Elevation dreißig Meter, Sir.«

Priddy: »Windrichtung und -stärke bitte!«

Kontrolleur: »Wind ist praktisch ruhig, von Osten 090 Grad. Ungefähr 04 Knoten.«

Priddy: »Okay. Sie wollen nicht, daß wir Landebahn 18 benutzen?«

Kontrolleur: »Landebahn 18 ist seit einem Monat wegen Bauarbeiten geschlossen.«

Priddy: »Okay, wir werden auf der 03 landen. Wie lang ist die Landebahn?«

Kontrolleur: »Dreitausendeinhundertachtzig Meter.«

In diesem Augenblick kam es zu einem Zwischenfall, der Besatzung und Passagiere an Bord des Jumbo-Jet in eine äußerst kritische Situation brachte: Die Israelis schalteten sich in den Funkverkehr ein! Aus dem Lautsprecher im Cockpit tönte plötzlich die Stimme eines israelischen Luftwaffenoffiziers, der Captain Priddy aufforderte, seine Maschine auf dem Flughafen Lod in Israel zu landen. »Wir haben alles vorbereitet. Ab Landesgrenze werden Ihnen Kampfflugzeuge Geleitschutz geben!« Gueeye zuckte zusammen und richtete blitzschnell seine Pistole auf den Flugkapitän. Priddy wußte, daß Lod nur acht Minuten Flugzeit entfernt lag. Aber das Risiko konnte er unmöglich eingehen. Außerdem mußte er sich jetzt auf die Landung konzentrieren. So sagte er knapp: »Danke! Aber halten Sie jetzt lieber den Mund!« Gueeye atmete erleichtert auf, und die Israelis begriffen sofort, daß nichts zu machen war. Sie verabschiedeten sich mit »Viel Glück!«

Die beiden Entführer waren mit ihren Nerven am Ende. Aber auch unten am Boden kam es zu einem Zwischenfall, der die Kaltblütigkeit der Volksfrontvertreter auf eine harte Probe stellte: Eine Boeing 727 der griechischen Luftfahrtgesellschaft Olympic Airways landete eben auf der mittleren Landebahn. Durch die Panoramascheiben des Kontrollturms sahen Khaled und Abu Achmad, wie plötzlich Militärlastwagen der libanesischen Armee, Jeeps und Panzerfahrzeuge auf die Maschine zurollten und sie umstellten. Offensichtlich hatten die Militärs diese Maschine für das gekaperte Pan-Am-Flugzeug gehalten und waren zum Eingreifen bereit.

Aufgeregt rief Abu Khaled über Funk Gueeye zu: »Kommt noch nicht 'runter! Armeefahrzeuge auf dem Flugplatzgelände! Hallo, hallo! Nicht landen!«

Gueeye mißtrauisch: »Hallo, wer spricht? Sprich arabisch!«

Khaled: »Hier ist gerade eine Maschine gelandet, und Armeefahrzeuge haben sie umstellt. Wir lassen nicht zu, daß das auch mit euch geschieht. Verschiebt eure Landung, bis wir die Sache geklärt haben.«

Gueeye begriff nicht: »Landung verschieben? Warum?«

Khaled: »Nur für den Fall, daß sie mit uns dasselbe versuchen wollen. Es sieht nicht schön aus!«

Gueeye begriff immer noch nicht: »Wer versucht sich dem Flugzeug zu nähern? Antworte!«

Khaled: »Armeefahrzeuge, die Armee! Verschiebt eure Landung ein paar Minuten, damit wir denen sagen können, daß sie verschwinden sollen.«

Gueeye: »Okay, ich werde den Captain informieren. Aber vergeßt bloß eins nicht: Wenn wir nicht in zehn Minuten 'runterkommen, ist von Landung überhaupt keine Rede mehr, weil dann der Sprit nicht reicht!«

Khaled: »Okay, habe verstanden. Ihr werdet in Beirut landen.«

Priddy zum Kontrollturm: »Hier spricht der Captain. Wie wär's, wenn ihr endlich die Landebahn freimacht, damit wir 'runter können? Macht uns doch keine Schwierigkeiten! Die Leute hier meinen es ernst und wollen das Flugzeug tatsächlich in die Luft jagen!«

Kontrollturm: »Okay, Sir. Die verantwortlichen Offiziere werden Befehl geben, daß das Militär sich zurückzieht, damit Sie sicher landen können.«

Priddy: »Okay, aber schnell. Wir müssen jetzt in Beirut 'runter, und wir brauchen Landeanweisungen.«

Gueeye: »Hallo, Beirut Airport. Israel hat soeben Kontakt mit dem Captain aufgenommen und angeboten, er könne in Lod landen. Ich wollte euch nur sagen, daß ich das Flugzeug sprenge, sobald ich merke, daß wir nicht in Beirut landen.«

Khaled: »Du hast Anweisung, hier zu landen. Sobald du unten bist, komme ich mit Abu Achmad.«

Priddy: »Habt ihr jetzt die Landebahn freigemacht?«

Kontrollturm: »Die Landebahn ist frei, aber die verantwortlichen Leute hier wollen die Landung noch zehn Minuten aufschieben. Sie müssen noch zehn Minuten warten.«

Priddy sehr ungeduldig: »Die Leute an Bord sagen, sie kennen alle Tricks. Die jagen die Maschine in die Luft, wenn das so weitergeht. Hört doch endlich mit dem Quatsch auf und laßt uns 'runter!«

Kontrollturm: »Wir bitten um Geduld!«

Priddy: »Wir hängen jetzt hier oben und haben auf keinen Fall mehr genug Treibstoff für Bagdad.«

Kontrollturm: »Sie brauchen nicht nach Bagdad zu fliegen, Sie werden in Beirut landen. Aber es wird noch zehn Minuten dauern. Wir bitten um Geduld.«

Captain Priddy schaltete jetzt auf die Frequenz der Pan-Am-Bodenstation um und bat: »Versucht in Gottes Namen den Leuten da unten klarzumachen, daß unsere Freunde es ernst meinen. Die haben Revolver und Handgranaten!«

Pan Am: »Okay. Verstanden! Danke für die Information. Wir haben eben selbst gesehen, daß sich Militär- und Polizeistreitkräfte vom Flugplatz zurückgezogen haben. Ich würde sagen, die Sache geht in Ordnung. Rufen Sie noch mal den Kontrollturm für die Landung.«

Priddy auf Frequenz 118,9: »Die zehn Minuten sind um!«

Kontrollturm: »Beginnen Sie den Anflug, Flughöhe 110.«

Captain Priddy landete den Jumbo-Jet um 22.35 Uhr Ortszeit auf der Piste 03. Während Khaled und Achmad sich in einen gelben Jeep setzten, um dem Flugzeug entgegenzufahren, übernahm ein dritter Volksfrontmann mit dem Decknamen Salah das Mikrofon im Kontrollturm.

Im gleichen Augenblick erschien dort der libanesische Verkehrsminister Pierre Gemayel. Er forderte von Salah, daß wenigstens Frauen und Kinder die entführte Maschine in Beirut verlassen durften. Salah lehnte ab.

An Bord banden sich Gueeye und Diop weiße Servietten aus dem Bestand der I. Klasse vor die Gesichter. Während das Flugzeug noch über die Piste rollte, drohte Diop Augusta Schneider: »Wenn etwas schiefgehen sollte, werde ich Sie und noch jemand von der Besatzung mitnehmen.«

Die Stewardess verstand nicht, was Diop damit meinte: »Mitnehmen? Wozu?«

»Als Geiseln. Wir müssen dann versuchen, vom Flughafen zu verschwinden, ohne gefaßt zu werden.«

Durch das Cockpitfenster sah Captain Priddy den gelben Jeep näherkommen. Auch Diop schaute hinaus. Er befahl Augusta: »Gehen Sie nach hinten zu Mr. Ferugio und sagen Sie ihm, daß sich kein Passagier von seinem Platz rühren soll, wenn das Flugzeug zum Stehen kommt. Wenn einer der Passagiere oder einer Ihrer Kollegen Dummheiten macht, erschieße ich sie. Bitte sagen Sie allen deutlich, daß wir in der Sache keinen Spaß verstehen!«

Augusta verständigte John Ferugio, der augenblicklich zum Mikrofon griff: »Meine Damen und Herren, wir sind in Beirut gelandet. Bitte bleiben Sie ruhig sitzen und lassen Sie die Sitzgurte angeschnallt. Bleiben Sie unbedingt ruhig! Bitte rühren Sie sich unter gar keinen Umständen!« Die Mitteilung wurde in Französisch, Holländisch, Dänisch und Spanisch wiederholt. Ein japanischer Passagier wurde von einer Stewardess, die etwas Japanisch sprechen konnte, persönlich unterrichtet.

Währenddessen wickelte Gueeye oben im Cockpit den Funkverkehr ab. Er sprach mit Salah im Kontrollturm, der ihm ankündigte, daß die beiden Volksfrontvertreter im gelben Jeep säßen und auf seine Anweisungen warteten. Gueeye schaltete eine andere Frequenz ein und rief seine beiden »Brüder« im Jeep. »Kommt näher! Ich kann euch sehen! Kommt näher!«

Khaled vom Jeep aus: »Macht die Flugzeugtür auf!«

Gueeye: »Kommt erst mal näher!«

Khaled: »Wollt ihr denn die Tür nicht aufmachen?«

Gueeye: »Bringt zuerst den Jeep 'ran. Dann steigt aus, damit ich euch vom Fenster aus sehen kann. Und danach werde ich die Tür öffnen.«

Khaled: »Kannst du mich nicht von der Kabine aus sehen?«

Gueeye: »Ich kann dich sehen. Stoppt den Jeep und kommt 'raus. Kommt beide 'raus! Los, macht schnell!«

Salah vom Kontrollturm aus: »Sagt Abu Achmad und Abu Khaled, daß wir demnächst genaue Instruktionen aus Amman erwarten.«

Captain Priddy schaltete sich ein und sprach auf der Pan-

Am-Frequenz mit dem Pan-Am-Bodenpersonal: »Die Leute an Bord wollen, daß Sie nur den Jeep 'ranbringen und die Gangway von einem Mann hergeschoben wird. Haben Sie verstanden?«

Pan Am: »Okay. Gangway nur mit einem Mann.«

Salah vom Kontrollturm: »Es kommt jetzt die Gangway mit nur einem Mann!«

Gueeye: »Gut, gut!«

Salah: »Sagt mir, ob ihr von außen Hilfe braucht.«

Gueeye: »Natürlich, ihr müßt bereit sein.«

Salah: »Wir sind zu allem bereit, was ihr wollt.«

Gueeye: »Laßt jetzt die beiden Leute 'ran, mit denen wir reden wollen. Wenn was schiefgeht, feuern wir einen Schuß ab. Das ist dann das Signal für euch.«

Salah: »Eben kommt eine Nachricht aus Amman.«

Gueeye: »Und?«

Salah: »Wir werden euch unterrichten, wenn ihr mit den beiden anderen zusammen seid.«

Gueeye wurde immer aufgeregter. Seine Stimme überschlug sich fast: »Ich geh' jetzt 'runter zur Tür, oder soll ich im Cockpit bleiben? In Verbindung mit dir?«

Salah: »Ruhe – beruhige dich! Halte uns auf dem laufenden. Du kannst sicher sein, daß die beiden von uns geschickt sind. Vertraue ihnen und besprich mit ihnen alles. Sag ihnen auch, was mit der El-Al-Maschine passiert ist. Verstehst du? Denn das hat nicht geklappt.«

Gueeye warf nervös das Mikrofon beiseite und stürzte zur Treppe. Unten im I.-Klasse-Abteil befahl er Augusta Schneider, die Flugzeugtür zu öffnen. Während sie sich gegen die Tür stemmte, standen die beiden Entführer mit gezogenem Revolver hinter ihr. Die Gangway war schon herangefahren worden, und vor der Tür erschienen nun Abu Khaled und Abu Achmad. Nach einem Moment des Zögerns rissen Gueeye und Diop die Tücher vom Gesicht. Großes Hallo, Umarmungen, Küsse. Gueeye lief mit Abu Khaled zum Cockpit hinauf, griff nach dem Mikrofon und unterrichtete seinen Genossen Salah im Kontrollturm: »Sie sind da!«

Salah: »Gib mir einen von den beiden, damit ich die Instruktionen aus Amman weitersagen kann.«

Gueeye übergab das Mikrofon an Abu Khaled, der sich sofort meldete.

Salah: »Amman befiehlt, daß ihr zunächst auftankt. Also erst auftanken. Wenn man euch nicht auftanken läßt, sprengen wir das Flugzeug auf dem Beiruter Flughafen in die Luft. Aber erst nachdem ihr und die Passagiere ausgestiegen seid. Wir haben den Flughafendirektor bereits entsprechend unterrichtet. Er bereitet jetzt das Auftanken vor. Danach soll die Maschine nach Kairo weiterfliegen. In Kairo macht ihr dasselbe wie damals Abu Doumar und Leila Khaled. [Hier bezieht sich Salah auf die Entführung einer TWA-Maschine, die Leila Khaled im August 1969 nach Damaskus brachte und dort teilweise zerstörte, d. V.] Aber vermeidet alle Fehler, die den beiden bei der Operation unterliefen. Mit anderen Worten: Eure Operation muß perfekt durchgeführt werden. Also Zerstörung der Maschine vom Cockpit bis zum Schwanz. Habt ihr die Instruktionen klar empfangen? Antwortet!«

Khaled: »Wir haben die Instruktionen klar empfangen. Bringt uns jetzt die Sachen, die wir mit nach Kairo nehmen müssen. Die Leute hier an Bord haben nur Gerät, das zur Entführung des Flugzeugs nötig war. Hast du mich verstanden, Salah?«

(Gemeint war Dynamit, mit dem das Flugzeug in Kairo in die Luft gesprengt werden sollte.)

Salah: »Ich habe keine Ahnung, was die Freunde an Bord jetzt noch brauchen.«

Khaled: »Wir brauchen Material, damit unsere Freunde ihre Mission erfüllen können. Oder sollen sie unvorbereitet weiterfliegen?«

Salah: »Wir schicken euch erst einmal Captain Ali mit fünf Mann, die das Auftanken besorgen. Das wird etwa eine Stunde dauern. Dann sehen wir weiter.«

Gueeye: »Okay, schick sie schnell, damit wir weiterkönnen.«

Khaled: »Schickt bitte gleichzeitig das Zeug, das unsere Freunde für ihre Reise nach Kairo brauchen.«

Salah: »Verstanden, Abu Khaled. Ich habe alles arrangiert. Wir geben euch auch ein paar Butterbrote mit, damit die Kameraden und ihr was zu essen habt. Das dauert aber fünfzehn Minuten.«

(Später stellte sich heraus, daß »Butterbrote« ein Code-Name für Dynamit war!)

Um 23.28 Uhr Lokalzeit schaltete sich Pan Am wieder in den Dialog der Volksfrontgenossen ein: »Wir haben hier keine Erfahrung mit der 747. Wir sehen sie überhaupt zum erstenmal. Aber wir müssen wissen, wieviel Treibstoff ihr braucht. Wir schlagen vor, daß ihr so viel wie möglich aufnehmt. Wenn man euch in Kairo nicht 'runterläßt, könnt ihr dann immer noch woanders landen.«

Salah seinerseits aus dem Kontrollturm: »Wißt ihr, wieviel Treibstoff das Flugzeug braucht? Hier sagt man mir eben, man wolle nicht volltanken, damit die Maschine für den Start nicht zu schwer wird. Fragt mal den Captain, was er braucht. Antwortet dann auf Frequenz 121,9 statt auf 118,9. Versteht ihr?«

Gueeye: »Okay, 121,9.«

Während Captain Priddy die Maschine mit hundertsechzigtausend Liter Treibstoff auftanken ließ, warteten die Entführer mit Achmad und Khaled auf die »Butterbrote«.

Salah gab einen Zwischenbericht: »Wir haben jetzt die Brote bestellt. Die Kameraden haben uns gesagt, sie seien vor einer halben Stunde eingetroffen, aber wir haben sie noch nicht gesehen. Wir kümmern uns jetzt darum.«

Gueeye bat um weitere Instruktionen: »Was sollen wir übrigens in Kairo mit den Passagieren machen? Sollen wir sie laufenlassen?«

Salah: »Laßt sie in Kairo frei. Übrigens: Die Butterbrote solltet ihr unterwegs so arrangieren, daß jedermann sein Vergnügen daran hat.«

Die »Wegzehrung« wurde schließlich von einem jungen Burschen in einem billigen Pappkoffer an Bord gebracht. Es handelte sich um weiße Dynamitstäbe. Dem Boten folgten fünf weitere Volksfrontgenossen. Wieder gab es eine stürmische Begrüßung mit den Entführern. Die Männer trugen amerikanische

Schnellfeuergewehre – zwei davon gaben sie Diop und Gueeye. Schließlich stieg noch eine junge Frau zu: Anfang Dreißig, vollschlank, Brille, grünes ärmelloses Kleid, weißer Gürtel. Sie war unbewaffnet, entpuppte sich aber bald als Sprengstoffexpertin, die für das »Arrangement« zuständig war.

Captain Priddy, Co-Pilot Levix und Flugingenieur Dziuba hatten das Cockpit verlassen und sich im vordersten Teil der I. Klasse niederlassen müssen. Hinter ihnen nahm ein Volksfrontmitglied mit entsicherter Pistole Platz. Er achtete darauf, daß die drei keine Verbindung mit dem übrigen Bordpersonal aufnahmen. Sie durften sich nicht einmal umdrehen, um zu sehen, was hinter ihnen vorging.

Augusta Schneider aber sah es mit zunehmendem Entsetzen: Die Frau und der junge Mann breiteten den Inhalt ihres Koffers auf drei I.-Klasse-Sitzen aus. Was waren das für weiße Stäbe? Und was hatten die Leute damit vor? Da trat Gueeye zu ihr und fragte nach Klebestreifen. Wofür? Zum Verbinden? Wer war verletzt?

»Nein, nein. Niemand ist verletzt. Ich brauche sie für etwas anderes«, beruhigte Gueeye sie.

Augusta wußte, daß der Ingenieur Klebestreifen hatte. Sie benachrichtigte ihn, und Dziuba holte das gewünschte Material aus dem Cockpit. Gueeye reichte die Rolle dem jungen Mann mit den weißen Stäben. Jetzt ging Augusta ein Licht auf: Dynamit! Sie sah schreckerstarrt zu, wie die Sprengexperten jeweils mehrere Dynamitstäbe mit dem Klebestreifen zusammenbanden und säuberlich auf den Sitzen ordneten. Da sie die vorangehende Unterhaltung nicht verstanden hatte, konnte sie nicht wissen, daß die Sprengung erst in Kairo erfolgen sollte. So nahm sie an, die Maschine werde in Beirut zerstört. Aber die Passagiere? Was geschah mit den Passagieren und Personal? Ihr klopfte das Herz bis zum Hals. Während seine Genossen die gebündelten Dynamitstäbe an den Innenwänden der Toiletten befestigten, verlegte der Dynamitexperte nach Anweisungen der jungen Frau die Zündschnüre. Er ging dabei sehr sorgfältig vor und ließ alle Leitungen unter dem Teppichboden verschwinden.

Seine Genossin feuerte ihn immer wieder zur Eile an: »*Jallah, jallah* – schnell, schnell!«

Dann bat Gueeye die Stewardess um Handtücher, wickelte jeweils ein Bündel Dynamit darin ein und trug sie diskret unter den Arm geklemmt mit Diop zu den Toilettenräumen in der Touristenklasse. Die Passagiere merkten überhaupt nicht, was vor sich ging. Einige Guerillas lenkten sie außerdem ab, indem sie sie in politische Diskussionen verwickelten. Und das Bordpersonal servierte wie auf einer harmlosen Teeparty Champagner und Sandwiches ...

Augusta hielt es auf ihrem Platz nicht mehr aus. Sie mußte Captain Priddy informieren, daß die Guerillas das Flugzeug zur Sprengung vorbereiteten! Aber als sie nach vorne lief, richtete der Bewacher der Crew sofort den Revolver auf sie. »Verschwinden Sie!« fauchte er sie an. Die Stewardess wich zurück.

Eine halbe Stunde nach Mitternacht verabschiedeten sich die Volksfrontmänner und die junge Frau von den Entführern. Nur der Dynamitexperte blieb an Bord zurück. Die Crew nahm wieder ihre Plätze im Cockpit ein, Captain Priddy startete die Triebwerke, und der libanesische Flugkontrolleur gab ihnen Starterlaubnis für den Flug nach Amman.

»Wir fliegen nach Kairo!« sagte Gueeye.

Captain Priddy an den Kontrollturm: »Die Herren, die wir hier an Bord haben, wünschen, daß wir nach Kairo fliegen.«

Kontrollturm: »Keine Starterlaubnis für Kairo.«

Der Weigerung des libanesischen Flugkontrolleurs, die Starterlaubnis für den Flug nach Kairo zu erteilen, lag eine Entscheidung der libanesischen Regierung zugrunde. Sie war inzwischen über die Absicht der Volksfront informiert worden, den Jumbo-Jet in Kairo zu zerstören. Und sie wußte auch den Grund dafür: Die Volksfront hatte eine politische Protestdemonstration gegen den ägyptischen Staatspräsidenten Gamal Abdel Nasser im Sinn. Sie wollte mit der Zerstörung des Jumbo-Jet gewissermaßen vor der Haustür des ägyptischen Staatschefs dagegen protestieren, daß Nasser den nahöstlichen Friedensplan des amerikanischen Außenministers Rogers angenommen hatte. Eine Friedensregelung zwischen den Arabern und den Israelis im Sinn des Rogers-Plans, so befürchtete die Volksfront, konnte nur auf Kosten der Rechte des palästinensischen Volkes gehen. Der eigentliche Gewinner würde Israel sein.

Captain Priddy fügte sich jedoch dem Zwang der Entführer, hob den Jumbo-Jet von der Piste ab und meldete nach dem Start dem Beiruter Kontrollturm: »Clipper 093 nimmt Kurs auf Kairo!«

Der Flugkontrolleur verweigerte weitere Flughilfen und teilte lediglich mit: »Wir werden Nikosia informieren!«

So war Captain Priddy sozusagen in der Luft allein gelassen. Er brauchte dringend Flughilfe, vor allem, weil er keine Flugstraßenkarten für diesen Raum zur Verfügung hatte. Außerdem konnte er Kairo nicht direkt anfliegen, weil er sonst durch das israelisch-ägyptische Kampfgebiet am Suez-Kanal gekommen wäre. Daher nahm er Kontakt mit Nikosia auf. Dort meldete sich ein britischer Flugkontrolleur, der ihm schon auf dem Weg nach Beirut behilflich gewesen war. In noblem Oxford-Englisch begrüßte er ihn: »Guten Abend, Clipper 093. Ist dies die Fortsetzung Ihres bisherigen Fluges?«

Priddy: »Clipper 093, wir setzen unseren Flug fort.«

Der Engländer: »Sie fliegen unter den gleichen Bedingungen wie vorher?«

Priddy: »So ist es.«

Der Engländer: »Okay, dann werden wir Kairo informieren. Viel Glück!«

Augusta Schneider zerbrach sich immer noch den Kopf darüber, was die Entführer wohl vorhatten. Als Gueeye einmal aus dem Cockpit kam, fragte sie ihn kurz entschlossen. Der Entführer schaute sie kalt an, zögerte einen Augenblick und sagte dann: »Vielleicht werden wir das Flugzeug jetzt in die Luft jagen.«

Damit trug er natürlich nicht zur allgemeinen Beruhigung bei.

Captain Priddy flog einen weiten Bogen über das Mittelmeer. Als er etwa zweihundert Kilometer südlich von Alexandrien die ägyptische Küste erreichte, kam Gueeye noch einmal aus dem Cockpit und teilte John Ferugio mit: »Nach der Landung haben die Passagiere genau acht Minuten Zeit, um das Flugzeug zu verlassen.«

»Was haben Sie vor?« fragte Ferugio verblüfft. Auch er hatte ja keine Ahnung von dem Dynamit.

»Wir werden das Flugzeug sprengen! Sie haben acht Minuten Zeit!« Gueeye verzog keine Miene.

»Aber hören Sie...«, setzte Ferugio an.

»Das ist alles, was ich Ihnen zu sagen habe!«

Ferugio trommelte in Windeseile das Personal im I.-Klasse-Abteil zusammen. Für die Evakuierung von hundertvierundsiebzig Menschen sind acht Minuten eine knapp bemessene Zeit. Zusammen besprachen sie den Notevakuierungsplan: Die Passagiere wurden in Gruppen an den verschiedenen Notausstiegen postiert. Frauen und Kinder würden das Flugzeug als erste verlassen. Gleichzeitig wurden die Männer bestimmt, die auf den Notrutschen Kinder auf den Arm nehmen sollten.

Captain Priddy oben im Cockpit ahnte nicht, was im Passagierraum vor sich ging. Und er wußte auch nicht, daß die Entführer beabsichtigten, seine Maschine in die Luft zu jagen. Kurz nach drei Uhr morgens sah er unter sich das Lichtermeer der ägyptischen Hauptstadt. Er ging auf tausend Meter herunter. Der Kontrollturm von Kairo Airport gab Landeerlaubnis für Clipper 093, aber Gueeye befahl dem Captain, noch einige Schleifen über der Stadt zu drehen. Diop kam ins Cockpit, und die beiden Entführer starrten angestrengt aus dem Fenster. Mißtrauten sie dem Captain? Glaubten sie, die Crew wolle sie hereinlegen und auf dem Flughafen von Tel Aviv landen? So muß es wohl gewesen sein. Erst als das silbrige Band des Nils deutlich sichtbar wurde, gaben sich die Entführer zufrieden: Kein Zweifel, sie flogen über Kairo.

Captain Priddy setzte zur Landung an. Unten im Passagierraum flammten die Nichtraucherzeichen auf. Die Passagiere wurden gebeten, ihre Sicherheitsgurte festzuschnallen.

Da stand der junge Dynamitexperte auf und bat Augusta Schneider um Streichhölzer. Augusta machte ihn ahnungslos darauf aufmerksam, daß er jetzt nicht rauchen dürfe.

Der junge Mann lächelte: »Geben Sie mir die Streichhölzer, bitte!«

Augusta gab sie ihm und sagte: »Aber Sie müssen sich jetzt hinsetzen und die Sitzgurte festschnallen!« Doch der Dynamitexperte dachte nicht daran, die Anweisung zu befolgen. Vielmehr tat er etwas, das der Stewardess einen Schauer des Entsetzens über den Rücken jagte: Er setzte die Zündschnüre in Brand! Unter dem Teppich drangen kleine Rauchwolken hervor – der Zerstörungsprozeß war jetzt nicht mehr aufzuhalten. Augusta schaute gehetzt aus dem Fenster – sie waren noch mindestens hundert Meter über dem Boden! Wenn Captain Priddy den Anflug aus irgendwelchen Gründen wiederholen mußte, würde das Flugzeug in der Luft explodieren!

Aber der Captain landete. Hinter ihm stand Gueeye, das Aktenköfferchen unter dem Arm. »Ausrollen bis zum Ende der Landebahn!« befahl er. Der Captain dachte nicht daran, diese Anweisung zu befolgen. Er überlegte bereits, wie er das Flugzeug wieder starten wollte. Und er brauchte zum Wenden viel Platz.

Etwa hundert Meter vor dem Ende der Landebahn brachte er den Jumbo-Jet zum Stehen. Fast gleichzeitig wurde er von Gueeye und dem Mann aus dem Kontrollturm angeschrien: »Weiterrollen, weiterrollen bis zum Ende!«

In diesem Augenblick öffnete das Bordpersonal die schweren Kabinentüren mit einer Spezialvorrichtung. Die Notrutschen klappten heraus und wurden automatisch aufgeblasen. Da heulten die Triebwerke noch einmal auf, und der Jumbo-Jet setzte sich mit einem leisen Ruck in Bewegung.

John Ferugio blieb der Atem stehen: Wenn die Maschine weiterrollte, würden sich die Notrutschen verknäulen. An Evakuierung war dann nicht mehr zu denken: Mit dem Bordmegafon schrie er zum Cockpit hinauf: »Anhalten! Wir evakuieren!«

Erst durch diesen Zuruf erfuhr Captain Priddy von der Notmaßnahme. Er stellte die Triebwerke sofort ab. Gueeye schaute auf die Uhr und rief: »Schnell 'raus jetzt. Wir haben noch zweieinhalb Minuten Zeit!«

Die Passagiere verließen das Flugzeug in wilder Hast. Die

Türen eines Jumbo-Jet liegen etwa zwanzig Meter über dem Erdboden, und daher haben die Notrutschen einen sehr steilen Fallwinkel. Manche Passagiere verloren in der Eile die Balance und landeten nicht mit den Füßen zuerst auf dem Boden, sondern seitlich. Andere drängten so heftig voran, daß sie ihren Vordermännern in den Rücken fielen.

Augusta Schneider verließ das Flugzeug als letzte ihrer Gruppe. Bevor sie auf die Notrutsche sprang, warf sie noch ein Bündel mit Schuhen heraus. Sie gehörten den Passagieren, die sie vor der Evakuierung hatten ablegen müssen. In dem Bündel befanden sich auch Dokumente von Dr. Mosel. Es handelte sich um eine Forschungsarbeit, die den Arzt acht Jahre lang beschäftigt hatte. Kurz vor dem Ausstieg noch hatte er sie Augusta ganz aufgeregt in die Hand gedrückt.

Als Captain Priddy die Wendeltreppe zur I. Klasse hinunterjagte, hatten sämtliche Passagiere das Flugzeug bereits verlassen. Priddy warf sich auf die Notrutsche – kaum hatte er den Boden berührt, tauchte neben ihm Gueeye auf. Er war als letzter von Bord gegangen.

Priddy wollte gerade davoneilen, als er Augusta Schneider unter dem Flugzeugrumpf nach etwas suchen sah. Es waren die Schuhbündel und Dr. Mosels Dokumente. »Verschwinde, Augusta! Hau ab!« schrie Priddy der Stewardess zu. Erst jetzt gab Augusta die Suche auf und rannte davon. Priddy hatte noch nicht das Ende der linken Tragfläche erreicht, als er die erste Explosion hörte. Die Druckwelle war deutlich zu spüren, und das Cockpit des Jumbo-Jet zerbarst in einer Stichflamme.

Priddy warf sich auf den Boden. Neben ihm lag Gueeye. Plötzlich das Geknatter von Gewehrsalven. Der Standort der Schützen war nicht auszumachen. Priddy lief weiter. Er rannte auf ein grelles Licht zu – es waren die Scheinwerfer eines Flughafenbusses. Der Captain sprang in den Bus. Die Passagiere hatten sich drinnen aus Angst vor den Gewehrschüssen zu Boden geworfen. Auch der ägyptische Busfahrer lag flach. Priddy schwang sich auf den Fahrersitz und löste die Handbremse. Als er sich zur Tür umwandte, sah er, wie zwei ägyptische Soldaten den Entführer Gueeye am Kragen packten und abführten.

Immer neue Stichflammen schossen aus dem berstenden Rumpf des riesigen Jumbo-Jet. Dem Captain liefen die Tränen übers Gesicht. Was für ein Wahnsinn! dachte er, dann gab er Gas, um den Autobus mit den Passagieren so schnell wie möglich von dem explodierenden Flugzeug fortzubringen.

Ganz hinten im Bus saß Valery Priddy. Sie stand ein paar schreckliche Minuten der Verzweiflung aus: Als sie die Schüsse hörte, war sie überzeugt, daß die Entführer ihren Mann im Cockpit erschossen hatten. Erst als der Bus vor dem Flughafengebäude hielt, sah Valery Jack wieder. Weinend fiel sie ihm um den Hals.

Aber nur ein Teil der Passagiere hatte das Flugzeug an der Seite verlassen, wo der Flughafenbus wartete. Der Rest war auf der anderen Seite ausgestiegen und in entgegengesetzter Richtung in die Wüste gerannt. Bei dieser Gruppe befanden sich auch Augusta Schneider und der Entführer Diop. Jedesmal, wenn eine neue Ladung explodierte, schrie Augusta den Passagieren zu: »Hinlegen, Kopf in den Sand!«

Die Menschen liefen um ihr Leben – barfüßig, denn vor dem Abstieg über die Notrutschen hatten sie ja die Schuhe ausziehen müssen. Das war Vorschrift. Überall befanden sich Schützengräben, die die ägyptische Armee zum Schutz des Flughafens gegen einen eventuellen Angriff israelischer Fallschirmjäger ausgehoben hatte. Eine Argentinierin fiel in einen dieser Gräben und brach sich ein Bein. Augusta zerrte sie heraus und bettete sie auf eine Decke, die sie in letzter Minute im Flugzeug ergriffen hatte. Sie waren jetzt weit genug von der explodierenden Maschine entfernt, und so rief die Stewardess alle Passagiere zusammen. Es hatte keinen Zweck, ziellos in der Wüste umherzuirren.

Auf einem Sandhügel entdeckte sie Diop. Er schaute lächelnd auf das gewaltige Flammenmeer der berstenden Maschine. Mit der einen Hand hielt er zwar sein Aktenköfferchen, in der anderen aber lag noch immer der Revolver. Würde er nun schießen? fragte sich Augusta. Aber Diop hatte seine Mission erfüllt. Mit zufriedenem Nicken wandte er sich der Stewardess zu. »Wo geht es zum Flughafengebäude?« rief Augusta ihm zu. »Wir müssen Hilfe holen. Wir haben Verletzte.«

Ohne zu zögern, lief Diop mit ihr zu der Gruppe der Passagiere und beugte sich über die verletzte Argentinierin. Dann packte er einen Zipfel der Decke und trug mit drei anderen Männern die Frau davon.

Inzwischen suchte Captain Priddy mit zwei ägyptischen Offizieren in einer Mercedes-Limousine die Vermißten auf dem Flughafengelände. Ihnen folgten ein Ambulanzwagen und zwei Armeelastwagen. Es dauerte eine halbe Stunde, bis er die barfüßige Gruppe gefunden hatte. Die verletzte Argentinierin und ein japanischer Passagier, der sich beim Ausstieg das Steißbein gebrochen hatte, wurden in den Ambulanzwagen verladen.

In der Transithalle des Internationalen Flughafens von Kairo trafen sich alle Passagiere wieder. Dr. Mosel, ein amerikanischer und ein ägyptischer Arzt kümmerten sich um die Verletzten. Viele Passagiere hatten aufgerissene Füße und Hautabschürfungen und wurden an Ort und Stelle verbunden.

Auf Captain Priddy trat ein ägyptischer Oberst zu: »Die ganze Geschichte tut uns furchtbar leid«, entschuldigte er sich. »Wir haben damit natürlich nichts zu tun. Es ist eine Schande!«

Die Ägypter behandelten die gestrandeten Passagiere, deren gesamtes Gepäck in den Flammen aufgegangen war, mit orientalischer Gastfreundschaft. Sie ließen ein paar Kisten Whisky aus der Stadt kommen und ein üppiges Frühstück servieren. Im Flughafenhotel hatten sie außerdem eine Anzahl Doppelzimmer reserviert. Gueeye, Diop und der Dynamitexperte wurden in Zimmer 87 eingesperrt. Zwei bewaffnete ägyptische Soldaten bezogen vor der Tür Posten.

In seinem Wolkenkratzerbüro über den Dächern von Manhattan hatte der Präsident der Pan American World Airways acht Stunden lang am Telefon gesessen und über eine permanent gemietete Transkontinentalleitung mit seinem Stationsmanager in Beirut Verbindung gehalten. Der Ablauf der Tragödie war ihm in allen Einzelheiten geschildert worden. Man hatte ihm auch berichtet, daß der Jumbo-Jet 093 nach Kairo abgeflogen war und dort vermutlich zerstört würde. Halaby hatte daraufhin sofort eine Boeing 707 als Ersatzmaschine nach Kairo beordert, die die gestrandeten Passagiere aufnehmen sollte.

Bevor diese Maschine gegen elf Uhr vormittags landete, kam es zur letzten Begegnung zwischen Captain Priddy und seinen Entführern.

Ein ägyptischer Armee-Offizier betrat Priddys Hotelzimmer und bat im Namen des Generalstaatsanwalts der Vereinigten Arabischen Republik um Identifizierung der Täter. Priddy folgte dem Offizier. Im Zimmer 87 warteten bereits der Generalstaatsanwalt, ein Dolmetscher und ein Protokollführer. Gueeye, Diop und der Dynamitexperte saßen auf den Betten. Sie machten einen erschöpften, wenn auch gelassenen Eindruck.

»Sind das die Herren, die Ihr Flugzeug entführt haben?« fragte der Generalstaatsanwalt.

»Ja, Sir«, bestätigte Priddy.

»Sind Ihnen die Namen dieser Herren bekannt?« war die nächste Frage.

»Nein, Sir«, antwortete Priddy. »Nur die Namen, die in der Passagierliste stehen.«

Der Generalstaatsanwalt deutete auf drei amerikanische Armeepistolen, die auf dem Tisch lagen: »Sind dies die Waffen, die die Herren bei sich trugen?«

Priddy nickte.

Man bedankte sich, der Protokollführer legte dem Captain seine Aussagen vor, Priddy unterschrieb. Das förmliche Identifizierungszeremoniell war beendet. Da stand der Entführer Gueeye auf, ging auf den Captain zu und sagte: »Leben Sie wohl. Allah begleite Ihre Wege.« Priddy und der Entführer gaben sich die Hand, der Captain lächelte: »*Good luck!* Viel Glück!«

Noch am späten Abend dieses Tages trafen die Passagiere mit der Sondermaschine in New York ein – erschöpft, ohne Gepäck, ohne Schuhe, aber glücklich darüber, daß sie das größte Abenteuer ihres Lebens heil überstanden hatten.

4

Für die Passagiere und Besatzungsmitglieder der beiden anderen entführten Düsenverkehrsmaschinen war das große Abenteuer noch lange nicht zu Ende. Auch für sie, wie für die Fluggäste der Pan Am 093, hatte der 6. September 1970 ganz normal begonnen – ein Tag wie jeder andere.

Die Mannschaft der Swissair-Maschine versammelte sich für den Nonstop-Flug Nr. 100 von Zürich nach New York eine Stunde vor dem planmäßigen Start im Crew-Control-Raum des Zürcher Flughafens Kloten.

Captain Fritz Schreiber hatte sich von seiner Frau Margrit mit dem Auto absetzen lassen und mit einem herzhaften Kuß kurzen Abschied genommen. Am übernächsten Tag sollte er ja bereits zurück sein. Die Sonne schien – Schreiber bedauerte, daß er das schöne Wetter nicht für eine Bergtour nutzen konnte.

Co-Pilot Horst Jerosch hatte am Morgen mit seinem achtjährigen Sohn Horst gefrühstückt. Seine Frau war schon um fünf mit der Damenriege ihres Turnvereins zu einem Ausflug in die Nähe des Jochpasses aufgebrochen.

Die Stewardess Rita Buchmann hatte um sechs Uhr früh schnell ihre Haare gewaschen und den Koffer gepackt – Kosmetika, ein Rock, eine Bluse, ein Paar Schuhe, das war alles. Von ihrer Mutter, die zur Kur nach Leukerbad gehen wollte, verabschiedete sie sich telefonisch. »Am Dienstag bin ich zurück«, sagte sie. »Dann rufe ich dich wieder an.«

Rita Buchmanns Kollegin Uschi Gyger hatte diesmal ihre Perücke in dem kleinen Apartment zurückgelassen. Sie brauchte sie für die drei Tage nicht. Ihre Frisur saß noch, und für Dienstag abend hatte sie sich bereits beim Friseur angemeldet. Anschließend wollte sie zu einer Geburtstagsparty gehen.

Am Schwarzen Brett im Crew-Control-Raum hing eine Mitteilung der Verwaltung, wonach die Swissair von einer Flugzeugentführung bedroht sei. Solange sich die drei arabischen Terroristen, die in Kloten einen Anschlag auf ein israelisches Verkehrsflugzeug unternommen hatten, in Schweizer Haft befanden, sei diese Drohung ernst zu nehmen.

Die Besatzung des Flugs SR 100 nahm keine Notiz davon. In der Presse war ständig darüber zu lesen. Warum sollte es gerade *sie* treffen?

Während das Bordpersonal zur wartenden Maschine fuhr, holte sich die Cockpit-Crew die üblichen Informationen. Bei der »Meteo« die Wetterlage, beim Dispatcher Flugroute, Ladegewicht, Treibstoff. Der übliche Papierkram, die üblichen Unterschriften. Die Maschine sollte hundertdreiundvierzig Passagiere aufnehmen.

Eine halbe Stunde vor Abflug ging die Crew an Bord, richtete sich im Cockpit ein und begann mit der Überprüfung aller Instrumente. Die Stewardessen hatten ihre Serviceschuhe angezogen und die hellblauen Schürzen umgebunden. Sie überprüften die Ausrüstung – Erfrischungstücher, Zeitschriften, Kotzsäcke, Menükarten.

Die Passagiere kamen mit dreißig Minuten Verspätung an Bord. Man hatte auf Anschlußpassagiere warten müssen. Etwa um halb eins rollte Captain Schreiber die DC 8 mit dem Nidwaldner Wappen zum Startpunkt 16 – 160 Grad. Er hatte mit Co-Pilot Jerosch vereinbart, daß er die Maschine nach New York bringen würde; auf dem Rückflug sollte Jerosch das Steuer übernehmen.

Um 12.39 Uhr hob Schreiber die Maschine von der Piste ab. Bei einer Höhe von sechstausend Metern war sie bereits über den Wolken. Im I.-Klasse-Abteil zeigte Uschi Gyger, wie man die Sauerstoffmaske im Notfall anwendet. Die meisten Passagiere flogen nicht zum erstenmal und kannten diese Demonstration bereits. Sie beachteten Uschi Gyger nicht und beschäftigten sich weiter mit ihren Zeitungen und Büchern. Nur zwei junge Leute, offenbar ein Pärchen, das auf den Sitzen 4 A und 4 B saß, beobachteten die Stewardess ungewöhnlich scharf. Uschi Gyger fielen die schönen dunklen Augen des Mädchens auf ...

Als die Stewardess ihre Vorführung beendet hatte, verteilte sie die Menükarten. An diesem Tage wünschten sich einige Passagiere ein spezielles Gericht. Uschi Gyger holte die Spezialmenükarten und bot sie einem amerikanischen Ehepaar an, das auf den Plätzen 2 C und 2 D saß.

In diesem Augenblick spürte sie, wie ihr jemand von hinten den Arm um den Hals legte und kräftig zudrückte. Entsetzt ließ sie die Speisekarten fallen, um sich von diesem scheußlichen Griff zu befreien. Da schrie die Amerikanerin auf. Sie schrie so laut, daß Rita Buchmann, die hinter der Trennwand in der Touristenklasse arbeitete, verwundert den Vorhang ein wenig beiseite schob. Sie wurde blaß, als sie die makabre Szene sah, und ihr war sofort klar, was sie zu bedeuten hatte: Entführung!

Was konnte sie tun? Uschi helfen und den Mann angreifen? Unmöglich! Sie sah, daß er einen Revolver in der Hand hielt – er würde womöglich schießen. Und die Passagiere in der Touristenklasse durften möglichst nichts merken...

Das gab den Ausschlag. Rita ließ den Vorhang wieder zufallen. Aber ihre Knie zitterten. Möglichst unauffällig schob sie sich auf den nächsten freien Sitz. Im stillen versuchte sie ein Vaterunser zu beten. Sie kam nicht weit – der Text fiel ihr nicht mehr ein.

Die Passagiere hatten tatsächlich nichts gemerkt, Keiner ahnte, welches Drama sich hinter dem Vorhang abspielte.

Uschi Gyger konnte sich nicht umdrehen, aber sie spürte, daß ein Mann sie gepackt hatte. Er hielt sie so fest, daß sie sich kaum bewegen konnte. In einem verzweifelten Befreiungsversuch zerkratzte sie ihm die Hand. Da sah sie, wie das Mädchen mit den schönen dunklen Augen aufsprang, zwei Handgranaten hochhielt und an ihr vorbei Richtung Cockpit rannte. Der Mann drängte die Stewardess hinterher. Vor der Cockpit-Tür befahl er ihr auf franzöissch: *Ouvrez!* Aufmachen!« Uschis Knie begannen zu schlottern. Jetzt ist's passiert! dachte sie. Am Abend vorher hatten sie noch auf einer Party über Flugzeugentführungen diskutiert. Aber sie hätte nie gedacht, daß sie selbst so etwas erleben würde... Und sie hatte nicht im Sinn, den Entführer ins Cockpit zu geleiten – bis er ihr seine Pistole an die Schläfe drückte. Da gab sie nach und öffnete ihm die Tür, die ohnehin nicht verschlossen war.

Der Mann schob sie vor sich her. Und das erste, was Uschi sah, war das Gesicht des Captains: Fritz Schreiber lachte! Später erklärte er seine ungewöhnliche Reaktion: »Es sah aus wie das Titelbild eines Kitschromans. Die hübsche Uschi, blaß, aber frisch frisiert, in ihrer schicken neuen Uniform, und dann dieser dunkle schlanke Typ, der sie so fest umarmte. Ich mußte einfach lachen!«

Natürlich hatte Schreiber trotz seines Lachanfalls sofort begriffen, was los war. Auch Co-Pilot Jerosch wußte augenblicklich Bescheid. Aber als sich nun hinter dem »Liebespaar« auch noch eine junge Frau mit drohend erhobenen Handgranaten in das ohnehin überfüllte Cockpit drängte, da wurde der Crew doch etwas mulmig.

Ihre Besucherin trug ein blaues Deux-pièces mit roten Paspeln, schwarze Lackschuhe und eine rote Segler-Schildmütze. (Wegen dieser Mütze gab ihr die Crew später den Spitznamen »Rotkäppchen«.)

Es waren seit dem Start dreizehn Minuten vergangen. Rotkäppchen wandte sich an den Captain und befahl in rollendem Englisch: *»You go back to Zurich!* Umkehren nach Zürich!«

Captain Schreiber lächelte schon wieder. Er wollte die Sache mit Humor nehmen, hatte er sich geschworen. »Das ist unmöglich, Baby!« sagte er lässig.

Rotkäppchen war sichtlich aufgeregt. Sie drehte sich zu ihrem Komplizen um und herrschte ihn an: »*Leave her!* Laß sie los!« Zweimal wiederholte sie das auf englisch. Ohne Erfolg. Offenbar wußte sie gar nicht, daß er Englisch nicht verstand. Plötzlich schrie sie ihn auf arabisch an. Da ließ er die Stewardess los, öffnete die Tür und schob sie aus dem Cockpit. Er schien große Angst zu haben. Uschi Gygers Uniformkragen, den sein Arm umklammert hatte, war ganz feucht, und auf seiner Stirn standen Schweißperlen. Er machte überhaupt einen eher femininen Eindruck: weiche Züge, weiche Hände, feine Haut, dunkle krause Haare. Älter als zwei- oder dreiundzwanzig war er bestimmt nicht.

Seine Partnerin war dagegen aus anderem Holz geschnitzt: energiegeladen, gespannt wie eine Wildkatze, fanatische Augen. Mit ihr ist nicht gut Kirschen essen, dachte Captain Schreiber und versuchte es mit Charme: »*Hi, lovely girl, how are you?* Hallo, hübsches Mädchen, wie geht's?« fragte er lächelnd, um die Lage erst einmal zu entspannen. Aber das verfing nicht bei Rotkäppchen. »Ab sofort bin ich Captain an Bord«, fauchte sie Schreiber an. »Sie haben meine Befehle zu befolgen. Ich wiederhole: Augenblicklich zurück nach Zürich!«

Schreibers Blick war jetzt auf die beiden Handgranaten fixiert, die das Mädchen ihm gleichzeitig unter die Nase hielt. Die linke war schwarz und gerippt, die rechte hatte eine goldfarbene Messinghülle.

»Okay, okay«, beruhigte er Rotkäppchen. Im gleichen Augenblick griff er über seinen Kopf, betätigte den Schalter des sogenannten ATC-Transponders und stellte die Ziffer 7700 ein. Damit wird ein Radarecho erzeugt, das die Flugkontrolle am Boden auf eine Notsituation aufmerksam macht. Dann brachte der Captain die Maschine zurück auf den Kurs nach Zürich. Wie üblich mußte er dabei die Flughöhe ändern, um nicht mit nachfolgenden Maschinen zusammenzustoßen.

Die internationalen Flugregeln schreiben übrigens vor, daß von zwei Maschinen, die frontal aufeinander zukommen, jede nach rechts ausweicht. Fliegen zwei Maschinen seitlich aufeinander zu, hat rechts »Vorflug«.

Jerosch blickte angespannt aus dem Fenster und kontrollierte den Luftraum. Da meldete sich plötzlich Zürich über Funk: »Swissair 100, bitte kommen!«

Ehe der Co-Pilot antworten konnte, hielt ihm Rotkäppchen drohend eine Handgranate vors Gesicht: »Ich spreche«, befahl sie. Jerosch reichte ihr wortlos das Mikrofon. Die Entführerin zog einen Zettel aus der Tasche und verlas eine Botschaft, die von der Bodenkontrolle Kloten auf Tonband aufgenommen wurde:

»Die Volksfront für die Befreiung Palästinas teilt mit, daß das Rafik-Assaf-Kommando die völlige Kontrolle über das Swissair-Flugzeug DC 8, Flugnummer 100, auf dem Weg von Zürich nach New York übernommen hat. Captain Rassil Oeden, der jetzt das Kommando an Bord führt, fordert alle zuständigen Stellen auf, ab sofort bei jedem Funkverkehr mit dem Flugzeug das Rufzeichen ›Haifa‹ zu verwenden. Andernfalls werden wir nicht antworten. Danke.«

Zürich antwortete: »Okay, wir verstehen. Ihr Rufzeichen ist Haifa. Geben Sie uns Ihre Flughöhe. Und welche Pläne haben Sie jetzt?«

Die Entführerin: »Zehntausend. Ende.«

Zürich: »Okay, verstanden. Ihre Flughöhe ist zehntausend. Was haben Sie jetzt vor?«

Die Entführerin: »Wir gehen ... wir gehen ... nach Zürich werde ich Ihnen Bescheid sagen!«

Zürich: »Okay, dann bleiben Sie auf zehntausend. Wir warten auf Ihre weiteren Nachrichten.«

Nach drei Minuten fragte Zürich bereits wieder an: »Welche Richtung wollen Sie jetzt fliegen?«

Entführerin: CEN – wir gehen nach CEN. Richtung 171» von Zürich nach CEN. Mehr sage ich später.«

(CEN ist der Radio-Beacon Monte Ceneri nordwestlich von Mailand, d. V.)

Zürich: »Okay, dann drehen Sie nach rechts. Nehmen Sie rechtes Heading 180 für CEN. Aber was ist Ihr Flugziel?«

Entführerin: »Wir gehen nach CEN. Ende.«

Zürich: »Okay, aber welchen Flughafen wollen Sie anfliegen?«

Entführerin: »Das werden Sie später erfahren.«

Zürich: »Zu Ihrer Information: Behalten Sie Flughöhe zehntausend bei. Diese Höhe halten wir für Sie frei. Bleiben Sie immer auf zehntausend.«

Entführerin: »Zehntausend. Ja, ich weiß.«

Zürich vier Minuten später: »Sie werden in vier bis fünf Minuten Schweizer Territorium verlassen. Was ist jetzt Ihr Flugziel?«

Entführerin: »Wir fliegen nach Florenz.«

Jetzt gelang es Captain Schreiber, sich einzuschalten. Seine Stimme kam aus dem Hintergrund: »Ancona, Florenz, Brindisi.«

Die Entführerin bestätigte: »Ja, Brindisi!«

Die Schweizer Flugkontrolle blieb hartnäckig bei ihrem Versuch, herauszufinden, wohin die Swissair-Maschine entführt werden sollte: »Welchen Flughafen wollen Sie denn anfliegen?«

»Das geht Sie nichts an!« war die barsche Antwort. Da meldete sich noch einmal Captain Schreiber: »Wir schalten jetzt um auf Mailand. *Bye, bye* . . .«

Rotkäppchen war immer noch aufgeregt. Sie stand zwischen Schreiber und Jerosch, hielt die Handgranaten krampfhaft fest und blickte starr geradeaus. Eine Ermahnung des Co-Piloten, um Gottes willen mit den Granaten vorsichtig zu sein, überhörte sie schweigend. Aber als Jerosch um Erlaubnis bat, eine Zigarette anzuzünden, untersagte sie es ihm in scharfem Tonfall.

Über Mailand entspannte sich die Lage im Cockpit ein wenig. Zigaretten waren jetzt erlaubt, und selbst die Entführerin bediente sich aus der angebotenen Packung.

Inzwischen spielte sich hinten im I.-Klasse-Abteil eine makabre Szene ab: Rotkäppchens Komplize holte aus seiner Reisetasche ein Paar dunkle Lederhandschuhe hervor, die er – in der einen Hand hielt er ja den Revolver – mit Hilfe der Zähne überstreifte. Dann kam ein brauner Damenstrumpf zum Vorschein, den er über Kopf und Gesicht zog. Schließlich klemmte er darüber noch eine dunkle Brille. In dieser Aufmachung holte er sich das sogenannte Crash-Beil – die gleiche Axt, die sein Kollege Diop in der Pan-Am-Maschine sichergestellt hatte –, und nun stand er schweigend vor den schreckerstarrten Passagieren: maskiert, unkenntlich gemacht, in der Rechten den Revolver, in der Linken die Axt. Uschi Gyger, die sich auf ihrem Sitz wieder hatte anschnallen müssen, stand der Angstschweiß auf der Stirn. Lieber soll er mich erschießen als mit diesem Beil zerfleischen, dachte sie. Aber der Entführer griff niemanden an. Er stand nur da und schwitzte. Langsam färbte der Schweiß die Strumpfmaske dunkel. Dann begann er zwischen I.-Klasse-Abteil und Cockpit hin und her zu wandern. Captain Schreiber fand den Hilfspiraten, der in seinem abenteuerlichen Aufzug immer wieder hinter ihm auftauchte, höchst irritierend. Aber schlimmer war für ihn, was jetzt Rotkäppchen einfiel: Sie steckte die golden glänzende Handgranate in die Tasche. Aus der anderen zog sie demonstrativ den Sicherungsstift und drückte ihr Schreiber in die Hand. »Hier, das ist ein Souvenir für Sie, das können Sie behalten!« sagte sie leichthin.

Das Leben von hundertdreiundvierzig Passagieren und zwölf Besatzungsmitgliedern hing jetzt vom Druck ihres Mittelfingers ab, mit dem sie den Zündmechanismus blockierte ...

Schweigend schob Schreiber den Sicherungsstift in die Brusttasche seines weißen Hemdes.

Bordmechaniker Ernst Vollenweider dachte an den gefährlichen Druckunterschied zwischen Kabine und äußerer Atmosphäre. Langsam und unauffällig senkte er den Luftdruck in der Kabine bis zum zulässigen Minimum. Wenn die Handgranate jetzt explodieren sollte, würde sie zwar ein Loch in die Außenwand des Flugzeugs reißen, aber wenigstens nicht die ganze Maschine durch den Überdruck auseinandersprengen.

Co-Pilot Jerosch überlegte indessen, wie man das Mädchen überwältigen könne. Aber er verwarf den Gedanken wieder. Das Leben der Passagiere stand auf dem Spiel. *Safety first.* Es hatte keinen Zweck.

Der Mann mit der Strumpfmaske pendelte immer noch zwischen Cockpit und I.-Klasse-Abteil hin und her. Da er dabei die Tür offenließ, konnte Captain Schreiber ins I.-Klasse-Abteil schauen, wenn er sich umdrehte. Er sah, daß Passagiere und Bordpersonal immer noch angeschnallt waren, und gab ihnen mit erhobenem Daumen ein Zeichen der Ermutigung. Sofort hielt ihm Rotkäppchen die Handgranate unters Kinn und zischte: »Halten Sie die Hände am Knüppel und schauen Sie nach vorn!« Captain Schreiber beherrschte sich nur mühsam. »Kann man den Passagieren nicht wenigstens Erfrischungen servieren?« fragte er. Aber Rotkäppchen blieb hart: »Kommt nicht in Frage. Jeder bleibt auf seinem Platz!«

Schreiber wurde ungeduldig: »Dann möchte ich zu meinen Passagieren sprechen. Ich möchte ihnen sagen, daß wir entführt worden sind ...«

»Nein«, unterbrach ihn die Entführerin. »Ich mache die Durchsage.«

Sie griff nach dem Hörer des Bordtelefons, der zwischen den Pilotensitzen ruht, drückte die Sprechtaste und meldete sich in ihrem harten Englisch: »Hier spricht Ihr neuer Captain. Wir bringen Sie in ein freundliches Land. Sie brauchen keine Angst zu haben. Bleiben Sie bitte angeschnallt auf Ihren Sitzen.«

Erst durch diese Ansage erfuhren die Passagiere der Touristenklasse, was geschehen war. Sie hatten den Überfall ja nicht beobachten können, weil der Vorhang zur I. Klasse geschlossen war. Und Rita Buchmann wollte sie aus Furcht vor einer Panik nicht informieren. Als wäre nichts geschehen, hatte sie mit ihren Kolleginnen Zeitschriften und Menükarten verteilt.

Jetzt aber hielt Attila Stephan Janosfia, ein Verkaufsingenieur aus Zürich, sie am Ärmel fest und fragte: »Sagen Sie – ist das ein Witz?«

»Nein«, antwortete Rita mit gepreßter Stimme. »Nein, das ist leider Ernst!«

In diesem Augenblick tauchte vor der Trennwand der Entführer mit schweißnasser Strumpfmaske, Beil und Revolver auf. Einige Passagiere stießen Entsetzensschreie aus, andere waren wie gelähmt. »Bleiben Sie bitte ruhig«, hörten sie ihn auf französisch sagen. Unter der Maske klang seine Stimme unnatürlich dumpf. »Bitte schnallen Sie sich wieder an.« Rita Buchmann wiederholte seine Anweisung auf deutsch und englisch.

Jonasfia konnte von seinem Sitz aus bis vorne ins Cockpit schauen. Er sah das Mädchen mit der roten Kappe, den rechten Arm des Captains und den linken des Co-Piloten. Es war gespenstisch!

Bedrückt hatten sich die Passagiere in ihre Sitze sinken lassen. Einige hätten dringend zur Toilette gehen müssen, aber der Entführer ließ niemanden aufstehen. Hin und wieder fragte Steward Ernst Renggli über Bordtelefon an, ob man wenigstens Drinks und Sandwiches servieren dürfe. Rotkäppchen lehnte alles ab. Aber als ihr Komplize über Griechenland wieder einmal seinen Kontrollgang ins Cockpit machte, nutzten die Stewardessen diese Gelegenheit, um Äpfel und Schokolade aus der hinteren Bordküche zu holen und unauffällig durch die Sitzreihen nach vorne durchreichen zu lassen.

Der Flug ging weiter über Rhodos und Zypern. Plötzlich befahl die Entführerin, die lange Zeit geschwiegen und ihre Granate mit schweißnasser Hand festgehalten hatte: »Schalten Sie Frequenz 125,5 ein!«

Captain Schreiber hatte sich daran gewöhnt, ihre Befehle widerspruchslos entgegenzunehmen. Er drehte am Knopf des Hochfrequenzfunkgeräts, bis er 125,5 hatte. Jerosch reichte der Luftpiratin das Mikrofon. Rotkäppchens Stimme drohte vor Aufregung umzukippen, als sie zu sprechen begann: »Gasa von Haifa! Gasa von Haifa – bitte kommen!«

Jerosch ließ die Sprechtaste los. Im Mikrofon rauschte es. Plötzlich eine Frauenstimme auf englisch: »Hier ist Gasa. Haifa, Haifa! Wie geht es? Bitte kommen!« Auf Frequenz 125,5 meldete sich jedoch nicht eine Flugkontrollstelle der Palästinenser, wie man im Cockpit annahm, sondern das hübsche Guerillamädchen, das mit einer Granate in der Hand hinter Captain Woods in der gekaperten TWA-Maschine saß!

Die Unterhaltung wurde auf arabisch weitergeführt. Rotkäppchen schien ihre Erlebnisse nur so hervorzusprudeln – Jauchzer und kehlige Laute ohne Ende. Jerosch drückte automatisch auf den Mikrofonknopf, wenn sie sprach, und ließ ihn los, wenn »die andere Partei« dran war. Er schaute Schreiber vielsagend an: die Fanatikerin war bei dem Geplauder und Gekicher gar nicht mehr wiederzuerkennen. Der Triumph der Erfolgsmeldung hatte sie nahezu berauscht. Da hörten sie Rotkäppchen plötzlich auf englisch fragen: »Wo ist die TWA jetzt?«

Schreiber und Jerosch horchten auf: Sie waren also nicht die einzigen?!

Die Antwort kam auch auf englisch: »Wir fliegen etwa dreißig Minuten vor euch auf gleichem Kurs.«

Jetzt erst begriff die Cockpit-Mannschaft, daß es sich bei dem anderen Mädchen auch um eine Entführerin handelte und daß noch eine andere Maschine in die Hände der Volksfront gefallen war.

Rotkäppchen war offensichtlich verstimmt. Mit funkelnden Augen feuerte sie den Captain an: »Los, fliegen Sie schneller! Wir müssen die TWA einholen! Ich will die erste sein!«

Schreiber schüttelte den Kopf: »Hören Sie, Baby, das müssen

Sie sich aus dem Kopf schlagen. Bei einem Jet dreißig Minuten einzuholen, ist ein Ding der Unmöglichkeit.«

Das Guerillamädchen zog unwillig die Augenbrauen zusammen. Dann sagte es resigniert: »Okay, dann geht's eben nicht.«

In diesem Augenblick wußte Captain Schreiber noch nicht, an welchem Ort die Entführerin seine DC 8 »als erste« landen wollte. Schreibers Kollege von der TWA, Flugcaptain Carroll Woods, der mit seiner Boeing 707 auf gleichem Kurs dreißig Minuten vorausflog, wußte dagegen schon mehr.

5

Carroll Woods, ein ruhiger, schweigsamer Clipper-Captain, hatte seinen TWA-Jet mit der Flugnummer 741 an jenem Sonntag, dem 6. September 1970, in Frankfurt übernommen. Die Maschine kam aus dem Fernen Osten. Sie war auf einem Round-the-World-Trip, und in Frankfurt wurde die Crew gewechselt.

Die meisten Passagiere waren in Tel Aviv zugestiegen – vornehmlich amerikanische Juden, die ihre Sommerferien in Israel verbracht hatten und nun in die Vereinigten Staaten zurückkehrten.

Unter ihnen befand sich auch der achtunddreißigjährige Bauunternehmer Benjamin Feinstein mit seiner Frau Naomie und vier Kindern – Stewart, Howard, Daniel und Nelly. Sie hatten den ganzen Sommer mit Feinsteins Schwiegervater William Koster in dem israelischen See-Kurort Nathania verbracht. Daß sie sich nun auf dem TWA-Flug 741 befanden, war lediglich ein Zufall: Ursprünglich hatte Feinstein Plätze für den TWA-Flug 801 gebucht, der am Sonntag um 11.30 Uhr von Tel Aviv aus starten sollte. Drei Tage vor dem 6. September war Feinstein nach Tel Aviv gefahren, um die Reservierung im TWA-Hauptbüro bestätigen zu lassen. Dort eröffnete man ihm jedoch, daß eine Umbuchung vorgenommen worden sei: Man habe für ihn und seine Familie jetzt Plätze auf der 741 reserviert, die um 6.10 Uhr morgens starten würde. Feinstein protestierte nicht. Er war sogar ganz froh, früher in New York einzutreffen. Das war wegen der Kinder angenehm.

Auch der sechsundzwanzigjährige amerikanische Gewürzhändler Bob Palagonia aus New Rochelle saß nur zufällig in der Maschine. Er war auf Geschäftsreise in Indien gewesen und wollte eigentlich von dort aus über Hongkong und Seattle zurückfliegen. Aber sein Chef disponierte um: Samstag nacht erhielt Palagonia in Bombay ein Telegramm, er möge bitte auf dem schnellsten Weg kommen. Palagonia ging zum TWA-Büro in Bombay und erfuhr, daß es eine Maschine am Sonntag morgen um 1.55 Uhr gebe – Flug 741.

Der Gewürzhändler reservierte einen Platz. Kurz vor Mitternacht fuhr er mit einem anderen amerikanischen Geschäftsmann namens Peter Ward im Taxi zum Flughafen. Auch Mr. Ward wollte nach New York, und wenn es nach ihm gegangen wäre, hätte Palagonia das größte Abenteuer seines Lebens versäumt. Ward hatte nämlich beschlossen, den Fünfundzwanzig-Stunden-Flug von Bombay nach New York in Frankfurt zu unterbrechen. Dort wollte er sich eine Nacht im Hotel ausschlafen. Immer wieder versuchte er, Palagonia auch dazu zu überreden. Aber Palagonia ging nicht darauf ein. Er freute sich darauf, seine Familie zu überraschen und mit ihr ein verlängertes Wochenende zu verbringen – am Montag war Labour Day, also ein Feiertag.

Als Palagonia in Bombay und Feinstein in Tel Aviv die TWA-Boeing bestiegen, wußten sie nichts voneinander. Wenig später sollten sie unter dramatischen Umständen eine lebenslange persönliche Freundschaft schließen.

Es gab auch einige junge Mädchen an Bord, die sich auf dieser Reise miteinander befreunden sollten: die sechzehnjährige Barbara Mensch, Tochter eines wohlhabenden jüdischen Rechtsanwalts aus New York, und die neunzehnjährigen Studentinnen Miriam Beeber und Sarah Malker. Sarah entstammte einer jüdischen Familie, die lange im Sudan seßhaft gewesen war, bevor sie 1958 nach Amerika auswanderte. Sie hatte im Sudan fließend Arabisch gelernt. Die Mädchen hatten während ihrer

Sommerferien in verschiedenen israelischen Kibbuzim gearbeitet und wollten nun zu ihren Studien nach Amerika zurückkehren.

Als Captain Carroll Woods seine Boeing 707 zur westlichen Startbahn des Frankfurter Rhein-Main-Flughafens rollte, war die Maschine voll besetzt: hundertvierundvierzig Passagiere und zehn Besatzungsmitglieder.

Im mittleren Teil der Touristenklasse saß ein sehr attraktives Paar: Sie trug einen blauen Rock und einen blauen Pullover, war etwa 1,65 m groß, hatte kastanienbraunes Haar, olivfarbenen Teint und dunkle schöne Augen. Er war ein athletischer Typ, mindestens 1,85 m groß, schlank, drahtig, grauer Maßanzug, Lippenbärtchen.

Kurz nach zwölf startete die Maschine. Knapp vierzig Minuten später sprach Captain Woods über Bordtelefon zu den Passagieren: »Meine Damen und Herren, wir haben jetzt eine Höhe von neuntausendfünfhundert Metern erreicht. Zur Linken können Sie Brüssel erkennen ...«

Was in diesem Augenblick geschah, spielte sich nach den »Entführungsvorschriften« der Volksfront für die Befreiung Palästinas ab: Das junge, gutaussehende Paar aus der Touristenklasse sprang auf, stieß ein paar schrille Schreie aus und rannte nach vorn ins I.-Klasse-Abteil.

Der elegant gekleidete Entführer legte seinen Arm um den Hals der Stewardess Betty McCarthy und drückte seinen Revolver an ihre Schläfe. Während er sie zum Cockpit zog, übernahm die Entführerin die Rückendeckung: Mit erhobener Eierhandgranate, den Blick auf die Passagiere gerichtet, folgte sie ihrem Komplizen rückwärts Schritt um Schritt.

Der Entführer befahl Betty McCarthy, die Cockpit-Tür zu öffnen. Sie war verschlossen, und die Crew durfte nur auf ein bestimmtes Klopfzeichen reagieren. Der Rhythmus des Klopfzeichens wurde für jeden Flug geändert. Diese Sicherheitsmaßnahme erwies sich als wirkungslos, denn selbstverständlich blieb der Stewardess, die den Revolver des Entführers an ihrer Schläfe spürte, gar nichts anderes übrig, als in der vereinbarten Weise an die Cockpit-Tür zu klopfen.

Betty McCarthy klopfte dreimal hart an.

Flugingenieur Al Kiburis öffnete. Der Entführer hatte die Stewardess inzwischen freigelassen. Sie stürzte ins Cockpit und rief: »Wir sind entführt worden!« Dann rannte sie davon.

Captain Woods sah sich einem Fremden und einer kleinen, silbrig glänzenden Pistole gegenüber.

Dann tauchte das Mädchen auf. Es drängte sich ruhig und beherrscht an seinem Komplizen vorbei und befahl dem Captain mit kühler Stimme: »Kehren Sie sofort nach Frankfurt um! Ich bin jetzt Captain an Bord!«

Woods sagte kein Wort. Vielleicht sind das Selbstmordtypen, dachte er und befolgte unverzüglich den Befehl der Entführerin. Während er das Flugzeug auf den Kurs nach Frankfurt brachte, zerrte das Mädchen die beiden Sauerstoffmasken des Captains und des Co-Piloten aus ihren Halterungen. Offenbar fürchtete es, der Flugingenieur könne den Kabinendruck so weit verringern, daß alle Passagiere und damit auch die Entführer ohnmächtig würden. Die Piloten hätten dann mit ihren Sauerstoffmasken weiterfliegen können. Aber dem Flugingenieur kam diese Idee gar nicht, denn sie war in den Sicherheitsvorschriften der TWA nicht vorgesehen ...

Da die Entführer aus der Touristenklasse gekommen waren, hatten viele Passagiere den Beginn des Überfalls miterlebt. Sie reagierten jedoch erstaunlich ruhig – ohne Schreie, ohne Panik.

Der fünfunddreißigjährige jüdische Chemie-Professor Gerald Berkowitz von der City-Universität New York, der mit seiner Frau Ruth und seiner zweijährigen Tochter Talia in der ersten Reihe der Touristenklasse saß, hielt immer noch die Zwanzig-Dollar-Note in der Hand – das Kinogeld für den Purser. Nach dem Mittagessen sollte an Bord der Film »Paint Your Waggon« mit Lee Marvin gezeigt werden. Ehe Berkowitz jedoch das Wechselgeld zurückerhalten konnte, begann der Überfall. Später berichtete der Professor:

»Ich sah einen Kerl mit gezogenem Revolver an mir vorbeilaufen. Vor ihm rannte eine Frau. Natürlich wußte ich gleich, daß wir entführt wurden. Die Vermutung drängt sich ja auf, wenn jemand mit einer Kanone den Gang entlangjagt. Aber ich habe mich nicht besonders aufgeregt. Was konnte schon passieren? Wir würden halt irgendwoanders landen, im Hotel übernachten und am nächsten Tag weiterfliegen. Übrigens hatte ich den Entführer schon in Frankfurt im Flughafenbus gesehen. Wir standen uns gegenüber, und ich hielt ihn für einen Rechtsanwalt aus irgendeinem südlichen Land. Aber besonders auffällig fand ich ihn nicht.«

Ruth Berkowitz dachte zuerst, da zöge jemand eine Schau auf. Selbst als ihr Mann von Entführung sprach, fragte sie ungläubig: »Meinst du wirklich?«

»Was denn sonst?« gab er gelassen zurück. »Das Mädchen hatte doch eine Handgranate...«

Mrs. Berkowitz schüttelte den Kopf. Entführung!

Bob Palagonia sah das Entführerpärchen nur von hinten und kam auf die komische Idee, er renne hinter ihr her, um sie zu schlagen! An Entführung dachte er überhaupt nicht. So etwas passiert nur anderen Leuten! Erst als sich das Guerillamädchen ein paar Minuten später über Bordlautsprecher als neuer Captain vorstellte, begriff er, daß es ihn »erwischt« hatte. Jetzt bereute er, nicht doch mit Ward in Frankfurt ausgestiegen zu sein! Allerdings glaubte auch Palagonia nicht, daß die Entführung mehr als eine flüchtige Episode im Stil der üblichen Kuba-Abenteuer würde.

Auch die Studentin Miriam Beeber hielt den Überfall für eher harmlos. Sie fand es dumm, nun erst einen Tag später nach Hause zu kommen, vertiefte sich dann aber wieder in ihr Buch.

Benjamin Feinstein hatte die Entführer gar nicht gesehen. Erst als er die Bemerkung einer Stewardess hörte, sie habe einen Mann mit Revolver nach vorne laufen sehen, wurde er aufmerksam. An Entführung dachte auch er nicht – bis die Lautsprecherdurchsage kam. Sicherheitshalber setzte er sich zu seinem achtjährigen Sohn Daniel und der vierjährigen Nelly, die sich auf der anderen Seite des Gangs Comic-Strips anschauten.

»Was ist das für eine Frau, die eben gesprochen hat, Papi?« wollte Daniel wissen.

»Ich kenne sie auch nicht«, antwortete Feinstein. »Aber sie will nicht mit uns nach Hause fliegen, sondern erst mal woandershin.«

Daniel fand das sehr aufregend und wollte gleich wissen, wohin die Reise nun ging. Sie holten die Flugstreckenkarte aus der Sitztasche und rätselten an dem möglichen Flugziel herum. Schließlich einigten sie sich auf Algerien.

Naomie Feinstein blieb bei den ältesten Söhnen Stewart und Howard sitzen. Mit ihren dreizehn und elf Jahren wußten sie natürlich, was eine Flugzeugentführung ist, und sie hatten einen tüchtigen Schrecken bekommen. Zur Ablenkung spielte Mrs. Feinstein mit ihnen Karten.

Naomies Vater, William Koster, saß hinten in der letzten Reihe und ließ sich gerade einen High-Ball servieren, als er die Stewardess sagen hörte: »Jetzt ist's passiert.« Koster war ahnungslos. »Was ist passiert?« fragte er.

»Wir sind entführt worden«, klärte ihn die Stewardess mit gepreßter Stimme auf. Gleich darauf entschuldigte sie sich: »Ich muß weitermachen ...«, und sie fuhr fort, Getränke zu servieren, als ob nichts geschehen wäre.

Koster dachte zuerst an einen dummen Witz des Mädchens. Aber als die Durchsage kam, wurde ihm ungemütlich.

Wie seine Kollegen hatte Captain Woods vorne im Cockpit Schwierigkeiten, der Entführerin klarzumachen, daß ein Kurswechsel auf gleicher Höhe um 180 Grad Kollisionsgefahr heraufbeschwört. Auch sie hatte man bei der Ausbildung in Jordanien offenbar nicht auf dieses Detail hingewiesen. Schließlich erlaubte sie aber dem Captain, Verbindung mit der Bodenkontrolle aufzunehmen.

Woods sprach mit geschäftsmäßig kühler Stimme: »Hier ist Clipper TW 741. Ich fliege zurück nach Frankfurt.«

»Was ist denn los? Habt ihr Maschinenschaden?« wollte die Bodenkontrolle wissen.

Bevor Woods jedoch antworten konnte, schaltete sich das Mädchen ein und teilte offiziell mit, daß sich das Flugzeug in der Hand der Volksfront für die Befreiung Palästinas befinde und ab sofort nur noch mit dem Rufzeichen »Gasa« angesprochen werden dürfe.

Nicht nur die Passagiere rätselten daran herum, wohin die Reise nun ginge. Auch Captain Woods hatte keine Ahnung. Die

Entführerin gab ihm immer nur die nächste Station an. Als sie Frankfurt überflogen hatten, leitete sie ihn nach München weiter, dann nach Klagenfurt, Zagreb, Belgrad, Saloniki, Athen, Rhodos, Nikosia. Über Nikosia kam es zu der Unterhaltung zwischen ihr und Rotkäppchen, die in der gekaperten Swissair-Maschine das Kommando führte. Auf diese Weise erfuhr auch Woods, daß er mit seiner Boeing nicht allein unbekannten Zielen entgegenflog . . .

Als die TWA gegen fünf Uhr nachmittags Damaskus erreichte, begann jedoch erst das eigentliche Abenteuer, das aufregendste in der langen Dienstzeit des Flugcaptains.

Das Mädchen holte eine Flugroutenkarte hervor, wie sie auch Berufspiloten benutzen, und zeigte Woods, wohin er jetzt fliegen solle: zweiundfünfzig Meilen südöstlich von Damaskus, dann in einem Rechtsbogen nach Amman. Über Amman sechsundvierzig Grad, und nach etwa fünfzehn Meilen sollte der Landeplatz erreicht sein.

Woods schlug den eingezeichneten Kurs ein und ging langsam auf tausend Meter herunter, als man annehmen konnte, das angegebene Ziel erreicht zu haben. Aber unten war nichts zu sehen – absolut nichts. Nur Wüste. Woods schaute seinen Co-Piloten Jim Majer an und schüttelte ratlos den Kopf. Das Mädchen und sein Komplize starrten aus dem Cockpit-Fenster und schwiegen. Der Captain versuchte, Funkverbindung mit der Bodenkontrolle Amman aufzunehmen. Keine Antwort. König Hussein hatte nach der Landung der Pan Am 093 in Beirut den Ammaner Flughafen schließen lassen. Er wollte mit den Flugzeugentführern nichts zu tun haben.

Woods zog eine Schleife und nahm über Amman nochmals sechsundvierzig Grad. Als roter Feuerball verschwand die Sonne hinter dem westlichen Horizont. Wieder hielten Crew und Entführer vergeblich Auschau: keine Piste. Aber Wüste, so weit der Blick reichte.

Plötzlich war es dunkel.

Da endlich waren Lichter zu sehen. Woods und Majer entdeckten unter sich zwei parallel angeordnete Lichtreihen – elf gelbe Punkte auf jeder Seite. Das konnte die Markierung einer

Landepiste sein. Mit herausgefahrenen Landeklappen ging der Captain noch tiefer. Jetzt erkannte er auch Autoscheinwerfer. Kein Zweifel: das mußte das Ziel sein.

Bevor Woods jedoch das Landemanöver einleiten konnte, mußte er Treibstoff ablassen. Also zog er nochmals eine große Schleife, und als er wieder über der Piste war, hatte er nur noch einunddreißigtausend Liter in den Tanks. Er schaltete den Radar-Höhenmesser ein und stellte fest, daß es keine großen Unebenheiten auf dem Boden gab. Wie lang die Piste allerdings sein würde, das wußte Woods nicht!

Als Jim Majer das Fahrgestell ausfuhr, blinkte eine Warnleuchte auf: Das Stirnrad hatte sich verklemmt; die pneumatische Automatik funktionierte nicht! Flugingenieur Kiburis scheuchte das im Weg stehende Guerillamädchen mit einem groben »Weg da!« davon, öffnete hastig die Bodenplatte im Cockpit, stieg nach unten und leierte das Stirnrad mit der Handkurbel heraus.

Beim Tiefergehen sah Woods, daß brennende Ölfässer die Piste markierten. Auch nicht so ungefährlich! dachte er. Plötzlich erfaßten die starken Landescheinwerfer einen Lastwagen, der mitten in der Anflugbahn stand. Das Flugzeug hätte ihn sicher mit dem Fahrgestell erfaßt. Aber ehe Woods Anstalten zum Durchstarten machen konnte, war der Lastwagen in der Nacht verschwunden.

Sekunden später setzte der Captain seine Boeing sanft auf und ließ sie, eingehüllt in eine riesige Staubwolke, ausrollen. Das Guerillamädchen und sein Komplize atmeten hörbar auf.

Die Maschine war noch nicht zum Stehen gekommen, als sie plötzlich von Volksfrontkommandos umringt war. Sie tanzten, schrien und jubelten ohne Ende, und der Captain stoppte augenblicklich das Flugzeug, damit niemand unter die Räder kam. Verwicklungen hatte es schließlich schon genug gegeben ...

An Bord herrschte tiefes Schweigen, als die Triebwerke verstummten. Die meisten Passagiere hatten noch bis unmittelbar vor der Landung erwartet, daß die Maschine auf einem normalen Flugplatz heruntergehen würde. Wahrscheinlich in Amman.

Als sich jedoch die gewaltige Staubwolke verzogen hatte, begriffen sie, daß sie irgendwo im Nichts gelandet waren: Nacht, Wüste und eine gespenstische Jubelszene – die Männer, die im grellen Licht der Landescheinwerfer ihre Maschinenpistolen und Gewehre über den Köpfen schwangen.

Naomie Feinstein wurde für einen Augenblick von panischer Angst erfaßt. Jetzt ist es aus, jetzt sind wir verloren! dachte sie. Man wird uns entweder in irgendein Gefängnis werfen oder einfach hier aussetzen. Kein Mensch wird uns finden... Nur mit Mühe gelang es ihr, ihre Furcht vor den Kindern zu verbergen.

Miriam Beeber reagierte völlig anders: Sie brach in schallendes Gelächter aus. Sie mußte über einen bejahrten Inder lachen, der in seiner bunten Landestracht eine Reihe hinter ihr saß und erstaunt aus dem Fenster schaute. Er hatte gar nicht gemerkt, daß das Flugzeug entführt worden war. Jetzt glaubte er, er sei an seinem Reiseziel angekommen. Aber die Sache kam ihm doch wohl ein bißchen merkwürdig vor.

»New York?« fragte er immer wieder. »New York? New York?«

Ein anderer indischer Passagier klärte ihn auf: »Nicht New York! Hijack! Jordanien!«

Mit den abgeschalteten Triebwerken verlöschte auch die normale Kabinenbeleuchtung. Nur die Notlampen gaben ein schwaches Licht. Die Passagiere saßen praktisch im Dunkeln.

Draußen fuhren bewaffnete Kommandos einen Kastenwagen unter die Kabinentür der I. Klasse. Von der Laderampe aus wurde eine Leiter schräg an den Flugzeugrumpf gelehnt. Dann schwang die Tür auf. Das Entführungspärchen, das inzwischen grußlos das Cockpit verlassen hatte, zeigte sich mit ausgebreiteten Armen in der Öffnung. Unten drängten sich mit Jubelgeschrei die Genossen. Einige Guerillas jagten vor Freude Feuerstöße aus ihren russischen Kalaschnikow-Maschinenpistolen in die Nacht.

Schweigend und mit Beklemmung beobachteten die Passagiere, wie ein halbes Dutzend bewaffneter Männer und Frauen an Bord kletterte. Sie trugen grünen Drillich ohne Rangabzeichen. Ihre Köpfe waren in rot-weiß gemusterte Baumwolltücher gehüllt. Grimmig stapften sie durch den Mittelgang. Einige Kinder begannen zu weinen. Aber die Kommandos verhielten sich keineswegs wie blutdürstige Piraten, sondern wie Angestellte eines zivilen Flughafens. Sie verteilten nämlich Einreiseformulare der Volksfront für die Befreiung Palästinas und baten die Passagiere, Personalien und Paßnummern anzugeben!

In einer revolutionären Situation siegte die arabische Bürokratie...

6

Viereinhalb Stunden war die gekaperte Swissair-Maschine unterwegs, als sie Beirut erreichte. Treibstoff war kein Problem. Die DC 8 hatte in Zürich Kerosin für zehn Flugstunden getankt. Dennoch wuchs allmählich die Besorgnis im Cockpit: Wo wollte die Entführerin eigentlich hin? Beirut schied aus – sie überflogen die libanesische Hauptstadt in einer Höhe von zehntausend Metern in Richtung Damaskus.

Rotkäppchen schwieg. Sie hatte verkrampfte Finger. Immer wieder schob sie ihre Granate vorsichtig von der einen Hand in die andere und bewegte die Muskeln, um sie zu entspannen. Es ist anstrengend, die Sprungfeder eines Sicherungsbügels stundenlang niederzudrücken...

Bei Damaskus befahl die Luftpiratin dem Captain, auf zweitausend Meter herunterzugehen. Co-Pilot Jerosch mußte ihr das Mikrofon geben, so daß sie der Flugkontrolle von Damaskus Airport ordnungsgemäß die Flughöhenänderung mitteilen konnte. Dann nannte sie dem Captain, wie schon eine halbe Stunde zuvor ihre Kollegin in der TWA-Maschine, den neuen Kurs. Um ihn möglichst genau einhalten zu können, wollte sich Rotkäppchen aber noch auf Frequenz 116,3 mit Amman VOR in Verbindung setzen, der Kurzwellenanflughilfe des Ammaner Flughafens. Aber Amman meldete sich nicht.

Die Entführerin hatte die Frequenzen der einzelnen Bodenstationen, mit denen sie Kontakt aufnehmen wollte, säuberlich auf einen Zettel notiert und auch die Durchflugzeiten hinzugefügt. Bisher war alles gutgegangen. Aber nun, zum erstenmal, klappte etwas nicht: Amman schwieg.

Aufgeregt zeigte Rotkäppchen dem Captain ihre Luftstraßenkarte und deutete mehrmals auf einen Punkt in der Nähe von Amman. Dort wollte sie hin. Schreiber erkannte sofort, daß sich an der bewußten Stelle kein Flughafen befand. Da war nur Wüste.

Dennoch ging Schreiber auf den gewünschten Kurs sechsundvierzig Grad. Minuten später hätten sie den Landeplatz erreichen müssen. Nichts zu entdecken!

»Wie sieht der Landeplatz denn aus?« fragte Jerosch.

Rotkäppchen antwortete zerstreut: »Weiß ich nicht. Ich bin noch nie dagewesen.« Sie wußte nur, daß sie auf Frequenz 125,5 ihre Kollegin in der TWA-Maschine unter dem Kennwort »Gasa« erreichen konnte. Diese Frequenz sollte auch für den ominösen Flugplatz gelten, der seinerseits das Kennwort »Gasastreifen« trug.

Jerosch versuchte, Verbindung mit »Gasastreifen« aufzunehmen: ohne Erfolg.

Schreiber flog über der Wüste hin und her. Es dämmerte. Eine halbe Stunde verging. Plötzlich war es Nacht. Die Situation wurde kritisch. Da sie keine Verbindung mit Bodenstationen hatten, wußten sie auch nicht, ob sich eventuell noch andere Maschinen im Luftraum befanden. Um der Gefahr einer Kollision zu entgehen, schaltete Schreiber die Landescheinwerfer ein, damit das Flugzeug in der Nacht sichtbarer würde.

Schließlich entdeckte Flugingenieur Vollenweider die parallel angeordneten Lichtpunkte in der Wüste. Schreiber flog einen Bogen. Alle starrten gebannt nach unten. Die Besatzung war sicher, den Landeplatz endlich gefunden zu haben. Aber Rotkäppchen war anderer Meinung: »Nein, das ist er nicht!« behauptete sie.

Schreibers Geduld erschöpfte sich. »Wo soll's denn sonst sein?« fragte er gereizt.

Rotkäppchen fauchte: »Ich weiß es nicht. *Sie* müssen es finden!«

Der Captain hatte nicht die Absicht, stundenlang ziellos über der Wüste hin und her zu fliegen. Er entschloß sich, innerhalb einer Stunde zu landen, wenn möglich in Beirut oder Damaskus. Jedenfalls gab er Vollenweider die Anweisung, Treibstoff abzulassen, um den Jet auf das zulässige Landegewicht zu bringen.

Jerosch versuchte noch immer, Verbindung mit dem Guerilla-Sender aufzunehmen. Endlich schien er Erfolg zu haben.

»Haifa von Gasastreifen. Haifa von Gasastreifen«, tönte es aus dem Lautsprecher im Cockpit.

»Hallo, hier Haifa«, rief Jerosch erleichtert zurück.

Die Stimme aus dem Lautsprecher unterbrach ihn: »Fliegen Sie Heading 260!«

Jerosch schaute auf die Karte. Kurs 260 würde sie direkt zum israelischen Flughafen Lod bei Tel Aviv führen. Die Israelis hatten die Swissair-Maschine mit dem Guerilla-Rufzeichen Haifa auf ihrem Radarschirm und wollten sie mit diesem Trick auf ihr Gebiet herunterlocken!

Da wurde Rotkäppchen aufmerksam. Sie nahm Jerosch das Mikrofon ab und meldete sich auf arabisch: »Haifa an Gasastreifen!«

Aber sie erhielt keine Antwort. Nur wenn der Co-Pilot sprach, meldeten sich die Israelis. Die Entführerin wurde immer nervöser. Vermutlich glaubte sie, die Maschine befinde sich bereits über israelischem Territorium. Mit schriller Stimme befahl sie Schreiber, sofort nach Beirut zurückzufliegen.

Jerosch holte sich von der Flugkontrolle Damaskus die Erlaubnis, auf achttausend Meter zu steigen, weil das auf dem Weg liegende Libanon-Gebirge überflogen werden mußte. Unterdessen schlug Schreiber der Entführerin vor, man solle vielleicht doch lieber in Damaskus landen. Da hielt Rotkäppchen ihm blitzartig die Handgranate unters Kinn und zischte: »Sie müssen den Flugplatz finden!«

Schreiber brüllte zurück: »Was heißt Flugplatz finden? Sie sehen ja selbst, daß wir nichts finden können. Wir haben hundertvierundfünfzig Menschen an Bord, und die bringen Sie mit Ihrer blödsinnigen Suche in Gefahr!«

Jetzt schrie auch Rotkäppchen: »Das geht mich nichts an! Sie haben den Landestreifen zu finden!«

Schreiber wurde noch lauter: »Seien Sie vernünftig! Lassen Sie uns in Damaskus landen. Und ...«

Die Entführerin preßte die Handgranate noch fester an Schreibers Kinn und drohte: »Versuchen Sie keine Tricks! Und schreiben Sie Beirut ab. Sie haben jetzt nur noch Gasastreifen zu finden. Wenn Sie in Beirut oder gar in Damaskus landen, jage ich Sie in die Luft. Und wenn Sie unsere Landebahn nicht entdecken, dann landen wir irgendwo in der Wüste. Soll doch die Maschine dabei draufgehen ...!« Haß loderte in ihren Augen.

Schreiber lief der Schweiß über den Rücken. Das Mädchen war eine wildentschlossene Fanatikerin. Er hatte keine andere Wahl. So brach er den Steilflug auf etwa sechstausend Meter ab und flog eine Rechtskurve, um auf den Radial 227 Richtung Amman zu kommen. Er war jetzt entschlossen, dort zu landen, wo er die Lichter in der Wüste gesehen hatte.

Wieder meldeten sich die Israelis. Jerosch fürchtete, daß das Mädchen noch hysterischer werden könne, und wimmelte sie hastig ab. Aber bevor sich die israelische Bodenstation mit »*Good luck!*« verabschiedete, gab sie noch einen nützlichen Hinweis: »Die TWA ist vor dreißig Minuten auf der Piste bei Zerka gelandet.« Jetzt sah auch Rotkäppchen endlich ein, daß die Lichter in der Wüste den gesuchten Ort markieren mußten.

Captain Schreiber leitete das Landemanöver ein. Um sich die Piste noch einmal etwas genauer anzusehen, brauste er in nur hundertfünfzig Meter Höhe über die dunkle Wüste. Er entdeckte einen schwarzen plumpen Schatten – es war die TWA-Maschine. Die Passagiere, die unten an Bord ihre Landekarten ausfüllten, erstarrten vor Entsetzen, als die anfliegende DCA 8 mit brüllenden Motoren vorüberzog.

Als Schreiber wendete, um endgültig zur Landung anzusetzen, tauchte plötzlich wieder der Entführer im Cockpit auf. Er trug immer noch Strumpfmaske, Revolver und Beil. Nur mühsam ließ er sich überreden, im I.-Klasse-Abteil Platz zu nehmen. Rotkäppchen schnallte sich auf dem Sitz hinter dem Captain an.

»Halten Sie bloß die Handgranate fest!« schärfte Jerosch ihr ein. »Passen Sie auf, daß Ihnen das Ding nicht aus den Fingern rutscht.« Als Schreiber das Flugzeug direkt am Pistenanfang schnell und hart aufsetzte, hielt das Mädchen die Granate krampfhaft mit beiden Händen fest.

Da Jerosch die Triebwerke sofort auf Revers schaltete, stob der feine Wüstensand in hohen Wolken auf, so daß zeitweise überhaupt nichts mehr zu sehen war. Die Positionslampe oben auf dem Flugzeug färbte die Staubwolke gleichzeitig feuerrot, und Bordpersonal und Passagiere, die die Landung hinten in der Kabine ängstlich mitverfolgt hatten, dachten sofort an Brand.

Uschi Gyger war derselben Meinung. Da sie ohnehin auf eine Bruchlandung gefaßt gewesen war, paßten rötliche Rauchschwaden in das Bild. Eine Panik verhindern! war ihr erster Gedanke. Hastig sprang sie auf und begann, noch während die Maschine ausrollte, die vordere Kabinentür zu öffnen. In dichten Schwaden drang ihr der Sandstaub entgegen. In der Annahme, es handle sich um Rauch, drängten sich die Passagiere unkontrolliert hinter ihr her. Inzwischen war die Maschine zum Stehen gekommen, die Notrutschen bliesen sich glücklicherweise ohne Störung automatisch auf, und schon gingen die ersten von Bord.

Schreiber und Jerosch merkten von all dem zunächst nichts. Zwar hörten sie, wie hinten die Türe geöffnet wurde, aber die folgenden Geräusche – dumpfes »blob – blob – blob« – konnten sie sich nicht erklären. Schreiber wischte sich den Schweiß von der Stirn und schaute aus dem Fenster. Langsam verzog sich die Staubwolke. Er traute seinen Augen nicht: Da lief doch seine Stewardess mit mindestens sechzig Passagieren in die Wüste! Im gleichen Augenblick rief Jerosch entsetzt: »Draußen wird geschossen!«

Der Captain hatte nichts gehört und wurde eben auch von Rotkäppchen abgelenkt, die ins Cockpit kam. Sie hatte vergeblich versucht, die Evakuierung der Maschine zu verhindern, und streckte Schreiber nun verärgert die Hand hin.

»Geben Sie mir den Sicherungsstift zurück«, verlangte sie. Der Captain griff in die Brusttasche seines schweißnassen Hemdes und holte das »Souvenir« hervor, das er seit Mailand mit sich trug. Das Guerillamädchen schob den Stift hastig in die Granate und verschwand grußlos.

Draußen waren tatsächlich Schüsse gefallen: Die flüchtenden Passagiere wurden von bewaffneten Kommandos verfolgt, die aus dem Nichts auftauchten. Maschinenpistolen knatterten, und die Garben schlugen gefährlich nahe ein. Im Handumdrehen hatten die Guerillas die Flüchtenden umzingelt und zusammengetrieben. *»Sit down! Everybody sit down!«* rief irgend jemand auf englisch.

»Wo sind wir eigentlich?« fragte Uschi Gyger einen Araber in Zivil, der sie, wie die anderen, zum Sitzen aufforderte.

»Sie sind in Jordanien – in der Nähe von Amman«, war die Antwort. Dann zog er Einreiseformulare der Volksfront aus der Tasche und verteilte sie an die im Wüstensand sitzenden Passagiere. Stephan Janosfia schüttelte verständnislos den Kopf: Einreiseformulare – hier!? Aber die Guerillas nahmen ihre Sache so ernst, daß sie sogar Jeeps heranfuhren, in deren Scheinwerferlicht das Ausfüllen der Formulare leichter vonstatten ging.

Nach einer Dreiviertelstunde wurden die nun ordnungsgemäß Registrierten von den Kommandos wieder zurück an Bord getrieben.

Auf dem »Revolutionsflugplatz« in der jordanischen Wüste hatten die palästinensischen Guerillas der Volksfront jetzt zweihundertsiebenundachtzig Passagiere und zweiundzwanzig Besatzungsmitglieder in ihrer Gewalt. In Bonn, Washington, Bern und London versuchten Regierungsbeamte fieberhaft, den Landeplatz der entführten Maschinen herauszufinden. Gegen drei Uhr morgens, am Montag, dem 7. September, gab die britische Nachrichtenagentur Reuter per Blitzmeldung durch, daß der entführte Jumbo-Jet der Pan Am auf dem Kairoer Flughafen von drei Palästinensern gesprengt worden sei. Die hundertvierundsiebzig Passagiere befänden sich in Sicherheit. Aber wo waren die Passagiere der Swissair und der TWA? Auf dem Revolutionsflugplatz bei Amman waren die Opfer der größten Flugzeugentführung in der Geschichte der Zivilluftfahrt von der Welt abgeschnitten.

7

Die Welt wäre sicher noch vor Mitternacht über das Schicksal und den Verbleib der entführten Passagiere orientiert worden, wenn Guy Winteler, Chefdelegierter des Internationalen Komitees vom Roten Kreuz (IKRK) in Jordanien, einem anonymen arabischen Anrufer Glauben geschenkt hätte. Der Araber rief Winteler gegen sechs Uhr abends in dessen Ammaner Büro an und erklärte, er spreche im Auftrag der Volksfront für die Befreiung Palästinas.

»Wir haben zwei Flugzeuge zum ›Dawsons's Airfield‹ entführt«, sagte er. »Wollen Sie bitte Ihre Vorgesetzten in Genf unterrichten!«

Dawson's Airfield? Winteler hatte keine Ahnung. Er wußte nicht, daß die Briten den heutigen Revolutionsflugplatz bereits früher benutzt und ihm den Namen des Royal-Airforce-Generals Dawson gegeben hatten, der den Einheimischen auch jetzt noch geläufig war.

Wo sich dieser Flugplatz denn befände, erkundigte Winteler sich.

»In der Nähe von Zerka.«

Der IKRK-Delegierte war sicher, daß es um die jordanische Garnisonstadt Zerka herum nichts als nackte Wüste gab. Von einem Flugplatz in dieser Gegend war ihm nichts bekannt. Wie sollten auch mitten in der Wüste moderne Verkehrsmaschinen landen können? Winteler schien die Sache höchst unglaubwürdig. »Ich kann Genf erst dann orientieren«, erklärte er seinem anonymen Anrufer, »wenn ich die Maschinen mit eigenen Augen gesehen habe.«

Eine Stunde später arrangierte ein arabischer Mitarbeiter des Ammaner IKRK eine Zusammenkunft zwischen Vertretern der Volksfront, Guy Winteler und seinem Kollegen René Jayet. Es wurde vereinbart, daß sich die Herren vom Roten Kreuz mit den Guerillas vor einem römischen Antiquitätengeschäft in der Nähe des Hotels »Philadelphia« treffen sollten.

Winteler und sein arabischer Dolmetscher bestiegen einen Renault 16, René Jayet einen Renault 10. Beide Wagen waren mit großen roten Kreuzen gekennzeichnet. Als sie bei dem verabredeten Treffpunkt ankamen, war niemand zu sehen. Sie warteten ungefähr eine halbe Stunde. Endlich, gegen halb acht Uhr abends, fuhren zwei höhere Volksfrontfunktionäre in einem Volkswagen vor. Sie wußten schon, daß Winteler die Flugzeuge sehen wollte. »Wir fahren voraus. Bitte folgen Sie uns«, wurde er aufgefordert.

Auf gut ausgebauter Straße fuhren sie zunächst die dreißig Kilometer nach Zerka, dann ging es weiter auf Wüstenpisten. Winteler kam die Fahrt unheimlich vor. Staub legte sich auf die Windschutzscheibe. Er konnte kaum etwas sehen und glaubte, die Guerillas wollten sie in die Irre führen, damit sie sich später nicht mehr an den genauen Standort der Flugzeuge erinnerten.

Plötzlich stoppte der VW vor ihm. Winteler stieg aus. Ein phantastischer Anblick! Das Mondlicht über der weiten Wüste und vorn in einer kleinen Senke die beiden Jets mit blinkenden roten Positionslampen. Sie sahen aus wie Spielzeuge. Etwa hundert mit Maschinenpistolen bewaffnete Guerillas bildeten einen weitgezogenen Ring um die Flugzeuge. Die beiden Männer im VW verhandelten mit ihnen, dann durften sie direkt an die Maschinen heranfahren.

Kein Licht drang durch die Kabinenfenster – es sah aus, als befände sich niemand an Bord.

»Ich möchte mit den Passagieren sprechen«, forderte Winteler von den Guerillas, die ihn, bis zu den Zähnen bewaffnet, umringten. Aber man ließ ihn nicht an die Maschinen heran. Nur seinem arabischen Dolmetscher wurde der Zutritt gestattet.

Während sich der Dolmetscher davon überzeugte, daß die Passagiere wohlauf waren, sprach Winteler mit dem Guerilla-Arzt Dr. Achmed. Dieser machte ihn mit einer Dame bekannt, die sich bei ihm in ambulanter Behandlung befand. Sie war nach der Landung aus der Swissair-Maschine gesprungen und hatte sich dabei das Handgelenk gebrochen. Winteler konnte erreichen, daß die Verletzte freigelassen wurde und mit ihm nach Amman fahren durfte. Fürsorglich geleitete er sie zum Wagen. Es war ohnehin höchste Zeit, nach Amman zurückzukehren. Die IKRK-Delegierten mußten nun dringend ihre Vorgesetzten in Genf unterrichten; sie befürchteten aber auch einen Angriff der königstreuen jordanischen Armee auf den Guerilla-Flugplatz mit dem Ziel, die Passagiere zu befreien. Im Moment jedenfalls konnte man hier in der Wüste nicht mehr viel tun.

Auf dem Rückweg trafen sie tatsächlich auf jordanische Panzer, die in Richtung Zerka rollten. Höchste Eile war geboten, aber es wurde elf Uhr nachts, bis die Delegierten wieder in Amman waren. Winteler rief sofort das Volksfront-Hauptquartier an und erfuhr die Bedingungen, unter denen die Guerillas die Flugzeuggeiseln freigeben wollten. Wenig später gab er ein in französischer Sprache abgefaßtes Telegramm an die Genfer IKRK-Zentrale auf. Es traf kurz nach Mitternacht in Genf ein. Der Empfänger, Dr. Roland Marti, ein Direktionsmitglied des IKRK, war darauf gefaßt, daß seiner Organisation jetzt eine ebenso wichtige wie komplizierte Aufgabe zufiel: Das IKRK mußte zwischen den Guerillas und den betroffenen Regierungen vermitteln. Die Volksfront wollte nämlich die in der Wüste festgehaltenen Geiseln nur im Austausch gegen die sechs arabischen Terroristen freigeben, die in deutscher und schweizerischer Haft saßen. Ein Entscheid mußte innerhalb von zweiundsiebzig Stunden getroffen werden. (Die Araber waren inhaftiert worden, weil sie auf den Flughäfen Zürich-Kloten und München-Riem Anschläge auf israelische Verkehrsmaschinen verübt hatten.)

Roland Marti rief sofort das schweizerische Bundeshaus in Bern an, wo Pierre Micheli, Generalsekretär des Eidgenössischen Außenministeriums, den Anruf entgegennahm. Schon seit Stunden hatte er herauszufinden versucht, was mit der gekaperten Swissair-Maschine passiert war. Den ganzen Sonntag nachmittag stand er in ununterbrochenem Kontakt mit Bonn und Washington, aber auch dort wußte man nichts über das Schicksal der entführten Passagiere. Micheli wagte es jedoch genausowenig wie Marti, aus dem Büro zu gehen, weil jede Minute neue Nachrichten eintreffen konnten. Jetzt endlich sprach der IKRK-Direktor das erlösende Wort: »Die Passagiere sind wohlauf!«

Die Nachricht, daß die gekaperten Maschinen mitten in der

jordanischen Wüste gelandet sein sollten, fand Micheli fast unglaublich. Aber jetzt ging es nicht um die abenteuerlichen Begleitumstände der Entführung, sondern um das Leben der Geiseln. Eine fieberhafte diplomatische Aktivität wurde ausgelöst. Micheli rief sofort seinen Vorgesetzten an. Der Schweizer Außenminister Pierre Graber befand sich auf seinem Sommersitz bei Ascona. Er beauftragte Micheli, die Geschäftsträger der amerikanischen, britischen und deutschen Botschaft für acht Uhr am nächsten Morgen zu einem Gespräch ins Ministerium zu bitten. Er selbst werde im Morgengrauen per Hubschrauber nach Bern zurückkehren. Der israelische Botschafter, Arye Levavi, wurde für neun Uhr zu Außenminister Graber gebeten.

Inzwischen hatte Dr. Marti auch Washington informiert. US-Außenminister Rogers verabredete sich mit den Botschaftern Großbritanniens, der Bundesrepublik, Israels und der Schweiz zu einem Gespräch am nächsten Vormittag in seinem Ministerium.

Das große Pokerspiel um das Leben von zweihundertsechsundachtzig Geiseln und zweiundzwanzig Besatzungsmitgliedern hatte begonnen. Von Anfang an schien es so, als habe die palästinensische Volksfront alle Trümpfe in der Hand. Ihre führenden Männer in Amman waren überzeugt, daß die westlichen Regierungen sofort auf das vorgeschlagene Tauschgeschäft eingehen würden, um die Geiseln aus den gekaperten Flugzeugen zu befreien und ihr Leben zu retten.

Die beiden Düsenriesen der Swissair und der TWA standen auf dem harten Grund eines ausgetrockneten Sees. Wenn die Winterregen kommen, bedeckt der gefüllte See eine Fläche von etwa dreißig Quadratkilometern. Der Grund ist glatt wie ein Bügelbrett. In der Ferne zeichnet sich das Ufer ab – sanft gewellte, flache Hügel. Dahinter lockerer Sand. Es führen keine Straßen hierher, nur Wüstenpisten. Die Beduinen nennen den See Ga Khanna.

Die elegant geformten Rümpfe der Verkehrsmaschinen glitzerten silbrig im Mondlicht. Unter den Tragflächen hatten die Kommandos der Volksfront kleine Zelte aufgebaut, daneben standen geländegängige Fahrzeuge. Taschenlampen flackerten, hin und wieder heulte ein Motor auf.

Von einem Lastwagen wurden mit Sprengstoff gefüllte Kisten abgeladen. Sechs Männer brachten an den Maschinen Dynamitladungen an und verbanden sie mit Zündschnüren. Die Passagiere an Bord ahnten nichts von dem geheimnisvollen Treiben draußen. Sie wollten in dieser Nacht in New York sein, Wiedersehen mit Freunden und Verwandten feiern oder sich auf geschäftliche Besprechungen vorbereiten. Jetzt saßen sie in der Wüsteneinöde von Ga Khanna wie auf einem Pulverfaß. Unversehens hatte ein Krieg in ihr Leben eingegriffen, mit dem sie bisher nichts zu tun gehabt hatten! Angst breitete sich unter ihnen aus.

Nachdem sie die Landekarten ausgefüllt und ihre Pässe abgegeben hatten, hockten sie eng zusammengedrängt in ihren Sitzen und beobachteten ihre Bewacher. Was waren das für Menschen, die da im dämmrigen Licht mit ihren Maschinenpistolen durch den Gang patrouillierten – Patronengurte quer über der Schulter und Eierhandgranaten am Koppel? Sie sahen verwegen aus. Was hatten sie vor? Der arabische Dolmetscher, der als Vertreter des IKRK an Bord gekommen war, hatte darauf keine Antwort gewußt. Er hatte lediglich versprochen, daß das Rote Kreuz sich um die Geiseln kümmern werde. Die Guerillas hüllten sich zunächst in Schweigen.

Alfred Kiburis, der TWA-Flugingenieur, befürchtete das Schlimmste. Er hatte als einziger beobachtet, wie die Volksfrontleute die Dynamitladungen an den Flugzeugen anbrachten, und glaubte, daß sie die Maschinen mit den Passagieren in die Luft jagen wollten. Aber er sagte niemandem, was er gesehen hatte; er befürchtete eine Panik. Die ganze Nacht konnte er kein Auge zutun...

Allmählich wurde den Passagieren klar, daß viele der Guerillas weniger gefährlich waren, als sie aussahen. Da war zum Beispiel eine junge, hübsche Araberin, die offenbar zum Kommandostab auf dem Revolutionsflugplatz gehörte. Sie trug weder Uniform noch Waffen, und ihr Englisch war nahezu perfekt. Eben kniete sie neben einem zwölfjährigen Mädchen, das ohne Eltern reiste und verschreckt weinte. Die junge Frau strich dem Kind beruhigend über den Kopf und sagte: »Du brauchst keine Angst zu haben, dir wird bestimmt nichts geschehen. Ich will dir mal eine Geschichte erzählen: Als ich noch so klein war wie du, wohnte ich mit meinen Eltern in einem schönen Haus. Wir hatten einen Garten mit vielen Blumen und Orangenbäumen. Da kamen eines Tages böse Menschen mit Gewehren und Kanonen. Sie schossen auf uns und vertrieben uns, und wir mußten in die Wüste fliehen. Und da leben wir nun in elenden Baracken und Zelten. Du aber wirst schon bald wieder bei deinen Eltern zu Hause sein.«

Miriam Beeber, die die Geschichte mitangehört hatte, fand die junge Araberin zwar sympathisch, aber daß sie versuchte, ein verängstigtes Kind mit dieser vereinfachten Darstellung des Palästina-Problems zu trösten, kam ihr eher merkwürdig vor. Immerhin beruhigte sich das Kind.

TWA-Captain Russel L. Morris, der mit seiner Frau und seinem vierzehn Monate alten Sohn als Passagier an Bord war, hatte sich mit einigen Kommandos auf eine politische Diskussion eingelassen. Er war überrascht, daß seine Gesprächspartner sich als gescheite Akademiker entpuppten. Obwohl Morris regelmäßig auch nahöstliche Flughäfen angeflogen hatte, stand ihm das Palästina-Problem bisher fern. Jetzt war ihm, als hätten die Guerillas ihn in eine Wüstenschule entführt, um politische Nachhilfestunden zu geben.

Einer der jungen Palästinenser wandte sich schließlich in fehlerfreiem Englisch an die Passagiere: »Es tut mir leid, meine Damen und Herren, daß wir Sie in diese Lage gebracht haben. Aber wir hatten keine andere Wahl. Wir wollten die Welt auf das Schicksal unseres Volkes aufmerksam machen. Unsere Heimat ist von den Zionisten besetzt, Millionen Palästinenser vegetieren seit zweiundzwanzig Jahren in Flüchtlingslagern. Die Welt hat bisher keine Notiz davon genommen.

Meine Damen und Herren! Bitte richten Sie sich für die Nacht ein.«

Für die meisten Passagiere war diese Durchsage ein harter Schlag. Bis jetzt hatten sie immer noch geglaubt, sie könnten das

Flugzeug verlassen, und die Guerillas würden sie über Nacht in einem Hotel einquartieren. In der TWA-Maschine herrschte beklommenes Schweigen. Plötzlich ertönte aus der Dunkelheit eine laute Stimme: »He, und was ist mit Abendessen?«

Das war ein erlösender Zwischenruf. Hier und da klang Gelächter auf, und die Guerillas erlaubten dem Bordpersonal, ein Abendessen zu servieren. Die Stewardessen brachten ein paar kalte Überreste aus der Bordküche – in der einen Hand hielten sie die Tabletts, in der anderen Stablaternen.

Mit dem Strom war auch die Wasserspülung in den Toiletten ausgefallen, so daß sich im Flugzeug langsam ein unangenehmer Geruch verbreitete. Vielen Passagieren war auch deshalb der Appetit vergangen, und sie verzichteten auf ihre Mahlzeit. Man richtete sich für die Nacht ein.

Noch kurz vor der Landung hatte der Chefsteward in der TWA-Maschine dem ganz hinten sitzenden William Koster die Schlüssel für die Bordbar gegeben, die sich gleich neben ihm befand. Koster konnte unauffällig den Schrank ausräumen und reichte nun die Flaschen nach vorne durch. Aber nur wenige Geiseln gingen auf das großzügige Angebot ein. Sie fürchteten, daß der Alkohol sie noch durstiger machen würde, und dachten an die Wüstenhitze, der sie am nächsten Tag ausgesetzt waren.

Bob Palagonia half inzwischen mit Zigaretten aus. Er hatte sich im Duty-free-Shop in Bombay sieben Stangen Camel gekauft und verteilte sie nun unter die Passagiere. Schon in dieser ersten Nacht wuchsen die Geiseln zu einer großen Familie zusammen. So kümmerte sich Palagonia um die kleine sechsjährige Connie Pittaro, die ebenfalls ohne Eltern reiste. Sie hatte ihre Großmutter in Deutschland besucht, war in Frankfurt zugestiegen und wollte nun zu ihrem Vater nach New York zurückkehren. Connie war in sehr quengeliger Stimmung. Sie plapperte ununterbrochen, zappelte auf ihrem Sitz herum und ließ sich nicht zur Ruhe bringen. So störte sie natürlich die Passagiere, die schlafen wollten.

Unermüdlich patrouillierten die Kommandos im Flugzeug auf und ab. William Koster gingen sie allmählich auf die Nerven. Er hielt ein Guerillamädchen am Ärmel fest und zischte:

»Was soll eigentlich der Unsinn, dauernd mit Ihren Kanonen auf und ab zu marschieren? Sie stiften nur Unruhe und machen die Kinder ängstlich! Glauben Sie vielleicht, wir wollen hier den Kampf mit Ihnen aufnehmen?«

Das Mädchen – es nannte sich Nadja – gehörte zu den rauhen Typen unter den Guerillas: »Kümmern Sie sich um Ihren eigenen Kram!« fertigte sie Koster ab.

In der Dunkelheit hörte man den amerikanischen Rabbiner Hutner, einen alten Herrn mit wallendem Bart, Ringellocken und orthodoxem Gewand, leise Gebete sprechen.

In der Swissair-Maschine hatte sich Captain Fritz Schreiber auf seinen Sitz im Cockpit zurückgezogen. Die Anspannung des abenteuerlichen Flugs von Zürich in die jordanische Wüste saß ihm noch in den Knochen. Er konnte nicht schlafen.

Gegen Mitternacht sah er Lichter in der Wüste, die sich auf die Piste zubewegten – eine rollende Fahrzeugkolonne. Die Guerillas, die sich hinter ihm im I.-Klasse-Abteil eingerichtet hatten, wurden unruhig. Sie sprangen von ihren Sitzen auf, verschlossen die Kabinentür, entsicherten ihre Maschinenpistolen, hockten sich auf den Boden. Das Flugzeug in der Wüste wurde zur Festung.

Es dauerte eine Weile, bis Captain Schreiber den Grund der Unruhe erfuhr: Die königstreue jordanische Armee hatte die gekaperten Flugzeuge in der Wüste entdeckt und war im Anmarsch. Da rollten die Panzer an, die der IKRK-Delegierte Winteler bereits auf dem Rückweg nach Amman gesehen hatte. Die Guerillas befürchteten also einen Angriff. Würden sie die Maschinen mit den Passagieren in die Luft jagen?

Eine halbe Stunde später entspannte sich die Lage. Abu Fahdi, Chef der Guerillas auf dem Revolutionsflugplatz, der draußen in einem Zelt sein Hauptquartier aufgeschlagen hatte, verhandelte mit dem jordanischen Kommandeur: König Husseins Soldaten hatten die Flugzeuge umstellt, aber sie würden nicht angreifen. Die Kabinentür wurde wieder geöffnet, die Guerillas ließen sich erleichtert in den Polstersesseln der I. Klasse nieder, Captain Schreiber lehnte sich erschöpft in seinem Pilotensitz zurück.

Die Stewardess Rita Buchmann hatte versucht, es sich auf dem Boden in der Service-Lounge bequem zu machen. Plötzlich tauchte eine elegant gekleidete Amerikanerin vor ihr auf. »Ich brauche unbedingt meinen Koffer!« sagte sie energisch. »Ich habe ein I.-Klasse-Ticket und Anspruch darauf, daß man mir meinen Koffer aushändigt!«

Die Koffer befanden sich im verschlossenen Frachtraum des Flugzeugs. Es war ein Ding der Unmöglichkeit, unter Hunderten von Gepäckstücken diejenigen dieser Dame herauszusuchen, ganz davon abgesehen, daß die Guerillas es nicht erlauben würden. Eine absurde Forderung!

»Madame«, sagte Rita Buchmann, »ich kann Ihnen leider überhaupt nicht helfen. Seien Sie doch froh, daß Sie unter diesen Umständen noch am Leben sind. Es ist wirklich das beste, wenn Sie sich jetzt auf Ihren Platz setzen und sich beruhigen.«

Aber die Dame wollte sich nicht beruhigen. Sie wandte sich forsch an einen der Bewacher an Bord, aber auch der konnte ihr nicht helfen. Immerhin brachte sie es fertig, den Guerilla zu einem nächtlichen Wüstenspaziergang zu überreden.

Am nächsten Morgen ging die Sonne schon um fünf Uhr über der jordanischen Wüste auf. Es war Montag, der 7. September 1970. Das grelle Sonnenlicht weckte die Geiseln, die mit steifen Gliedern in ihren Sitzen ausgeharrt hatten. Sie schauten aus dem Fenster und sahen das Panorama ihres Dramas: die Zelte und die Fahrzeuge der Guerillas, im Sand eine Fahne der Volksfront, und in einiger Entfernung die Panzer der jordanischen Armee – sonst Wüste, nichts als Wüste...

Zum erstenmal erkannte Swissair-Captain Schreiber, wie knapp er einer Katastrophe entgangen war: Die TWA-Maschine stand nur dreißig Meter von seinem Jet entfernt. Wenn Schreiber nach der Landung im Dunkeln nicht so scharf abgebremst hätte, wäre er in die amerikanische Boeing 707 hineingerast! Schreiber bekam nachträglich noch einen Schrecken. Dann trommelte er Besatzung und Bordpersonal im Cockpit zusammen.

»Unsere Aufgabe«, so erklärte er seinen Leuten, »läßt sich mit einem Wort bezeichnen: Überleben! Erste Devise: ›*Keep smiling‹* – immer freundlich sein zu den Bewachern. Zweite Devise: ›Soldat Schwejk‹ – wenn's brenzlig wird, den Naiven spielen und allen Diskussionen ausweichen. Dritte Devise: ›Kühles Blut‹ – die Passagiere beruhigen und ihnen den Aufenthalt an Bord so angenehm wie möglich machen!«

Als die Konferenz beendet war, stellte der Captain bei einer Überprüfung des Cockpits fest, daß die Bordtasche mit allen Begleitpapieren verschwunden war. Kein Zweifel: Die Bewacher hatten sie an sich genommen. Aus den Papieren ging hervor, daß sich an Bord ein Geldpaket mit zweieinhalb Millionen Schweizer Franken befand ... Wann würden die Guerillas zur Kasse bitten?

Am Abend zuvor war in der Swissair-Maschine keine Mahlzeit serviert worden. Das Bordpersonal machte sich bereits Gedanken darüber, wie lange die Vorräte wohl noch ausreichen würden, aber Steward Ernst Renggli entschied: »Jetzt servieren wir das kalte Nachtessen, das für gestern abend eigentlich vorgesehen war.« Es gab Fleisch, ein halbes gekochtes Ei und russischen Salat. Dazu ein Dessert, Brötchen und kalten Kaffee. Die Stewardessen trugen immer noch die Bordschürzen – sie servierten die Mahlzeit, als wären sie auf einem gewöhnlichen Flug. Auch hier hatten viele Passagiere keinen Appetit. Rita Buchmann versuchte jedoch, möglichst alle zum Essen zu überreden. Schließlich wußte niemand, wann die nächste Mahlzeit serviert werden könnte.

In der TWA-Maschine war an diesem Morgen die Bordverpflegung schon so gut wie erschöpft. Es gab noch etwas Milch, die für die Kinder reserviert wurde, und einige harte Brötchen. Die Guerillas brachten aber für die Passagiere ein arabisches Frühstück an Bord: »Pitta«, das arabische Fladenbrot, dazu Schafskäse, hartgekochte Eier und Tee.

Der Geruch aus den Toiletten verdichtete sich zu einem penetranten Gestank.

Als das Waschwasser ausgegangen war, schleppten die Guerillas Kübel voll Wasser heran, und die Passagiere konnten flüchtig Toilette machen. Mit den Servietten aus der I. Klasse wurden die Babys trockengelegt. Um elf Uhr zeigte das Thermometer bereits vierzig Grad im Schatten. Viele Männer zogen kurzentschlossen die Oberhemden aus.

Nach der ungemütlichen Nacht in der Wüste hatten die Geiseln nur einen Gedanken: Nichts wie 'raus hier und nach Hause! Sie wollten einfach nicht glauben, daß die Volksfront sie unter diesen katastrophalen Umständen noch lange festhalten konnte.

Naomie Feinstein vermochte ihre vier Kinder kaum mehr zu bändigen. »Wann laßt ihr uns denn frei?« fragte sie ungeduldig eins der Guerillamädchen.

»Wenn wir bekommen haben, was wir wollen«, war die kurze Antwort.

»Was wollt ihr denn?« insistierte Mrs. Feinstein.

»Das werdet ihr schon zur rechten Zeit erfahren«, sagte das Mädchen barsch und ging davon.

Spätestens heute nachmittag sind wir frei, versuchte sich Naomie Feinstein zu beruhigen. Hier fehlen doch selbst die primitivsten Einrichtungen, wie es sie sogar in den schlimmsten Gefängnissen gibt.

Inzwischen machte ein kleiner, schlanker Herr in bürgerlichem Anzug die Runde durch das Flugzeug – der Arzt der Guerillas, Dr. Achmed. Er verteilte Süßigkeiten an die Kinder und erkundigte sich nach Wünschen und Beschwerden der Passagiere. William Koster fragte den Arzt, ob er zufällig einen Kamm bei sich habe. Dr. Achmed zog das gewünschte Utensil bereitwillig aus der Tasche. Als Koster den Kamm zurückgeben wollte, meinte der Arzt: »Den können Sie als Souvenir behalten.« Der Amerikaner besitzt dieses Souvenir noch heute.

Miriam Beeber machte an diesem Morgen eine weniger angenehme Erfahrung mit den Guerillas. Die rauhe Nadja, die mit ihrer Kalaschnikow-Maschinenpistole die ganze Nacht im Flugzeug Wache geschoben hatte, beobachtete, wie Miriam einer grünen Drillichtasche ein Buch entnahm.

»Das ist eine israelische Armeetasche!« schrie sie plötzlich.

Miriam erschrak. »Das ist keine Armeetasche. Die habe ich in Tel Aviv im Geschäft gekauft!« protestierte sie.

Aber Nadja schrie weiter: »Ich weiß, daß es eine israelische

Armeetasche ist! Und ich weiß auch, daß du in der israelischen Armee Soldat warst!«

Miriam Beeber war fassungslos. Sie ist amerikanische Staatsbürgerin jüdischen Glaubens. Zwar hatte sie in den Sommerferien auf einem Kibbuz in Israel gearbeitet, dort aber mit der israelischen Armee nicht das geringste zu tun gehabt. Nadja durchwühlte die Tasche, dann eilte sie davon. Wenige Minuten später kehrte sie mit einem Genossen zurück. Sie zeigte auf Miriam und ihre Tasche und sprach eindringlich auf ihren Begleiter ein. Dabei machte sie die typische Halsabschneide-Geste. Miriam wurde die Sache unheimlich. Endlich beruhigte der Araber das Guerillamädchen, nahm es am Arm und führte es davon. »Was hat sie denn eigentlich gesagt?« fragte Miriam ihre Freundin Sarah Malker, die fließend Arabisch spricht.

Sarah flüsterte: »Sie wollte dem Kerl einreden, daß du ein israelisches Soldatenmädchen bist und daß er dich umlegen müsse!«

Nach dem Frühstück hatten einige Guerillas damit begonnen, im I.-Klasse-Abteil die eingesammelten Pässe zu kontrollieren. Entgegen ihren Erwartungen befand sich jedoch kein einziger israelischer darunter, obwohl die TWA aus Tel Aviv gekommen war. Es gab jedoch viele amerikanische Staatsbürger jüdischen Glaubens an Bord.

Während die Geiseln in den Aluminiumzellen der Düsenriesen unter der Hitze litten, war die internationale Presse bereits auf der Jagd nach der Story des Jahres. Welcher Reporter würde als erster die gekaperten Flugzeuge entdecken, welches Fernsehteam den ersten Film über die Geiseln drehen?

Das Rennen gewann ein Kamerateam der British Broadcasting Corporation, das in Amman über die sich zuspitzende Konfrontation zwischen König Hussein und den palästinensischen Freischärlern unter Yasser Arafat berichten sollte.

Arafat ist Vorsitzender des Zentralkomitees der Palästinensischen Befreiungsorganisation (PLO). In diesem Dachverband sind zwölf palästinensische Freischärlergruppen zusammengeschlossen, darunter auch die radikale Volksfront, deren Vorsitzender, Georges Habbasch, einen zähen Kampf mit dem weniger radikalen Arafat um die Vorherrschaft in der PLO führt. Als Chef der El Fatah kommandiert Arafat jedoch die weitaus stärkste Freischärlergruppe.

Am Montag abend erfuhr BBC-Reporter Hesketh, daß der Radiosender der PLO die Landung der gekaperten Maschinen in Jordanien gemeldet habe. Aber waren sie gelandet? Der Ammaner Flughafen war jedenfalls geschlossen.

Hesketh fuhr mit seinem Kameramann Tony Gubba zur britischen Botschaft, wo ihnen der Luftwaffenattaché erklärte, daß eigentlich nur Dawson's Airfield als Landeplatz in Frage käme. Er beschrieb die Lage dieser Piste, aber es war bereits zu dunkel, um gleich loszufahren. Nachts konnte das BBC-Team nicht filmen. Mit einem arabischen Kollegen, der ihnen als Führer und Dolmetscher helfen sollte, jagten die Engländer in zwei Taxis also im Morgengrauen los. Als sie hinter Zerka in die Wüste kamen, wußten auch die Taxifahrer nicht weiter. Aber zufällig begegneten sie einem französischen Ingenieur, der mit seinem Wagen unterwegs war. Er arbeitete irgendwo in der Nähe an einem Projekt, und er kannte Dawson's Airfield. Bereitwillig eskortierte er die Reporter durch die Wüste bis zum Rand des ausgetrockneten Ga-Khanna-Sees. Die BBC-Leute wischten sich über die Augen: Da standen die beiden Flugzeuge wie verloren in der schier endlosen Weite der Wüste, und dahinter zog eine Kamelkarawane friedlich ihres Weges ...

Die jordanische Armee hatte mit ihren Panzern zwei Ringe um die gekaperten Maschinen gebildet, einen äußeren und einen inneren. Die Reporter drangen bis zum inneren Ring vor. Dort hielten sich jedoch auch Guerillas der Volksfront auf, die augenblicklich ihre Maschinenpistolen auf die BBC-Leute richteten, schrien und gestikulierten. An Filmen war zunächst nicht zu denken. Die jordanischen Offiziere waren hingegen sehr freundlich. Unter ihrem Schutz wollte das Kamerateam warten. Vielleicht würde es doch noch zu einer Story kommen ...

Gegen elf Uhr vormittags warfen die jordanischen Panzerfahrer aber plötzlich die Motoren an, und innerhalb von Minuten löste die Armee den inneren Ring um die gekaperten Flugzeuge auf. Plötzlich waren die BBC-Reporter mit den Guerillas allein. Immer noch versuchten sie, an die Maschinen heranzukommen. Energisch forderte Hesketh: »Ich will jetzt mit Ihrem Chef sprechen!« Sein arabischer Kollege dolmetschte. Den Kommandos schien die Hartnäckigkeit der Reporter zu imponieren, jedenfalls wurden sie nicht aggressiv, sondern berieten sich. Schließlich winkte einer von ihnen mit seiner Maschinenpistole: »Kommen Sie mit! Aber die Autos bleiben hier.«

Abu Fahdi, der Chef des Revolutionsflugplatzes, war im Moment nicht zu sprechen. An seiner Stelle erschien ein untersetzter, schnauzbärtiger Unterführer, der in fließendem Englisch erklärte: »Okay, meine Herren, Sie können filmen – – für fünftausend Dollar!«

»*I beg your pardon?*« fragte Hesketh verblüfft.

»Fünftausend Dollar«, wiederholte der Guerilla, »und zwar in bar!«

Hesketh gab auf. Er hatte keine fünftausend Dollar bei sich.

Der Guerillaführer zog gleichmütig die Schultern hoch. »Wie Sie wollen!« sagte er, drehte sich grußlos um und verschwand im Zelt.

Das BBC-Team kehrte enttäuscht zu seinen Taxis zurück. Beim Aufbruch griff Gubba aber auf dem Rücksitz des Autos zur Kamera, hielt sie kaltblütig aus dem Fenster und filmte die Flugzeuge aus hundert Meter Entfernung. Im Schutze des äußeren Rings der jordanischen Armee konnte er dann noch einmal unbehindert mit der Telelinse filmen, während Hesketh seinen Kommentar dazu sprach. Am nächsten Tag war dieser Film die Sensation für viele Millionen Fernsehzuschauer in Europa und den USA. Er zeigte die gekaperten Düsenriesen als Symbole der Machtlosigkeit einer hochtechnisierten Welt gegenüber neuen Kampfmethoden verwegener, revolutionärer Guerillas.

Als die BBC-Leute den Revolutionsflugplatz verließen, jagte in entgegengesetzter Richtung der Stabschef der jordanischen Armee, General Haditha, in einem schwarzen Chevrolet an ihnen vorbei. Ihm folgten zwei gepanzerte Mannschaftswagen. Im Schatten des TWA-Jet sprang Haditha aus dem Auto. Abu Fahdi begrüßte ihn kühl.

»Der König ist entsetzt!« fuhr Haditha ihn an. »Ihr habt die berühmte arabische Gastfreundschaft in der ganzen Welt lächerlich gemacht!«

Abu Fahdi blieb unbeeindruckt. Die Meinung des Königs interessierte ihn nicht. Die Volksfront ist mit König Hussein verfeindet. Sie wirft ihm vor, er wolle – angestiftet von den Amerikanern – mit Israel auf Kosten der Palästinenser Frieden schließen.

Vorsichtig deutete Haditha die Möglichkeit an, daß der König der Armee den Befehl geben könne, die Geiseln mit Gewalt zu befreien. Ungerührt gab Abu Fahdi zurück: »Wenn die Armee eingreift, sprengen wir die Flugzeuge mit den Geiseln in die Luft!«

Schließlich einigten sich der General und der Guerillaführer im Schatten der Tragfläche des TWA-Jet auf einen Kompromiß: Die Kommandos sollten hundertsiebenundzwanzig Frauen und Kinder entlassen, dafür würde sich das jordanische Panzerregiment in zwei Kilometer von den Flugzeugen entfernte Stellungen zurückziehen.

Die Geiseln hatten von dem Scharmützel zwischen BBC-Fernsehteam und Guerillas nichts gemerkt. Sie wußten auch nicht, was General Haditha mit Abu Fahdi ausgehandelt hatte. Sie versuchten, sich mit ihrer abenteuerlichen Lage abzufinden, so gut es eben ging. Gegen Mittag wurde die Hitze fast unerträglich, und allmählich breitete sich Unordnung aus. Der Boden war übersät mit Pappbechern, Papierfetzen, Zigarettenschachteln, Servietten und Zigarrenstummeln. Das Hauptproblem aber waren immer noch die Toiletten.

TWA-Captain Carroll Woods fürchtete, daß an Bord eine Seuche ausbrechen könne. Es gelang ihm, die Guerillas zu überreden, unterhalb der Bordtoiletten Löcher in den Sand zu graben. Al Kiburis half ihnen dabei. Als die Gruben ausgehoben waren, öffnete der Flugingenieur die Außenklappen unter den Kotbehältern. Ein Taschentuch vor der Nase, half der Chefsteward von oben mit einem Stock nach – die stinkende Masse platschte in die Sandlöcher.

In diesem Augenblick machte einer der Volksfrontler eine interessante Entdeckung: in der Kotgrube sah er einige zerfetzte Pässe. Er fischte sie heraus und legte sie zum Trocknen in den Sand. Es waren israelische Pässe!

In Windeseile sprach sich die Sache unter den Guerillas herum. Also gab es doch Israelis an Bord! Die Kommandos steckten die Köpfe zusammen und berieten, was zu tun sei. Wenige Minuten später kam Abu Fahdi an Bord der TWA-Maschine und verkündete: »Meine Damen und Herren, Sie können das Flugzeug jetzt verlassen und sich draußen die Beine vertreten.«

Die Geiseln stiegen erfreut über die Leiter ins Freie, ihre Kinder durften unten in Jeeps einsteigen, und die Fahrer rasten fröhlich mit ihnen kreuz und quer über den Revolutionsflugplatz. Einige der Kommandos holten ein Gummifloß aus der TWA-Maschine und bliesen es mit Preßluftflaschen auf. Darauf konnten die Kinder herumhüpfen – das Rettungsgerät verwandelte sich in ein ideales Spielzeug.

Zwei kleine Mädchen beschafften sich Stricke und zeigten den Guerillas »Seilhüpfen«. Die Araber legten ihre Maschinenpistolen in den Sand und versuchten es unter großem Gelächter selber. Das Spiel kannten sie noch nicht.

Als die Geiseln aber nach etwa einer Stunde in das Flugzeug zurückkehren mußten, stellten sie fest, daß die Kommandos inzwischen ihr gesamtes Handgepäck durchwühlt hatten. Nicht ohne Ergebnis: Es waren zwölf weitere israelische Pässe gefunden worden. Als man ihre Besitzer ins Verhör nahm, stellte sich heraus, daß insgesamt fünfzehn Geiseln doppelte Staatsbürgerschaft besaßen – die amerikanische und die israelische. Doch von den fünfzehn hatte niemand seinen Wohnsitz in Israel. So kam es, daß sich später die israelische Regierung bei dem großen Pokerspiel um den Geiselaustausch nicht betroffen fühlte. Sie betrachtete die Geiseln mit doppelter Staatsangehörigkeit als amerikanische Staatsbürger ...

Kurz nachdem die TWA-Passagiere wieder an Bord geklettert waren, durften auch die Passagiere der Swissair-Maschine ins

Freie. Auch ihr Handgepäck wurde währenddessen untersucht, aber diesmal tauchten keine israelischen Pässe auf.

Inzwischen war Guy Winteler, der Ammaner Chefdelegierte des IKRK, zum zweitenmal auf dem Weg zum Revolutionsflugplatz. Diesmal wurde er nur von seinem arabischen Dolmetscher begleitet. Sein Kollege René Jayet blieb in Amman zurück, um Verbindung mit Genf zu halten.

Gegen vier Uhr nachmittags traf Winteler bei den gekaperten Maschinen ein. Sein erster Eindruck war, daß sich die Lage offenbar etwas entspannt hatte. Die Guerillas waren nicht mehr so nervös, jedoch erlaubten sie ihm nur einen Besuch an Bord der Swissair-Maschine.

Über die Holzleiter stieg Winteler an Bord, wo er auf englisch eine kleine Rede hielt: »Meine Damen und Herren! Man hat Sie nicht vergessen. Das Rote Kreuz wird alles tun, um Ihnen zu helfen. Sie können jetzt kurze Telegramme an Ihre Angehörigen aufsetzen, die ich mit nach Amman nehmen darf.« (Allerdings mußte der IKRK-Delegierte sämtliche Telegramme zur Kontrolle vorlegen, ehe er damit von Bord ging.)

Wintelers Wagen war noch in der Ferne zu sehen, als ein Guerilla an Bord der TWA-Maschine verkündete: »Alle Frauen und Kinder sowie Passagiere indischer Nationalität können das Flugzeug verlassen. Sie werden nach Amman in ein Hotel gebracht!«

Großes Durcheinander, aber auch große Erleichterung an Bord! Alle Passagiere standen auf, die Männer packten das Handgepäck, Mütter zogen ihren Kindern die Schuhe an – das Stimmengewirr übertönte ein Guerilla mit einer neuen Durchsage: »Alle Passagiere indischer Nationalität verlassen das Flugzeug!«

Die Inder erhielten im I.-Klasse-Abteil ihre Pässe zurück und wurden kontrolliert. Es dauerte eine Weile, bis alle draußen waren. Dann kamen endlich die Frauen und Kinder an die Reihe. Auch Ruth Berkowitz, die Frau des jüdischen Universitätsprofessors, gehörte dazu. Sie nahm ihre zweijährige Tochter Talia auf den Arm und wußte nicht recht, was tun. Es drängte sie, bei ihrem Mann zu bleiben – denn was immer geschehen mochte, solange sie zusammen waren, konnte es nicht so schlimm sein. Kurz entschlossen setzte sie sich wieder hin. Ihr Mann aber drängte: »Du mußt gehen! Es ist besser – denk an das Kind!« So ging sie schließlich wie betäubt nach vorn zum I.-Klasse-Abteil. Sie brachte es nicht fertig, sich umzudrehen und ihrem Mann noch einmal zuzuwinken.

In der I. Klasse mußte sie den Guerillas Namen und Religion angeben. Ein junges Mädchen nahm ihr von unten das Baby ab, als sie die Leiter herunterkletterte; grüne Autobusse standen für die Entlassenen bereit – aber sie fuhren nicht ab.

Gerald Berkowitz und die anderen Männer nahmen inzwischen an einer dramatischen Szene teil: Die beiden Söhne des deutschen Passagiers Dr. Peter Jeschke weigerten sich, mit ihrer Mutter das Flugzeug zu verlassen. Die sieben- und neunjährigen Buben wollten sich um keinen Preis von ihrem Vater trennen. Sie waren außer sich, schrien und klammerten sich an ihren Sitzen fest. Ihr Vater versuchte, sie mit Hilfe Jim Majers wegzutragen, aber es war, als wolle man Felsblöcke bewegen. Endlich – Berkowitz schien eine Ewigkeit vergangen zu sein – gelang es, die beiden Buben aus dem Flugzeug zu drängen. Jeschke starrte blicklos aus dem Fenster. Er war mit den Nerven am Ende.

Unten in den Bussen warteten Frauen und Kinder geduldig auf die Abfahrt. Plötzlich kam der Befehl: »Alle wieder aussteigen!« Ruth Berkowitz flüsterte dem Mädchen, das ihr mit dem Baby geholfen hatte, zu: »Ich glaube, man wird uns aufteilen.« Sie hatte eine Ahnung, daß man die Juden von den Nichtjuden trennen würde. Tatsächlich: schon rief ein Guerilla die Namen aller nichtjüdischen Frauen und Kinder auf und befahl ihnen, wieder in die Busse zu steigen.

Die sechzehnjährige Barbara Mensch nahm Abschied von ihrer Freundin Nancy. Sie hatten die Ferien zusammen in einem israelischen Kibbuz verbracht. Jetzt durfte die Nichtjüdin Nancy gehen, und Barbara mußte zurückbleiben. Weinend winkte sie ihrer Freundin nach. Mit uns Juden hat man sicher Schlimmes vor, dachte sie.

Die ratlos wartenden jüdischen Frauen und Kinder wurden von Kommandos mit Maschinenpistolen eingekreist, und schließlich erklärte ein Guerilla, es sei kein Platz mehr im Hotel, und sie müßten wieder an Bord zurück. Ruth Berkowitz war glücklich; sie würde nun doch mit ihrem Mann zusammen sein – aber die Männer nahmen ihre Angehörigen mit gemischten Gefühlen in Empfang. Wer wußte, was jetzt kam?

Unmittelbar nachdem die grünen Busse mit den nichtjüdischen TWA-Passagieren und Kindern weggefahren waren, wurden auch sämtliche Frauen und Kinder aus der Swissair-Maschine evakuiert und nach Amman in das Hotel »Intercontinental« gebracht. Sie waren frei, aber noch nicht in Sicherheit.

Am nächsten Morgen riß sie heftiger Kampflärm aus dem Schlaf – Gewehrfeuer, Maschinengewehrsalven, die dumpfen Einschläge von Mörsergranaten: Palästinensische Freischärler lieferten König Husseins Soldaten erbitterte Straßengefechte. Mehrere MG-Salven schlugen in die Hotelfassade ein. Die Frauen rannten mit ihren Kindern die Treppen hinunter und suchten im Nachtklub im Keller Schutz. Erst am Abend wurden die Kämpfe von einem Waffenstillstand unterbrochen, und am nächsten Morgen konnten die entlassenen Flugzeuggeiseln nach Zypern in die Freiheit fliegen.

In den Maschinen auf dem Revolutionsflugplatz gab es nun zwar mehr Platz, aber es wurde nur bequemer – nicht gemütlicher. Als die Sonne hinter dem Horizont verschwand und die Nacht hereinbrach, wuchs die Angst unter den zurückgebliebenen Passagieren. Dies war nun schon die zweite Nacht, die sie in der Gewalt der Guerillas verbrachten, und noch immer gab es keine Klarheit darüber, was die bewaffneten Männer mit ihnen vorhatten.

Inzwischen hatte sich herumgesprochen, daß die Kommandos die Sprengung der gekaperten Düsenriesen vorsahen. War es vorstellbar, daß die Guerillas die Flugzeuge mitsamt den Geiseln in die Luft jagen wollten? Viele Passagiere schlossen diese Möglichkeit nicht aus. Und mit der Angst wuchs auch ihr Zorn auf die westlichen Regierungen. Warum zögern sie so lange? Warum griffen sie nicht ein und taten, was immer die Volksfront von ihnen verlangte?

Der neue Schock kam gegen Mitternacht. Er traf zuerst Ruth

Berkowitz. Sie sah einen Guerilla mit geschulterter Maschinenpistole an Bord kommen und hörte ihn zu einer Stewardess sagen: »Ich habe hier die Namen von einigen Leuten. Die sollen nach vorn kommen. Ich will ihnen ein paar Fragen stellen.«

Bevor die Stewardess den ersten Namen aufrief, wußte Ruth Berkowitz instinktiv, daß ihr Mann dazugehörte und daß man ihn abtransportieren würde.

Da bat die Stewardess auch schon mit verhaltener Stimme: »Dr. Berkowitz, wollen Sie bitte nach vorn kommen!«

Berkowitz hatte Schuhe und Jackett ausgezogen und schlief. In seinem Schoß ruhte der Kopf seiner zweijährigen Tochter Talia. Ruth weckte ihren Mann: »Sie haben dich gerufen. Zieh dir die Jacke an. Ich glaube, sie werden dich mitnehmen!«

Berkowitz griff schlaftrunken nach seinem Jackett und taumelte ins I.-Klasse-Abteil, wo die Guerillas saßen.

»Was wollen Sie?« wurde er gefragt.

»Ich bin Berkowitz!«

»Ach so. Verlassen Sie das Flugzeug!«

Ruth Berkowitz rechnete mit dem Schlimmsten, aber sie schrie nicht, sie machte keine Szene. So etwas gibt es nur im Kino. Die Wirklichkeit ist anders. Plötzlich fiel ihr ein, daß ihre Brille noch in seiner Jackentasche war, und sie lief spontan hinter ihrem Mann her. Er stand bereits in der Kabinentür.

»Meine Brille ist in deiner Tasche. Bitte gib sie mir«, bat sie ihn. Das waren ihre Abschiedsworte. Berkowitz drehte sich um, gab ihr wortlos die Brille, und dann wurde er weggeführt. Er mußte sich unter den Flügel des Düsenriesen in den Wüstensand setzen. Wenig später kam der nächste, ein Beamter des amerikanischen Geheimdienstes CIA. Er beugte sich zu Berkowitz hinab und stellte sich vor »John Hollingsworth.« Es folgten zwei junge amerikanische Rabbiner – die Gebrüder Rafoul –, Dr. Robert Schwartz, Waffentechniker, Physiker und Angestellter des Pentagon, und schließlich James Woods, ein Sozialwissenschaftler, der zusammen mit Schwartz für eine Dienststelle des Pentagon in Bangkok arbeitete.

Die Herren machten sich miteinander bekannt. Warum gerade sie ausgewählt waren? Ein Bewacher sagte nur: »Sie sind wichtige Leute.«

Die sechs mußten in einen Landrover steigen. Zwei Posten mit schußbereiten Kalaschnikows begleiteten sie. Es war die Nacht zum Dienstag, dem 8. September 1970. Kurz nach Mitternacht fuhren sie ab, vorneweg ein Mercedes, dahinter der Landrover, dann ein Lastwagen. Nur der Mercedes hatte Licht eingeschaltet. Sie fuhren durch endlose Sanddünen. Hin und wieder hielt der Konvoi an. Berkowitz war überzeugt, daß die Guerillas eine geeignete Stelle suchten, wo sie die Geiseln durch Genickschuß umbringen konnten. Erst als sie nach ungefähr einer Stunde eine Landstraße erreichten und Lichter sahen, wurde es dem Amerikaner wohler.

Gegen halb zwei Uhr morgens kamen sie in der nordjordanischen Stadt Irbid an, die von den palästinensischen Guerillas beherrscht wurde. Man brachte die sechs Geiseln zum örtlichen Hauptquartier der Volksfront, wo sie ein arabischer Offizier in Empfang nahm. Er stellte sich als Hauptmann der irakischen Armee vor, der beurlaubt worden sei, um die palästinensischen Freischärler in ihrem Kampf zu unterstützen.

Der Hauptmann führte die Geiseln in ein Appartement mit drei Zimmern und Küche. In einem Raum standen zwei alte Militärbetten – dünne Matratzen, Holzbeine. Die sechs Männer wurden höflich aufgefordert, sich für die Nacht einzurichten und schlafen zu gehen. Wenig später brachten zwei Guerillas Wolldecken. Schwartz und Woods legten sich in die Betten, die anderen auf den Boden.

Am nächsten Morgen wurden sie von heftigem Gewehrfeuer geweckt. »Das ist eine arabische Hochzeit«, erklärte der CIA-Mann Hollingsworth, der nach fünf Jahren Algerien die Araber kannte. »Bei Hochzeiten schießen sie immer in die Luft.« Aber als später auch Artillerie- und Mörsereinschläge zu hören waren, bemerkte Berkowitz trocken: »Jetzt scheint die Hochzeit wohl vorüber zu sein . . .«

In den Straßen von Irbid kämpften palästinensische Guerillas mit jordanischen Truppen, was die Geiseln aber nur vermuten konnten. Sicherheit erlangten sie erst, als der irakische Hauptmann wenig später eintrat und sie bat, in das gegenüberliegende Zimmer umzuziehen. Dieser Raum hatte nur ein Fenster mit Blick auf die Hauswand. Sollten sich die Straßenkämpfe dem Volksfront-Hauptquartier nähern, so waren die Geiseln hier besser geschützt.

Sich selbst überlassen, setzten sich die sechs Männer auf den Boden, den Rücken an die Wand gelehnt, und versuchten die Lage zu analysieren. Sie kamen zu dem Ergebnis, daß ihre Situation völlig unverständlich war und mit Logik nichts zu tun hatte. Unverständlich war allein schon die Zusammensetzung dieser Gruppe von »Star-Geiseln«. Warum hatten die Guerillas zum Beispiel die Gebrüder Rafoul abgeführt, während sich an Bord der TWA-Maschine ein viel bedeutenderer Rabbiner befand? Hutner, der in der Wüste zurückblieb, war ein führender Kopf in der jüdischen Gemeinde der Vereinigten Staaten. Wenn die Palästinenser die Absicht hatten, Druck auf die Juden in den USA auszuüben, wäre dieser Rabbiner beispielsweise sehr viel nützlicher für sie gewesen.

Offenbar ging es den Guerillas auch nicht darum, aus ihren Geiseln wertvolle Informationen herauszuholen. Dafür hätte sich natürlich der CIA-Mann Hollingsworth angeboten. Hollingsworth war nicht nur fünf Jahre in Algerien, sondern auch zwei Jahre im Jemen gewesen. Was hatte er dort gemacht? Seinen Mitgefangenen erzählte er es nicht. Aber für die Guerillas wäre es sicher interessant gewesen.

Auch der schweigsame, willensstarke James Woods war ein potentieller Geheimnisträger. Mit welchen Aufgaben hatte ihn das Pentagon in Bangkok betraut? Das blieb ebenso unerforscht wie die Tätigkeit seines Mitarbeiters Schwartz, der sich als Spezialist für Waffentechnik im Weltraum einen Namen gemacht hatte.

Um die Zeit totzuschlagen, bastelte James Woods aus einer Kleenex-Schachtel ein Schachspiel. Die Geiseln spielten langsame Partien. Aus der Ecke der beiden jungen Rabbiner war unablässiges Gebetsgemurmel zu hören.

Die in der Wüste zurückgebliebenen Frauen der sechs »Star-Geiseln« hatten eine schlaflose Nacht hinter sich. Sie waren eng zusammengerückt, hielten sich an den Händen, flüsterten, weinten und sprachen sich Mut zu. Die Mutter der beiden Rabbiner hatte gar nicht gemerkt, daß ihre Söhne abgeführt worden waren. Sie schlief. Erst zwei Stunden später, als das Handgepäck der Rabbiner geholt wurde, wachte sie auf und sah, daß ihre Söhne neben ihr verschwunden waren. Die alte Dame war den Passagieren bereits durch ihre unerschütterliche Haltung aufgefallen. Jetzt aber brach sie schluchzend zusammen.

Der nächtliche Abtransport der sechs Geiseln, den viele Passagiere nicht bemerkt hatten, sprach sich schnell herum, als die Sonne sie weckte. Marcelle Rafoul, die Frau des einen der beiden Brüder, erzählte unter Tränen, daß es ihrem Mann überhaupt erst in letzter Minute gelungen war, in Tel Aviv einen Platz für den TWA-Flug 741 zu bekommen. Die Maschine war voll ausgebucht gewesen – Marcelle und ihre drei Kinder hatten zwar Plätze, aber Rafoul stand auf der Warteliste. Sie hatte ihm vorgeschlagen, den nächsten Flug zu nehmen. Aber Rafoul wollte seine Frau mit den Kindern nicht allein fliegen lassen. Er redete so lange auf die Angestellten im TWA-Büro von Tel Aviv ein, bis sie ihm schließlich einen Platz zusicherten. Es tröstete Marcelle Rafoul nicht, daß die Guerillas versicherten, die sechs Männer befänden sich an einem sicheren Ort und es sei ihnen nichts geschehen. Konnte man ihnen denn glauben?

Auch am zweiten Morgen erwachten die Menschen in der Wüste mit der Hoffnung, daß dies der letzte Tag ihrer Gefangenschaft sein würde. Es konnte doch einfach nicht mehr so weitergehen. Die klimatischen und hygienischen Zustände waren grauenvoll, und vor allem die Kinder litten darunter. Sie wurden unruhig, langweilten sich auch, es gab Streit und Tränen, kurzum, die Kleinen fingen an, den Erwachsenen auf die Nerven zu gehen. Feinstein schlug den Guerillas vor, die Kinder aus den Flugzeugen zu lassen, damit sie sich draußen austoben könnten. Aber die Kommandos schienen nicht mehr so zugänglich wie am Tag zuvor. Sie diskutierten den Vorschlag des Amerikaners wie ein kompliziertes Problem. Schließlich schaltete sich Feinstein in die Diskussion ein: »Sie sehen doch selber, daß die Kinder hier unter unmöglichen Verhältnissen durchhalten müssen!«

Einer der Guerillas antwortete barsch: »Unsere Kinder leben in den Flüchtlingslagern auch unter unmöglichen Verhältnissen. Aber das interessiert Sie wahrscheinlich nicht!«

Schließlich ließ man die Kinder doch hinaus. Nur einige Teenager, die sich anschließen wollten, wurden zurückgeschickt: »Ihr seid zu alt!«

Durch die Kabinenfenster sahen die Eltern draußen einen Autobus vorfahren. Es war einer von jenen kleinen Bussen, mit denen am Tag zuvor Frauen und Kinder abtransportiert worden waren. Als die Kleinen jetzt aufgefordert wurden, in diesen Bus zu steigen, überfiel die besorgten Eltern ein entsetzlicher Verdacht. Eine Frau schrie: »Sie wollen die Kinder entführen!«

Mütter und Väter sprangen auf, stürzten zur Flugzeugtür und riefen den Guerillas zu: »Holt die Kinder wieder aus dem Bus! Wir wollen nicht, daß ihr mit ihnen wegfahrt!«

Die Kommandos schauten sich verständnislos an. Sie hatten die Kinder doch gestern mit dem Jeep spazierengefahren, was offenbar auch den Eltern Spaß gemacht hatte.

»Laßt die Kinder hier am Flugzeug spielen. Wir wollen sie im Auge behalten«, rief eine Frau ihnen nochmals zu.

Jetzt begriffen die Guerillas, daß die Eltern eine Entführung befürchteten. Beleidigt holten sie die Kinder wieder aus dem Bus und schickten sie ins Flugzeug zurück. Von Austoben also keine Rede!

Miriam Beeber und Sarah Malker kamen aber auf eine rettende Idee: »Wir machen an Bord einen Kindergarten auf!« verkündeten sie. Die Eltern waren entzückt, die Kinder begeistert. Sarah und Miriam versammelten sie im hinteren Teil der Maschine, und die dort sitzenden Erwachsenen räumten bereitwillig ihre Plätze. Die Kinder wurden in zwei Gruppen eingeteilt – Miriam übernahm die Kleineren und setzte sie auf die linke Seite des Mittelgangs, während Sarah auf der anderen Seite die größeren Kinder betreute. Es gab aufgeregtes Gezappel und Geplapper, bis es den beiden Mädchen gelang, die unruhige Bande zu zähmen. Sarah holte ihre Trommel, die sie in Jerusalem gekauft hatte, und stimmte das Lied »*Old McDonald*« an. Mit den Händen schlug sie den Takt dazu. Die Kinder fanden das großartig und wollten mitsingen – immer wieder von vorn. Dann sangen sie »*Mein Hut, der hat drei Ecken*« und andere Lieder.

Schließlich starteten die beiden Studentinnen einen Wettbewerb – Sarahs Gruppe gegen Miriams Gruppe. Sie fragten zum Beispiel: »Wer weiß ein Lied, in dem das Wort ›Liebe‹ vorkommt?« Die Kinder machten Vorschläge. Einmal die eine, dann die andere Gruppe. Wem schließlich nichts mehr einfiel, der hatte verloren. Nach anderthalb Stunden ging allen die Puste aus. Die kleineren Kinder wurden wieder zu ihren Eltern geschickt, aber die größeren blieben zurück und übten Ratespiele. »Was ist die Hauptstadt von Frankreich?« wurde beispielsweise gefragt. »Welcher Fluß fließt durch Paris? Was ist die Hauptstadt von Großbritannien? Welcher Fluß fließt durch London?«

Erst als Monsieur Rochat, der Vertreter des Internationalen Roten Kreuzes aus Genf, an Bord kam, wurde der Kindergarten aufgelöst.

Der exzentrische Junggeselle André Rochat, ein energischer, eigenwilliger, selbstbewußter Herr, präsentierte sich den verdreckten, unrasierten Geiseln wie die Symbolfigur einer heilen Welt: Zu dem weißen breitkrempigen Strohhut trug er einen elegant geschnittenen hellbeigen Anzug aus Shantungseide – tadellose Bügelfalten, frisches Oberhemd. Der IKRK-Chefdelegierte für den Nahen Osten war in der Nacht mit einer Sondermaschine der Balair in Genf gestartet und am Dienstag morgen in Amman eingetroffen.

Gegen elf Uhr hatte er sich bereits bei dem jordanischen Ministerpräsidenten Rifai mit dem Chef der Palästinensischen Befreiungsorganisation, Jasser Arafat, getroffen. Der Premier und der PLO-Chef versicherten André Rochat, daß sie die Flugzeugentführungen der Volksfront scharf mißbilligten. Einfluß auf die radikalen Revolutionäre hatten sie freilich nicht. Rochat war jedoch überzeugt, auch ohne die Hilfe der Regierung oder der PLO mit den Entführern zurechtzukommen. Voller Optimismus setzte er sich ins Auto und ließ sich zum Revolutionsflugplatz fahren.

Nun stand er im Mittelgang der TWA-Maschine: »Meine Damen und Herren«, begann er ohne Umschweife, »ich bin nicht hier, um mit Ihnen über Politik zu sprechen. Der politische Aspekt Ihrer Situation ist eine Angelegenheit, mit der sich das Internationale Komitee vom Roten Kreuz nicht beschäftigt. Wir werden jedoch ihre Bedürfnisse feststellen und alles tun, um Ihre Lage zu erleichtern. Ich werde morgen zu Ihnen zurückkehren. Auf Wiedersehen!« Damit drehte er sich um, verließ das Flugzeug und ging an Bord der Swissair-Maschine, wo er sich mit der gleichen Kürze vorstellte.

Die Geiseln waren verblüfft. Sie hatten erwartet, daß der Herr aus Genf sie über den Stand der Verhandlungen zwischen den Volksfront-Guerillas und den westlichen Regierungen aufklärte, ihnen zumindest endlich mitteilte, warum sie eigentlich hier in der Wüste saßen. Es war ihnen nicht so wichtig, daß das Rote Kreuz sie mit Kinderwindeln, Kleenex, Evian-Mineralwasser und Medikamenten versorgte. Sie wollten weg von hier, und zwar so schnell wie möglich! Hatte das IKRK denn nun zwischen Guerillas und den westlichen Regierungen vermittelt? Und wenn ja, wie weit war es mit seinen Bemühungen gediehen? Rochart erklärte sich nicht zu Antworten bereit. Er ließ lediglich wissen, daß die Passagiere kurze Briefe an ihre Angehörigen schreiben könnten, die er mit nach Amman nehmen und dort spedieren würde.

Barbara Mensch schrieb an ihre Eltern in Scarsdale bei New York: »Liebe Familie, es geht mir gut, ich werde sehr gut behandelt. Mir ist nichts Böses angetan worden, und es wird mir auch nichts Böses angetan werden. Ihr braucht euch nicht zu sorgen. Ich habe die Zeit damit verbracht, mich für die Aufnahmeprüfung ins College vorzubereiten und die Prüfungsfragen zu studieren. Ich bitte euch, tut alles, was in eurer Macht steht, um mich herauszuholen!!! Ich hoffe, daß ihr mir einen königlichen Empfang bereitet, wenn ich wieder zu Hause bin. Ich liebe euch so sehr. Barbara.«

Als Barbara diesen Brief schrieb, war ihr Vater, der jüdische

Rechtsanwalt Martin Mensch, bereits zum größten Abenteuer seines Lebens aufgebrochen. Mit einem jungen Kollegen – einem farbigen Rechtsanwalt, der Beziehungen zur Volksfront hatte – befand er sich auf dem Weg von New York nach Amman. Sozusagen in der Höhle des Löwen wollte er den Entführern seine Tochter entreißen. Er wußte, was Barbara und ihre Leidensgefährten in der Wüste nicht ahnten, daß nämlich die Guerillas ein Ultimatum gestellt hatten, welches schon in der Nacht vom Dienstag zum Mittwoch ablaufen würde. Martin Mensch sah seine Tochter in höchster Lebensgefahr. Er wollte sich nicht auf André Rochats Vermittlungsbemühungen verlassen.

Der Chefdelegierte des IKRK für den Nahen Osten fand übrigens nicht nur unter den Flugzeuggeiseln in der Wüste Kritiker. In den westlichen Hauptstädten waren viele Nahost-Kenner mehr als überrascht, als sie hörten, daß ausgerechnet André Rochat als Verhandlungsführer zu den Volksfront-Guerillas nach Amman entsandt worden war. Die Israelis waren sogar entsetzt: In Tel Aviv schob man nämlich gerade diesem Mann die eigentliche Schuld an den Flugzeugentführungen der Palästinensischen Volksfront zu. Der Vorwurf der Israelis basierte auf einer spektakulären Einzelgängeraktion, mit der André Rochat im Frühjahr 1970 in der ganzen Welt Aufsehen erregt hatte. Damals war von palästinensischen Freischärlern der »Volkskampffront« (nicht zu verwechseln mit der Volksfront) auf dem Athener Flughafen eine Maschine der Olympic Airways gekapert worden. An Bord befanden sich sechsundachtzig Passagiere. Die Luftpiraten verlangten von der Athener Regierung die Freilassung der drei arabischen Terroristen, die sich wegen eines blutigen Überfalls auf das Athener Büro der El Al in einem griechischen Gefängnis befanden.

André Rochat war damals zufällig in Athen. Als langjähriger IKRK-Delegierter im Jemen hatte er sich nicht nur den Ruf eines Nahost-Spezialisten erworben; er galt auch als ausgesprochener Araberfreund. Kurz entschlossen fuhr er nun zum Flughafen, stieg an Bord der besetzten Maschine und stellte sich den arabischen Luftpiraten als Stargeisel zur Verfügung. So übte er einen zusätzlichen Druck auf die griechische Regierung aus, sich den Bedingungen der Flugzeugentführer zu beugen. Das Tauschgeschäft – Fluggeiseln gegen die drei arabischen Terroristen – kam tatsächlich innerhalb weniger Tage zustande.

Die Israelis begriffen damals sofort, daß der Erfolg des Araberfreundes Rochat bittere Folgen haben werde: Es konnte nur noch eine Frage der Zeit sein, bis ihre radikalsten Gegner, die Volksfront für die Befreiung Palästinas, durch das geglückte Beispiel der Gefangenenbefreiung in Athen ermuntert würden, nun auch mittels einer Flugzeugentführung verhaftete Genossen in Israel, der Schweiz und der Bundesrepublik zu befreien. Tatsächlich erhielten die Israelis schon wenige Wochen nach dem Athener Zwischenfall einen Hinweis darauf, daß die »politische Abteilung« der Volksfront unter Dr. Haddad eine Großaktion vorbereite. Tel Aviv warnte sämtliche westlichen Geheimdienste; dennoch trafen die Entführungen vom 6. September die Fluggesellschaften quasi unvorbereitet. Die Männer der Volksfront hingegen betrachteten es geradezu als glücklichen Zufall, daß André Rochat als Vermittler in Amman auftauchte. Mit ihm hofften sie schnell einig zu werden . . .

An diesem Dienstag, dem 8. September 1970, tauchten jedoch noch mehr Besucher an Bord der entführten Flugzeuge auf. Sie kamen sogar in Scharen: Der Präsident der lokalen Luftfahrtgesellschaft Royal Jordanian Airlines richtete dem TWA-Captain und seiner Crew Grüße des TWA-Vizepräsidenten Mr. Wilson aus, der sofort von Paris nach Amman gereist war, um sich um Passagiere und Flugzeug zu kümmern. Da in Amman bereits sporadische Kämpfe zwischen palästinensischen Freischärlern und königstreuen Truppen ausgebrochen waren, gestaltete sich Wilsons Besuch zu einem Einsatz mit hohem persönlichem Risiko.

Es kamen ferner ein Arzt des Roten Kreuzes aus Genf, jordanische Offiziere, irakische Offiziere, Zivilisten mit undefinierbaren Aufgaben und ehrwürdige Beduinenscheiche in langen, wallenden Gewändern, die mit ihren Kamelherden durch die Wüste zogen. Die Besucher drängten sich in den Gängen der gekaperten Jets und staunten. Manche hatten ja noch nie ein

Flugzeug von innen gesehen. Die Passagiere kamen sich wie exotische Tiere im Zoo vor.

Am Nachmittag tauchte schließlich die internationale Presse auf. Die Reporter brausten in sechsunddreißig Taxis durch die Ga-Khanna-Senke in breiter Front auf die gekaperten Flugzeuge zu, dazwischen bewaffnete palästinensische Begleitkommandos in Jeeps. Jeder wollte der erste sein. Etwa dreihundert Meter vor den Flugzeugen wurden die Reporter jedoch angehalten. Sie zeigten handgeschriebene Passagierscheine vor, die sie beim Ammaner Hauptquartier der Volksfront hatten ausstellen lassen. Aber hier auf dem Revolutionsflugplatz waren die Kommandoverhältnisse offenbar unklar. Einer der Guerillas befahl: »Alles aussteigen!«

Die Journalisten verließen die Taxis, die Kameraleute wuchteten ihr Gerät aus dem Wagen. Kaum hatten sie die Apparate auf die Stative montiert, tauchte ein anderer Guerilla auf und befahl: »Alles wieder einsteigen!« Die Kameraleute packten das Gerät wieder ein . . . So ging es viermal hin und her – die Stimmung der Reporter erreichte den Siedepunkt.

Endlich begann die merkwürdigste Pressekonferenz in der Geschichte der Journalistik. Die Reporter durften sich zu Fuß den Flugzeugen nähern, waren aber von bewaffneten Guerillas umringt. Vor den Maschinen saßen ihre Gesprächspartner im Sand: die beiden Flugcaptains Woods und Schreiber mit ihrer Cockpitbesatzung, dazu einige Stewardessen und Passagiere – unter ihnen der beleibte Rabbiner Jonathan David im Kaftan, mit Ringellocken und langem Bart.

Ein junger Volksfrontfunktionär namens Bassan brüllte die Journalisten durch ein Megafon an: »*Don't come close. Stay where you are!* Stehenbleiben! Nicht näher kommen!«

Einige Reporter, die unbekümmert weiterliefen, wurden von ihren bewaffneten Begleitern unsanft zurückgescheucht. In etwa dreißig Meter Entfernung von den Geiseln mußten sich die Presseleute in den Sand setzen. Zwei weitere Megafone wurden gebracht – das eine für die Reporter, das andere für die Interviewten. Die Fotografen erhielten die Erlaubnis, Bilder aufzunehmen, und dann durfte die erste Frage gestellt werden.

Ein Journalist stand auf, ergriff das Megafon und brüllte zu den Geiseln hinüber: »Was ist Ihr Hauptproblem?«

Auf der anderen Seite erhob sich Captain Woods und rief zurück: »Unser Hauptproblem sind die Toiletten!«

Das Frage-und-Antwort-Spiel wurde immer wieder von Bassan unterbrochen, der protestierend durch das Megafon brüllte, wenn ihm eine Frage nicht paßte. Sobald ein Fotograf oder ein Kameramann aufstand, um eine bessere Schußposition zu suchen, wurde er mit Maschinenpistolen unsanft zurückgetrieben.

In einer halben Stunde war das makabre Schauspiel zu Ende.

Captain Woods hatte mißvergnügt daran teilgenommen. Er wußte nicht, worauf man mit dieser merkwürdigen Konferenz hinauswollte, und war der Ansicht, daß sie den Palästinensern auf jeden Fall mehr Schaden als Nutzen gebracht hatte, weil sie einfach niemanden zu Wort kommen ließen.

Mag die Pressekonferenz auch ein Fiasko gewesen sein – für die Guerillas erfüllte sie den gewünschten Zweck: Sie gab der Entführungsaktion eine nervenkitzelnde Publizität. Während die Welt um die Geiseln bangte, wurde das internationale Interesse gleichzeitig auf das Palästina-Problem gelenkt. Presse und Fernsehen berichteten nicht nur über die spektakuläre »Hijacking«-Operation, sondern brachten auch Hintergrundreportagen über die palästinensischen Flüchtlingslager. Und darauf kam es der Volksfront an.

Den Geiseln in den gekaperten Flugzeugen gab der Pressebesuch andererseits die beruhigende Gewißheit, nicht mehr von der Welt abgeschnitten zu sein. Sie richteten sich etwas gelassener auf die dritte Nacht in der Wüste ein. Ehe die Sonne unterging, brachten die Guerillas sogar eine warme Mahlzeit aus den Gulaschkanonen der jordanischen Armee an Bord. Es gab Hühnersuppe mit Reis.

Übrigens erlaubten die Guerillas den Geiseln in den beiden Maschinen nicht ein einziges Mal, miteinander Kontakt aufzunehmen. Auch die Besatzungsmitglieder der beiden Flugzeuge durften nicht miteinander sprechen.

In der Swissair-Maschine sprach sich herum, daß der amerikanische Passagier Mr. Gilbs Geburtstag hatte. Man stand auf, gratulierte und sang aus voller Kehle »*Happy birthday to you*«. Rita Buchmann überreichte dem Geburtstagskind die letzten sechs Riegel Schokolade aus der Bordküche als gemeinsames Geschenk. Die Passagiere sangen weiter – Volkslieder aus vielen Ländern, wobei sich der Steward Jean-Michel Weiss als Vorsänger bewährte. Es wurde spät, bis man sich schlafen legte. Niemand ahnte, daß sich bereits neues Unheil zusammenbraute.

Etwa um Mitternacht meldete sich am Funkgerät auf dem Revolutionsflugplatz der Volksfrontfunktionär Abu Maher aus dem Hauptquartier in Amman: »Hast du britische Staatsbürger bei den Geiseln?« fragte er den Guerillaführer.

»Wir haben keine Engländer«, gab Abu Fahdi zurück.

Abu Maher war entsetzt: »Bist du sicher, Bruder?«

»Ganz sicher!«

Noch in derselben Nacht trat in Amman das »Komitee« zusammen. Die Volksfrontführer besprachen eine Frage von höchster Dringlichkeit: Was können wir tun, um Leila Khaled aus britischer Haft zu befreien?

8

Die »Heldin der arabischen Revolution« hatte nur eine Nacht in der Polizeistation Drayton beim Londoner Flughafen Heathrow verbracht. Es war eine ungemütliche und traurige Nacht für sie gewesen: Leilas Gesicht schwoll an, die Rippen schmerzten, ihr Körper war mit blauen Flecken übersät – die Folgen der Schlägerei an Bord der El-Al-Maschine. Regungslos lag sie auf der Gefängnispritsche, unfähig zu essen oder zu sprechen. Sie litt unter einem Schock.

Am nächsten Morgen um elf Uhr – es war Montag, der 7. September – wurde sie von zwei Detektiven und einem Polizeisergeanten abgeholt, die sie nach draußen zu einem wartenden Polizeiauto eskortierten. Um die Reporter und mögliche Attentäter abzuschütteln, fuhren sie in rasendem Tempo auf

Umwegen zu Leila Khaleds neuem Gewahrsam, der Polizeistation Ealing. Hier, im Hauptquartier des britischen Geheimdienstes CID, gab es besonders stark gesicherte Zellen. Leila wurde in einen weißgetünchten, drei auf vier Meter großen Raum eingewiesen. Er enthielt ein schmales Bett mit zwei Decken und eine Toilette. Anstelle von Fenstern gab es lichtdurchlässige Stellen in der Wand, die mit zwölf Zentimeter dicken, schußsicheren Glasziegeln vermauert waren. Eine Klimaanlage sorgte für Luftzufuhr.

Leila Khaled war Großbritanniens kostbarste Gefangene. Dreißig ausgesuchte Polizisten bewachten sie und lösten sich in drei Schichten ab. Zwei Beamte waren vor der Polizeistation postiert, einer am Hinterausgang. Die übrigen verteilten sich auf den Korridor im ersten Stock, wo Leilas Zelle lag. Draußen auf der Straße warteten Presse- und Fernsehjournalisten Tag und Nacht auf den Augenblick, da das illustre arabische Guerillamädchen die Polizeistation verlassen würde.

Leila Khaled blieb keine Minute allein. Selbst wenn sie die Toilette benutzte, war eine Beamtin anwesend. Aber die Hauptsorge des britischen Geheimdienstes galt nicht der Sicherheit innerhalb der Polizeistation, man fürchtete vielmehr einen Angriff von außen. In der Auseinandersetzung zwischen Arabern und Israelis war die junge, hübsche palästinensische Lehrerin durch einen beispiellosen Propagandaaufwand zu einer Symbolfigur geworden, an der sich romantische Phantasien und düstere Leidenschaften entzündeten. Daher rechnete der CID damit, daß entweder israelische Kommandos versuchen würden, Leila in London zu ermorden, oder daß arabische Kommandos die Polizeistation stürmen würden, um ihre »Heldin« zu befreien. »*Maximum Security*« wurde befohlen. CID-Beamte besuchten sogar die Bewohner der umliegenden Häuser und untersagten ihnen, Fremde aufzunehmen. Von der Sicherheit des Guerillamädchens hing das Schicksal der Flugzeuggeiseln ab, die in der jordanischen Wüste auf Befreiung warteten... -

Leila Khaled ahnte von alledem nichts. Regungslos lag sie auf ihrer Pritsche und starrte apathisch an die Zellendecke. Am Abend gegen halb zehn – Leila hatte noch immer nichts gegessen – erhielt sie zum erstenmal Besuch: Commander Bond, Mordspezialist von Scotland Yard, und Detective Chief Superintendent Frew betraten ihre Zelle. Innerhalb der nächsten Stunde feuerten die beiden mehr als hundert Fragen auf die Gefangene ab. Aber Leila ließ fast alle unbeantwortet.

Commander Bond eröffnete das Verhör: »Wie geht es Ihnen?«

»Ich habe Rippenschmerzen.«

»Hat ein Arzt Sie untersucht?«

»Ja.«

»Wir möchten Ihnen einige Dinge zeigen und erfahren, ob sie Ihnen oder Ihren Komplizen gehören. Kennen Sie den Namen des Mannes?«

Leila flüsterte: »René.«

»Kennen Sie seinen Nachnamen?« fragte Bond weiter.

»Nein.«

»Wo haben Sie sich getroffen?«

»In Stuttgart, am Sonnabend.«

In der typischen Art des erfahrenen Vernehmungsexperten sprang Bond rasch von einem Thema auf das andere über: »Welchen Beruf haben Sie?«

»Ich arbeite nicht«, war die Antwort.

»René ist tot«, sagte Bond. »Wir wollen gerne seine Identität feststellen.«

»Ich weiß nichts über ihn«, gab Leila zurück.

»Wir möchten seine Leiche jemandem übergeben, damit er beerdigt werden kann.«

»Das Kommando ist für ihn verantwortlich.«

»Haben Sie René in Stuttgart getroffen?«

»Ja.«

Commander Bond wurde energisch: »Das ist nicht wahr. Haben Sie sich nicht in Honduras getroffen?«

»Nein. Sein honduranischer Paß ist eine Fälschung.«

Detective Chief Superintendent Frew legte den Paß vor, den man ihr selbst abgenommen hatte. Dieser Paß sei ebenfalls gefälscht, erklärte Leila.

Commander Bond berichtete schließlich, daß am Vortag noch

mehrere Entführungen stattgefunden hatten. »Wie viele Flugzeuge sollten denn in Jordanien landen?« fragte er.

Leila Khaled log zum erstenmal: »Nur eins.«

»Gestern nacht wurde ein Jumbo-Jet von seinen Entführern zerstört«, sagte Bond wie absichtslos.

Leila horchte auf: »Am Boden oder in der Luft?«

»Er wurde auf dem Flughafen in Kairo zerstört.«

Da schaltete sich Frew ein: »Was waren Ihre Instruktionen bezüglich der Handgranaten, die Sie bei sich hatten?«

»Ich sollte damit drohen.«

»Haben Sie die Sicherheitsstifte aus den Handgranaten gezogen?«

Leila Khaled log zum zweitenmal: »Ja.«

»Warum?«

»Um den Feind zu vernichten.«

»Sie waren also auch bereit, sich selbst zu töten?«

»Nein«, gab Leila zurück, »ich bin im Umgang mit Handgranaten geübt.«

An dieser Stelle brachte Commander Bond wieder René ins Gespräch. Aber Leila kannte nicht die Lebensgeschichte des Komplizen, der vor ihren Augen gestorben war.

Patrick Arguello war siebenundzwanzig, als ihn an Bord der El-Al-Maschine die Kugeln des israelischen Sicherheitsbeamten tödlich verletzten. Er war amerikanischer Staatsbürger, da er in San Francisco als Sohn einer Amerikanerin und des nikaraguanischen Restaurantchefs Arguello zur Welt kam. 1949 zog die Familie nach Nikaragua, und kurz darauf ließen sich die Eltern scheiden. Patrick blieb bei der Mutter, die schon bald wieder heiratete – wiederum einen Mann namens Arguello. (Der Name ist in Nikaragua so häufig wie Meier in Deutschland oder Smith in Amerika.)

Bis zu seinem sechzehnten Lebensjahr lebte Patrick auf der achtzig Hektar großen Farm seines Stiefvaters. Jeden Morgen wurde er mit einem Jeep in die fünfzehn Kilometer nordöstlich liegende Stadt Managua zur Schule gefahren. Dort kam er mit linksextremistischen Schülern in Verbindung, die ihn stark beeinflußten. Ständige soziale Spannungen verschlechterten das politische Klima in Nikaragua zusehends. Patrick solidarisierte sich mit den Unterprivilegierten, mit den Armen. Aber als die politische Unsicherheit die Familie 1960 zurück nach Amerika trieb, geriet er in einen Zwiespalt: Dem Paß nach war er Amerikaner, doch sein Herz schlug für Nikaragua, für die südamerikanischen Revolutionäre.

Stiefvater Arguello war häufig krank, sein Einkommen gering, und während Patrick an der University of California studierte, verdiente er sich sein Geld selbst: Vier Jahre lang arbeitete er jede Nacht fünf Stunden als Packer und büffelte tags sein Hauptfach »Lateinamerikanische Studien«. Ein Begabtenstipendium der Fulbright-Stiftung ermöglichte ihm anschließend einen einjährigen Studienaufenthalt in Chile. Am Tage seiner Abreise sagte er zu seiner Mutter: »Ich werde niemals heiraten. Ich habe eine Mission zu erfüllen.« Und zu einer Freundin: »Sei nie auf eine andere Frau eifersüchtig: Ich liebe nur Nikaragua.«

Anfang 1970 tauchte Patrick Arguello in Europa auf – er begann in Genf Französisch zu studieren. In den Sommerferien lud ihn die Volksfront für die Befreiung Palästinas nach Jordanien zu einem Studienaufenthalt ein. Bisher hatte Patrick seiner Mutter regelmäßig geschrieben. Nun wartete sie einige Wochen lang vergebens auf Post von ihrem Sohn. Schließlich erhielt sie im Spätsommer 1970 in schneller Reihenfolge drei Briefe: Der erste kam aus New York, der zweite aus Genf und der dritte, der auch der letzte sein sollte, aus Stuttgart. Der Poststempel trug das Datum des 5. September 1970. Patricks Mutter ahnte nicht, daß sich ihr Sohn, beeindruckt von dem Elend in den palästinensischen Flüchtlingslagern, der Volksfront angeschlossen und zum Flugzeugentführer hatte ausbilden lassen.

Auch den Dienstag verbrachte Leila Khaled in völliger Apathie. Die Mahlzeiten, die man ihr aus der Kantine der Polizeistation brachte, ließ sie unberührt. Ihre Bewacher waren nicht sicher, ob sie in einen Hungerstreik getreten war oder einfach nichts essen konnte. Offenbar litt sie immer noch unter dem Schock. Auf Fragen gab sie keine Antwort mehr. Am Abend kam ein CID-Arzt, der ihr Beruhigungs- und Schlaftabletten brachte. So hatte sie zum erstenmal seit ihrer Verhaftung eine ruhige Nacht und schlief bis morgens um elf durch. Dann verlangte sie nach ihrem Gepäck, das sich noch im Gewahrsam der Flughafenpolizei von Heathrow befand. Der Koffer wurde gebracht, und sie konnte ihre Sachen auspacken: drei Paar Jeans, ein Hemd, zwei Pullis, ein Männerschlafanzug. Sie wechselte ihren Pullover und vertauschte den schmutzigen Rock mit rosaroten Hosen.

Commander Bond, dessen Dienstwohnung neben ihrer Zelle lag, bot ihr ein Duschbad an. Der Gentleman sorgte sogar dafür, daß sich die junge Dame nicht mit der gefängnisüblichen Kernseife waschen mußte: Sie erhielt Badeseife, Shampoo und andere Toilettenartikel. Leila machte sich zurecht. Als man ihr Zeitungen, Magazine und Zigaretten brachte, lächelte sie zum erstenmal und nannte ihr Gefängnis das »Ealing Hilton«. »Hier fühle ich mich sicher«, sagte sie zu der britischen Polizeibeamtin Anne Oldham, die ihr als ständige Bewacherin zugeteilt war. Als Anne Leilas Verlobungsring bemerkte und, persönlicher werdend, nach ihrem künftigen Mann fragte, kam die klassische Antwort: »Ich bin mit der arabischen Revolution verlobt!« Dann hielt Leila der Beamtin einen leidenschaftlichen Vortrag über die revolutionären Ziele der Volksfront.

Vorsichtig warf Miss Oldham ein, ob Leila sich bewußt sei, daß bei ihrem Überfall auf das israelische Flugzeug das Leben vieler unschuldiger Menschen auf dem Spiel gestanden habe.

Leila Khaled antwortete: »Es gibt keine Unschuldigen, es gibt keine Neutralität. Entweder ist man auf der Seite der Unterdrücker oder auf der Seite der Unterdrückten. Wer sich nicht für Politik interessiert, wer die Sache der Unterdrückten nicht zu seiner eigenen macht, der gibt seinen Segen den Unterdrückern. Für uns ist das Leben eines arabischen Widerstandskämpfers in israelischer Gefangenschaft genausoviel wert wie das Leben irgendeines Bürgers der westlichen Welt.«

Zur gleichen Zeit an diesem Mittwoch war achttausend Kilometer von London entfernt ein kleiner Kommandotrupp der Volksfront dabei, Leila Khaleds Befreiung aus britischer Haft vorzubereiten. Und auf dem Flughafen von Bahrein, einer kleinen Insel im Persischen Golf, startete Flugcaptain Cyril Goulborn von der British Overseas Airways Corporation (BOAC) seine vierstrahlige VC 10 mit einhundertfünf Passagieren und elf Besatzungsmitgliedern und nahm Kurs auf Beirut. Goulborn hatte in den vergangenen Tagen die Nachrichten von den spektakulären Flugzeugentführungen der Volksfront genau verfolgt. Er wußte, daß ein Guerillamädchen namens Leila Khaled in einem Londoner Gefängnis saß und daß dreihundertneun Geiseln in die jordanische Wüste verschleppt worden waren. Aber während er seinen Düsenriesen auf die Reisehöhe von zwölftausend Metern brachte, ging es ihm wie den meisten Menschen: Sie sehen Gefahren, aber sie glauben nicht, daß sie persönlich davon betroffen werden könnten. Cyril Goulborn dachte ans Wochenende: Er wollte zu Hause mit seiner Frau einen Bootsausflug unternehmen.

Das Bordpersonal servierte ein frühes Mittagessen: kaltes Roastbeef, Kompott, Brot, Käse, Tee und Kaffee. Drei Männer verzichteten auf den Lunch – zwei saßen in der I. Klasse, einer im Touristenabteil. Sie waren salopp gekleidet: leichtes Baumwollhemd, Hose, Slipper – keine Krawatte, kein Jackett, kein Handgepäck. Offensichtlich Araber. Aber weder ihre Rasse noch ihre Aufmachung erregte Aufsehen. In der Hitze des Persischen Golfs reisen Passagiere gern bequem. Mehr als die Hälfte der Fluggäste waren ohnehin Orientalen. Der Flug 775 kam aus Singapur und Bombay und war über Beirut auf dem Weg nach London.

Eine Stunde und fünfzehn Minuten nach dem Start erhob sich einer der Araber von seinem I.-Klasse-Sitz. Während er gelassen zum Cockpit ging, zog er eine Halfter aus der Hose und daraus einen zierlichen Revolver. Captain Goulborn hörte die Tür aufgehen, drehte sich um – und blickte genau in die kleine runde Mündung einer Pistole. Dann erst sah er den Mann: etwa einsachtzig groß, schlank, blaues Trikothemd, blaue Hosen, dicht beieinanderliegende blaue Augen, Hakennase, Schnauzbart. So begann, was Goulborn später mit britischem Understatement als »sehr interessantes, aber höchst verwirrendes Erlebnis« bezeichnete.

Natürlich wußte er sofort, was sein Besucher wollte. Aber er reagierte mit der Gelassenheit des kriegserfahrenen Geschwaderkommandeurs. »Nehmen Sie doch Platz«, forderte er den Entführer kühl auf. »Sie brauchen nicht zu fürchten, daß wir Sie hereinlegen wollen. Was kann ich für Sie tun?«

Der Mann mit dem Revolver preßte hervor: »Nehmen Sie Kurs auf Amman!«

Hinten in der Touristenklasse ahnten die Passagiere noch nicht, was geschehen war. Aber als die Stewardessen das Mittagsgeschirr abräumten, machte der britische Major Fawkes Potts, der mit seiner Frau Jenny und seinen beiden erwachsenen Töchtern Susan und Anette auf dem Weg nach London war, eine merkwürdige Beobachtung: Sechs I.-Klasse-Passagiere kamen durch den Vorhang nach hinten. Sie machten einen leicht verwirrten Eindruck. Potts nahm an, daß sie zur Toilette wollten, und tadelte innerlich die mangelnde Koordination.

Plötzlich wurde der Vorhang noch einmal zur Seite gerissen, und unmittelbar hinter den Passagieren tauchte ein großer, schlanker Mann auf. Potts' Töchter gaben ihm später den Spitznamen »Fliegengehirn«, was der Major recht unfair fand, denn er mochte den Burschen ganz gern. Jetzt schob dieser jedoch die Passagiere vor sich her und rief: »Volksfront für die Befreiung Palästinas!« Welch dummer Witz, dachte Potts indigniert. Da stand hinter ihm der dritte Entführer auf, den die Passagiere später »Froschauge« nannten. Im Vorbeigehen zog er aus der Hose ebenfalls eine Halfter, der er den Revolver und eine kleine Handgranate entnahm. Die Waffen waren unter dem Hodensack versteckt gewesen. Potts wurde nun klar, warum der Mann einen verkrampften Gang gehabt hatte, als er in Bahrein an Bord kam.

»Bleiben Sie ruhig sitzen und bewegen Sie sich nicht!« rief »Fliegengehirn«. »Es ist noch ein Kamerad von uns an Bord, der sich bisher nicht zu erkennen gegeben hat.«

Es handelte sich um die hübsche Araberin neben Susan Potts. Aber das stellte sich erst nach der Landung in der Wüste heraus.

Jetzt saß das Mädchen ganz ruhig am Fenster, die Handtasche auf dem Schoß.

Die Entführer beobachteten die Passagiere mit flackerndem Blick. Major Potts zermarterte sich den Kopf, wie man sie überwältigen könne, aber er gab den Gedanken doch bald auf. Er war sicher, daß die Araber ohne Skrupel schießen würden. Und das konnte man in zwölftausend Meter Höhe nicht riskieren.

»Dies ist die Volksfront für die Befreiung Palästinas«, erklang plötzlich eine rauhe Stimme aus dem Bordlautsprecher. »Dieses Flugzeug hat jetzt das Rufzeichen ›Safad I‹. Ich bin Ihr neuer Captain. Sie bitte in Sitzen sitzen. Nicht bewegen!«

Miserables Englisch, dachte Major Potts. Langsam lief er vor Ärger rot an. Als Militärberater des Scheichs von Abu Dhabi am Persischen Golf hatte er jeden Monat fünfzig Mark von seinem Gehalt an die Palästinensische Befreiungsorganisation abgeführt. Und ausgerechnet ihm mußte das nun passieren!

›Ich gebe euch Geld, und was tut ihr? Mich entführen!« fauchte er »Froschauge« an. »Der Teufel soll euch holen!«

Es traf ihn ein solch haßerfüllter Blick, daß der Major beschloß, von nun an lieber den Mund zu halten. Mit Revolverhelden eine Diskussion anzufangen, tut bekanntlich selten gut, sagte er sich.

Captain Goulborn vorne im Cockpit ahnte schon, wohin die Reise gehen würde: zum Revolutionsflugplatz. Aber für diesen Abstecher würde der Treibstoff, der nur bis Beirut bemessen war, nicht ausreichen. Nach langem Hin und Her mit seinem Bewacher wurde ihm schließlich Auftanken in Beirut genehmigt.

Um 10.50 Uhr Ortszeit ertönte aus dem Lautsprecher im Kontrollturm des Beiruter Flughafens die Stimme des BOAC-Entführers: »Hallo Beirut! Hier ist Safad I. Wir erbitten Landeerlaubnis. Wir müssen Treibstoff haben.«

»Woher kommt das Flugzeug?« wurde zurückgefragt.

»Sprechen Sie mit dem Captain«, gab der Entführer zur Antwort.

Goulborn meldete sich: »Hier ist BA 775 von Bahrein nach Beirut. Wir sind in den Händen der Volksfront für die Befreiung Palästinas. Die Entführer verlangen, daß wir bei euch auftanken und dann weiterfliegen.« – »Benachrichtigen Sie Abu Khaled«, schaltete sich der Entführer ein. »Wenn wir nicht auftanken dürfen, sprengen wir die Maschine.«

»Gebt uns etwas Zeit«, baten die Flugkontrolleure. Eine solche Anfrage gehörte für sie jetzt fast schon zur Routine. Vor drei Tagen hatte ja der entführte amerikanische Jumbo-Jet die libanesische Hauptstadt unter ganz ähnlichen Umständen angeflogen. So informierte man also per Telefon den verantwortlichen Volksfrontvertreter in Beirut, Abu Khaled, den libanesischen Verkehrsminister Pierre Gemayel und den britischen Botschafter Alan Edden.

Es dauerte mehr als eine Stunde, bis sich die Herren im Kontrollturm versammelt hatten. In einer Auseinandersetzung forderte der britische Botschafter von Abu Khaled die Entlassung der Passagiere in Beirut. An Bord befanden sich auch fünfunddreißig Kinder, die ohne Begleitung ihrer Eltern auf dem Weg nach London waren. Was wollten die Entführer mit den Kindern in der jordanischen Wüste?

Abu Khaled telefonierte mit dem Volksfront-Hauptquartier in Amman, wo Abu Maher jedoch entschied: »Kein einziger Passagier verläßt die BOAC-Maschine in Beirut!«

Schließlich war es ja der Sinn dieser Entführung, britische Staatsbürger als Geiseln gefangenzunehmen, um sie später gegen Leila Khaled auszutauschen.

Die Diskussion wollte kein Ende nehmen. Captain Goulborn kreiste in elftausend Metern Höhe. Sein Blick war auf den Treibstoffmesser fixiert. »Noch zehn Minuten«, sagte er zu dem Entführer, der sich – Zigarette im Mund und schweißtriefend – über Funk ebenfalls an der Auseinandersetzung beteiligte.

Hinten im Touristenabteil patrouillierten die beiden bewaffneten Araber auf und ab. Der eine kam gerade an der Stewardess Mandy Thomas vorbei, als der kleine Engländer Aiden, den sie mit den anderen Schülern zu beaufsichtigen hatte, ein Klappmesser aus der Tasche holte, ihr es in die Hand drückte und flüsterte: »Los, ramm es ihm in die Rippen!« Mandy blieb das Herz stehen. Blitzschnell ließ sie das Messer verschwinden.

Für die englischen Schüler an Bord war die Entführung ein spannendes Abenteuer. Angst zeigte keiner von ihnen. Sie waren an den Umgang mit Arabern gewöhnt, da ihre Väter in Bahrein für Ölgesellschaften arbeiteten oder den dort stationierten britischen Streitkräften angehörten. Die Kinder besuchten englische Internate und verbrachten ihre Ferien regelmäßig in Bahrein. Im Grunde wunderten sie sich nur, daß die Entführer keine Maschinenpistolen trugen.

Die Landeerlaubnis für die VC 10 kam buchstäblich in letzter Minute. Goulborn hatte keinen Tropfen Benzin mehr an Bord, als er auf der Beiruter Piste landete. Die Männer der Volksfront arrangierten das Auftanken, und kein libanesischer Soldat durfte sich dem Flugzeug nähern.

Während aufgetankt wurde, kamen ein Mann und eine junge Frau an Bord. Die Frau war untersetzt, klein, trug Brille und leichte Sommerkleidung. Sie hatte in Paris Malerei studiert und hieß Mouna Saudi. Ihr Bruder ist Chef des palästinensischen Halbmonds, der Rot-Kreuz-Organisation der Palästinenser.

Um 15.10 Uhr hob Captain Goulborn seine VC 10 wieder von der Beiruter Piste ab. Außer den neuen Passagieren hatte er nun auch einen Koffer voll Dynamit an Bord ...

Fünf Minuten nach dem Start gab Goulborn das Mikrofon des Funkgeräts an den Entführer weiter, der dem Kontrollturm in Beirut meldete: »Von Safad I an Beirut. Wir verlassen jetzt den libanesischen Luftraum und fliegen eine Schleife über unserer palästinensischen Heimat (gemeint ist Israel, d. V.). Dann nehmen wir Kurs auf Damaskus.«

Im Kontrollturm saß inzwischen wieder der Volksfrontmann Salah: »Alle guten Wünsche für euren Erfolg, Brüder!« antwortete er.

Wo war der Revolutionsflugplatz? Der Entführer gab Captain Goulborn zwar den Kurs an, fand aber in seinem Aktenköfferchen, das er stets in der Hand hielt, keine Unterlagen über die Fluggeschwindigkeit. Und nur Kurs und Fluggeschwindigkeit ermöglichen eine genaue Zielbestimmung. Vom Revolutionsflugplatz war jedenfalls nichts zu sehen.

Goulborn ging auf achtzehnhundert Meter hinunter und flog

auf Sicht. Nach drei vergeblichen Anflügen entdeckte er endlich die beiden gekaperten Düsenriesen der Swissair und der TWA mitten in der Wüste.

Unten auf dem Boden brachen die Guerillas in Jubelgeschrei aus, als die britische Maschine über sie hinwegflog. Flugplatzkommandant Abu Fahdi kletterte über die Leiter ins Cockpit der TWA-Maschine und bat den Captain, dem anfliegenden Flugzeug per Funk Landeinstruktionen zu geben. Woods hatte zunächst Bedenken: er wollte sich nicht zum Komplizen einer Flugzeugentführung machen. Schließlich ließ er sich jedoch von Abu Fahdi überreden. »Die Maschine ist ja ohnehin schon gekapert«, sagte der Guerillaführer. »Mit der Entführung haben Sie nichts zu tun. Sie sollen nur bei der Landung helfen.«

Woods schaltete Frequenz 125,5 ein und gab seinem Kollegen die erforderlichen Auskünfte: Temperatur, Windrichtung, Windgeschwindigkeit, Beschaffenheit der Piste. Aber Goulborn konnte den TWA-Captain nicht hören. Er hatte auf eine andere Frequenz geschaltet ...

Der Wind wirbelte den Sand so hoch auf, daß der britische Captain die Pistenmarkierung kaum erkennen konnte. Und der Treibstoff war schon wieder so knapp geworden, daß der Captain bereits nach einer Erkundungsschleife zu Boden gehen mußte.

Unmittelbar vor der Landung verabschiedete sich der Entführer über Bordlautsprecher von den Fluggästen: »Bitte schnallen Sie sich an. Wir landen jetzt auf dem Revolutionsflugplatz. Ich hoffe, Sie hatten einen angenehmen Flug!«

Goulborn setzte seine VC 10 kurz vor Sonnenuntergang im jordanischen Wüstensand auf. Zum drittenmal gab es die große Empfangsszene: Eine Horde wild jubelnder, schreiender Guerillas umringte das Flugzeug. Der wichtigste Coup zur Befreiung Leila Khaleds war gelungen. Die palästinensische Volksfront hatte jetzt zweiundfünfzig britische Staatsbürger als Geiseln in ihrer Gewalt – mehr als genug, um auf die britische Regierung Druck ausüben zu können.

Bewaffnete Kommandos kletterten an Bord, und die britischen Schulkinder waren fasziniert. Sie wollten die Waffen besichtigen, die Maschinenpistolen, die Patronen. Schon bald hatten sie sich mit den Guerillas angefreundet. Später am Abend sangen sie nach der Beatles-Melodie »*We all live in a yellow submarine*« einen Text, den sie selbst erfunden hatten: »*We are all sitting in a blue and white machine.*« Damit meinten sie das blau-weiße BOAC-Flugzeug. Die Guerillas sangen mit.

Wenige Stunden nach der Landung der BOAC in der Wüste rief der britische Premierminister Edward Heath in London seine Minister zu einer Kabinettssondersitzung in Downing Street No. 10 zusammen. Mit der Entführung der englischen Verkehrsmaschine war das internationale Pokerspiel um die Geiseln in der jordanischen Wüste in eine neue Phase getreten. Nun waren auch die Engländer direkt betroffen, und Leila Khaled rückte ins Zentrum der Auseinandersetzung.

Die »Heldin der arabischen Revolution« wußte noch nichts von dem Handstreich, den die Volksfrontkameraden zu ihrer Rettung inszeniert hatten. Am Abend des 9. September saß Leila in ihrer Zelle und vertraute einem ihrer Bewacher an, daß sie sich hier ganz wohl fühle, denn draußen warte sicher ein israelischer Heckenschütze auf sie. »Aber Sie können sich darauf verlassen«, fügte sie hinzu, »daß meine Kameraden mich irgendwie hier herausholen. Davon bin ich überzeugt.«

9

Benjamin Feinstein hatte durch ein Kabinenfenster die Landung der britischen VC 10 und den Freudentaumel der Guerillas mitverfolgt – er war sogar ein wenig erleichtert, denn er hoffte, die Guerillas würden die neugierigen Bewunderer und Besucher in das neuangekommene Flugzeug führen und sie selbst ein wenig in Ruhe lassen.

Für ihn und die anderen Geiseln in der Wüste war der Mittwoch, der vierte Tag ihrer Gefangenschaft, besonders nervenaufreibend und frustrierend gewesen. Am Vormittag hatten sich die Passagiere kurz im Freien aufhalten dürfen. Während sie im

Schatten der Tragflächen vor der erbarmungslos brennenden Sonne Schutz suchten, durchwühlten die Kommandos erneut ihr Handgepäck. Kaum waren sie wieder an Bord, rief ein Guerilla den Namen »Howard Feinstein« auf. Benjamin meldete sich: »Das ist mein Sohn. Was ist los?«

»Kommen Sie mit nach vorn!« wurde er aufgefordert.

Feinstein folgte dem Guerilla in die Service-Lounge, wo zwei weitere Volksfrontleute auf ihn warteten. Er durfte sich setzen. Mit eisiger Miene legte einer der Kommandos ein Dokument auf den Tisch – es war ein »Israeli Bond«. Feinstein wußte sofort, daß diese Bescheinigung über eine von ihm geleistete Israelspende aus seiner Jackentasche geholt worden war. Er hatte sie auf den Namen seines Sohnes ausstellen lassen.

Der Guerilla sagte scharf: »Das ist eine Ehrenurkunde der israelischen Regierung. So was hängt man sich zu Hause an die Wand!«

Feinstein begann den Guerillas zu erklären, daß es sich hier nur um eine Art Quittung handle. Wie Millionen anderer Amerikaner habe auch er für die Ansiedlung heimatloser Juden in Israel einen Geldbetrag gespendet. Mit besonderen Verdiensten habe das überhaupt nichts zu tun.

Die Kommandos, die ihre Maschinenpistolen auf den Tisch gelegt hatten, hörten ihn ruhig an. Sie bedrohten ihn nicht, sie wurden nicht laut, aber sie waren bitter. Einer sagte: »Sie sind ein Zionist. Geben Sie es zu! Mit dem Geld, das Sie spenden, kaufen die Zionisten Napalm-Bomben und werfen sie über unseren Dörfern ab.«

Feinstein schwieg. Er wußte, daß es keinen Zweck hatte, die Guerillas mit politischen Argumenten zu reizen. Sie schoben ihm ein Blatt Papier und einen Kugelschreiber zu und forderten ihn auf, alle Orte aufzuschreiben, die er in Israel besucht hatte. Dann befragten sie ihn umständlich, warum er in Israel gewesen sei und was er dort gemacht habe. Nach einer halben Stunde war das Verhör beendet – ein kleines Intermezzo ohne ernste Folgen, aber immerhin eines, das an Feinsteins Nerven zerrte.

Nach ihm wurde ein junges Mädchen aufgerufen, in dessen Handtasche die Guerillas ein Foto gefunden hatten. Es zeigte einen israelischen Soldaten, der an der Klagemauer in Jerusalem betete.

»Wer ist dieser Soldat?« lautete die barsche Frage.

»Ich weiß es nicht.«

»Lügen Sie nicht! Das ist Ihr Vetter! Was ist sein Dienstrang? Bei welcher Einheit dient er?«

Das Mädchen war den Tränen nahe: »Ich weiß es wirklich nicht. Ich habe das Bild als Andenken in einem Laden in Jerusalem gekauft. Es ist ein ganz bekanntes Bild. Man kann es in vielen Geschäften in Israel bekommen.«

Es dauerte lange, bis die Männer dem Mädchen Glauben schenkten. Erst nach zwanzig Minuten durfte es zu seinem Platz zurückkehren. Es zitterte vor Erregung, und Dr. Achmed, der seinen morgendlichen Rundgang durch das Flugzeug machte, gab ihm fürsorglich eine Beruhigungstablette. Dann kümmerte er sich um die sechsjährige Connie. Das lebhafte Kind war an einer schweren Mandelentzündung erkrankt und reiste dazu ohne Eltern! Co-Pilot Jim Majer hatte Connie die ganze Nacht im Arm gehalten und ihr heißes Gesicht mit einem feuchten Schwamm gekühlt. Jetzt maß Dr. Achmed die Temperatur: vierzig Grad. Der Arzt war besorgt. Er wollte dem Kind keine Antibiotika geben, weil diese Mittel dem Körper in der Wüstenhitze zusätzlich Wasser entziehen. Connie mußte jedoch regelmäßig gurgeln, und Naomie Feinstein rieb ihren Körper mit reinem Alkohol ein.

Längst waren die Geiseln an Bord zu einer großen Familie zusammengewachsen. Sie tauschten Bücher aus, erzählten sich ihre Lebensgeschichten, spielten Karten und trösteten sich gegenseitig. Naomie Feinstein, die eine große Tasche mit Kosmetika und Medikamenten bei sich trug, ging durch das Flugzeug und puderte die schweißnassen Gesichter der älteren Leute. Ihren Nagellack schenkte sie den jungen Mädchen, die prompt eine Stunde lang damit beschäftigt waren, ihre Hände zu maniküren.

Im hinteren Teil des Flugzeugs versammelten Miriam Beeber und Sarah Malker die Kleinen wieder zur täglichen Kinderstunde. Aber an diesem Tag wurde ihr Gesang durch ein unheimliches Brausen unterbrochen. Plötzlich verdunkelte sich der Himmel, und eine dichte Staubschwade zog durch die Kabine. Sandsturm! Die Kinder kehrten zu ihren Eltern zurück, sprangen auf die Sitze und versuchten, ihre Köpfe über der Staubwolke zu halten. Das Bordpersonal zog mit Wassereimern durch den Mittelgang und befeuchtete Taschentücher und Servietten, die sich die Geiseln vor das Gesicht pressen mußten. Ihre Haare sahen aus wie weißgepuderte Perücken, der Staub lagerte sich auf den Kleidern ab, auf dem Handgepäck, den Sitzen. Man konnte kaum drei Meter weit sehen. Das Atmen wurde zur Qual. Draußen verkrochen sich die Guerillas in ihren Zelten, die der Sturm hinwegzufegen drohte.

Am frühen Nachmittag ließ der Sandsturm endlich nach, und die Staubwolke im Flugzeug verzog sich. Es wurde wieder heller. Die Geiseln atmeten erleichtert auf. Aber schon gab es eine neue unangenehme Überraschung: Gepäckkontrolle!

Die Guerillas hatten den Frachtraum der Flugzeuge entladen und die Koffer in den Wüstensand gestellt. Jetzt riefen sie die Passagiere nacheinander namentlich auf, und die Geiseln mußten aus dem Flugzeug klettern, um ihr Gepäck zu identifizieren. Kontrolliert von zwei bewaffneten Kommandos, öffnete ein Guerillamädchen die Koffer und breitete den Inhalt auf dem Boden aus. Jeder Gegenstand wurde sorgfältig untersucht – Unterwäsche, Kleider, Taschen, Schuhe, Geschenkartikel, Toilettensachen. Alles, was aus Israel stammte, also israelische Etiketts oder Firmenzeichen trug, wurde aussortiert und beschlagnahmt.

Seit vier Tagen hatten die Passagiere versucht, an ihre Koffer heranzukommen: Sie brauchten frische Wäsche und frische Kleider. Was sie seit Sonntag am Leibe trugen, war verschwitzt und verdreckt. Aber die Guerillas erlaubten nur wenigen Geiseln, ihre Sachen anzurühren. Nach der Durchsuchung wurden die Koffer wieder verschlossen und im Frachtraum verstaut. Erst die einfallende Dämmerung unterbrach die Kontrolle.

Wieder neigte sich ein Tag dem Ende zu – ein Tag der Ungewißheit, der Sorge, der Angst, der Langeweile. Im spärlichen Licht von zwei Petroleumlampen servierten die Stewardessen eine magere Abendmahlzeit: Früchte und Tee. Der Sandsturm hatte die Luft abgekühlt, die Passagiere hüllten sich in ihre Decken und diskutierten flüsternd die Lage. Nur gerüchtweise hatten sie gehört, daß die Guerillas ihre Forderungen mit einem Ultimatum verbunden hatten. Wenn dies so war – wann würde es ablaufen?

Die Geiseln ahnten nicht, daß ihr Schicksal schon in der vergangenen Nacht auf des Messers Schneide gestanden hatte. Nur mit Mühe war es André Rochat gelungen, den Volksfrontführern in Amman eine Fristverlängerung für ihr Ultimatum abzuhandeln. Der neue Termin für dessen Ablauf war jetzt Freitag vormittag neun Uhr.

Rochat hatte den Guerillas Hoffnungen gemacht, daß sich die Regierungen in Bern und Bonn bis dahin entschließen würden, ihre Forderung zu erfüllen. Freilich führte der exzentrische Amateurdiplomat seine Verhandlungen in Amman inzwischen auf eigene Kappe und nicht mehr in Übereinstimmung mit dem sogenannten »Internationalen Krisenstab«, der schon am Montag abend in der Schweizer Bundeshauptstadt Bern eingerichtet worden war. Ihm gehörten Diplomaten aus den Vereinigten Staaten, der Schweiz, der Bundesrepublik und Großbritannien an. Ihre Aufgabe war es, die Kontakte zwischen den betroffenen Regierungen und der Volksfront zu koordinieren. Die Diplomaten tappten jedoch im dunkeln, weil Rochat es versäumte, sie über seine Verhandlungen fortlaufend zu unterrichten. Seine Funksprüche, die der IKRK-Funker Walter Schmutz mit einem aus Genf eingeflogenen Gerät aus Amman sendete, waren lückenhaft, unklar und verwirrend.

Ermuntert durch die Äußerungen Rochats, hofften die Volksfrontführer, mit den betroffenen Regierungen einzeln ins Geschäft kommen zu können. Mit Bonn wollten sie den Austausch der beiden deutschen Flugzeuggeiseln Dr. Jeschke und Horst Jerosch gegen die drei in Bayern inhaftierten arabischen Terroristen vereinbaren, Bern boten sie die Swissair-Maschine und die Schweizer Passagiere im Austausch gegen die drei Araber an, die in Schweizer Gefängnissen saßen. Die Engländer und die gekaperte BOAC-Maschine wollten sie für Leila Khaled hergeben. Übrig blieben sämtliche Flugzeuggeiseln amerikanischer

Staatsbürgerschaft (es waren hauptsächlich Juden), die die Volksfront freilassen wollte, wenn Israel arabische Widerstandskämpfer aus der Haft entlassen würde. Um wie viele es sich dabei handelte, blieb unklar. Die Geiseln anderer Nationalität – Inder, Perser, Südamerikaner – hatten die Guerillas inzwischen entlassen. Bis auf einen: den Holländer Swinkels, Purser der TWA.

Die Diplomaten des Krisenstabes hatten jedoch längst eine Einheitsfront gebildet und strebten die Ideallösung an: Austausch sämtlicher Flugzeuggeiseln gegen Leila Khaled und die sechs arabischen Terroristen, die sich in der Bundesrepublik und der Schweiz in Haft befanden. Hatte André Rochat den Volksfrontführern klargemacht, daß sie auf Einzelgeschäfte mit den betroffenen Regierungen nicht mehr hoffen konnten? Die Frage war in der Nacht vom Mittwoch zum Donnerstag von zweitrangiger Bedeutung. Der Krisenstab hielt seine längste Sitzung ab. Es ging um das Leben der Geiseln, die in der jordanischen Wüste buchstäblich auf dem Pulverfaß saßen. Während die Diplomaten den Sitzungssaal im Berner Außenministerium immer wieder verließen, um mit ihren Regierungen in Washington, London und Bonn Rücksprache zu nehmen, zog sich die Verhandlung hin.

Die Entscheidung, die in jener Nacht zur Debatte stand, hatte einen schrecklichen Aspekt: Wenn man der Erpressung der Volksfront nachgab und die amerikanischen Geiseln im Stich ließ, um das Leben der anderen zu retten, würden die Guerillas mit ziemlicher Sicherheit ermutigt, weitere Flugzeuge zu entführen, um auch ihre letzten Forderungen erfüllt zu sehen. Die Erpressungen würden kein Ende nehmen – und das Leben weiterer unschuldiger Menschen auf dem Spiel stehen.

Großbritanniens Premier Edward Heath gab in dieser Nacht die Parole aus: »Hart bleiben!« Um drei Uhr früh am Donnerstag hatte er sich durchgesetzt. Im Sitzungssaal des Krisenstabes fiel die Entscheidung: »Leila Khaled und die anderen sechs arabischen Terroristen werden nur freigelassen, wenn alle Flugzeuggeiseln, das heißt auch die amerikanischen, unversehrt nach Hause zurückkehren.«

Per Funk ging die Entscheidung nach Amman. André Rochat benachrichtigte den Volksfrontchef Abu Maher, und kurz darauf wußten auch die Kommandos auf dem Revolutionsflugplatz, daß sie die erste Runde im Spiel um die Geiseln verloren hatten.

Eine halbe Stunde, nachdem in Bern die Entscheidung gefallen war, wachte Benjamin Feinstein in der gekaperten TWA-Maschine auf. Er spürte den Druck einer Hand auf seiner Schulter. Neben ihm stand ein Guerilla und befahl: »Sie kommen mit zum Verhör!«

»Wohin?« fragte Feinstein schlaftrunken.

»Nach draußen!«

Nach draußen? Der New Yorker Bauunternehmer witterte sofort Gefahr. Wenn die Guerillas ihn wirklich verhören wollten, hätten sie das auch, wie am Tag zuvor, an Bord tun können. Blitzartig schoß ihm der Gedanke an eine unauffällige Exekution durch den Kopf. Merkwürdigerweise verspürte er keine Angst. Er war wie benommen. Langsam zog er die Schuhe an. Warum waren sie gerade auf ihn gekommen? Sie wußten doch, daß er eine Frau und vier Kinder an Bord zurückließ ...

Als er aufstand und nach dem Jackett griff, wachte Naomie auf: »Was ist los?« fragte sie entsetzt. Sie flüsterte, weil sie die Kinder nicht wecken wollte.

Feinstein beugte sich zu ihr herunter, gab ihr einen Kuß auf die Stirn und sagte leise: »Mach dir keine Sorgen, ich bin gleich wieder da. Sie wollen mir ein paar Fragen stellen.«

Dann ging er mit dem Guerilla nach vorn. Naomie spürte sofort, daß etwas Furchtbares geschah. Sie sah, wie ihr Mann durch das I.-Klasse-Abteil geführt wurde und das Flugzeug durch den vorderen Ausgang verließ. Unruhig sprang sie auf, lief zur rückwärtigen Tür und starrte in die Nacht hinaus. Sie sah die Zelte der Guerillas und ihre Fahrzeuge, aber keine Lichter. Es war ganz still. Vielleicht haben sie ihn in ein Zelt geführt? dachte sie. Neben ihr tauchte Mrs. Raab auf, die Frau eines amerikanischen Rabbiners. Man hatte soeben ihren Sohn abgeführt.

»Wo sind sie?« flüsterte Mrs. Raab.

»Ich weiß nicht«, sagte Naomie. »Sie müssen noch irgendwo hier sein.«

»Beten Sie«, sagte Mrs. Raab, »wir müssen beten!«

Während sie aus dem Flugzeug schauten, sprachen die beiden Frauen leise Gebete.

Außer Feinstein und Raab wurden in dieser Nacht noch weitere acht Männer aus dem Flugzeug geführt. Unter ihnen befand sich auch der amerikanische Gewürzhändler Robert Palagonia, der eigentlich das Opfer eines Mißverständnisses wurde. Er erwachte, als ihm ein Guerilla mit der Taschenlampe ins Gesicht leuchtete und sagte: »Kommen Sie mit!«

Palagonia stand auf. Der Guerilla schob ihn vor sich her ins I.-Klasse-Abteil, wo bereits ein anderer Genosse wartete. Er hielt einen amerikanischen Paß in der Hand und schaute auf das Foto. »Mike Curshna?« fragte er.

»Ich heiße Robert Palagonia«, sagte der Amerikaner.

Der Guerilla verglich das Paßfoto mit seinem Gegenüber und stellte eine gewisse Ähnlichkeit fest: »Sie sind Mike Curshna«, erklärte er.

»Das ist nicht Mike Curshna. Der Herr heißt Palagonia«, schaltete sich Jim Majer ein. Aber der Guerilla ließ sich nicht beirren. »Gehen Sie nach draußen!« befahl er. Majers und Palagonias Proteste halfen nichts. Sie hatten lediglich ein eindeutiges Winken mit der Maschinenpistole zur Folge, und der Amerikaner beeilte sich daraufhin mit dem Aussteigen.

Auch der neunzehnjährige amerikanische Student Mark Shane wurde in dieser Nacht geweckt. Er hatte sich in den vergangenen Tagen mit Miriam Beeber befreundet und saß jetzt neben ihr. Miriam schlief. Ihr Kopf ruhte auf seiner Schulter. Sie schreckte auf, als Mark sich behutsam von ihr löste und aufstand.

»Ich muß jetzt gehen«, sagte er mit rauher Stimme und zog seine Brieftasche aus dem Jackett. »Würdest du das für mich aufbewahren?« Miriam war verwirrt. Was hatte das zu bedeuten, warum gerade Mark? Was hatten sie mit ihm vor? Sie fand keine Worte, sagte nur »Okay, Mark« und nahm die Brieftasche an sich. Dann wurde ihr Freund abgeführt.

Die zehn Gefangenen, darunter drei orthodoxe Juden und drei weitere junge Leute in Mark Shanes Alter, mußten in einen kleinen grünen Bus steigen. Hinten nahmen zwei Guerillas Platz, die russischen Maschinenpistolen griffbereit auf den Knien. Der Fahrer war mit einer amerikanischen Armeepistole bewaffnet.

Bob Palagonia stellte fest, daß er der einzige Nichtjude in dieser Geiselgruppe war. Im Flugzeug hatte er sich ziemlich sicher gefühlt, aber jetzt glaubte er, es ginge zur Exekution. Auch Feinstein war davon überzeugt, daß die Guerillas ein grausames Exempel statuieren und damit ihren Forderungen Nachdruck verleihen wollten. Irgendwo hinter einer Sanddüne würde man sie erschießen . . .

»Wo soll's denn hingehen?« fragte er einen der arabischen Bewacher leichthin, aber der Mann gab keine Antwort.

Mrs. Raab und Mrs. Feinstein standen immer noch in der offenen Flugzeugtür. Vor einer halben Stunde hatten sie einen Motor anspringen hören, dann sahen sie den Bus abfahren – ein schwarzer Schatten ohne Lichter. Aber sie wußten nicht, ob ihre Männer darin abtransportiert worden waren. Jetzt fuhr sie einer der Bewacher an Bord an: »Was machen Sie denn da hinten? Setzen Sie sich sofort hin!«

Naomie Feinstein liefen die Tränen übers Gesicht. Ihr Sohn Howard wachte auf, als sie sich wieder neben ihm niederließ. Er brachte das Verschwinden des Vaters und die Tränen der Mutter sofort in den richtigen Zusammenhang, ergriff ihre Hand und flüsterte: »Weine nicht, Mammi. Ich kann ja jetzt auf dich und die Kleinen aufpassen.«

Miriam Beeber war wie versteinert. Sie wollte irgend etwas tun, aber was? Als Jim Majer bei ihr vorbeikam, hielt sie ihn am Ärmel fest und bat mit tonloser Stimme um eine Zigarette. Jim griff in die Brusttasche seines verschmutzten Hemdes – da sah er das Gesicht des Mädchens. Er erschrak – Miriam stand offenbar kurz vor einem Nervenzusammenbruch. »Komm mit nach vorn«, forderte er sie kurz entschlossen auf, »da können wir uns ein bißchen unterhalten.«

Sie setzten sich in die I. Klasse und unterhielten sich bis zum

Morgengrauen. Dann stellte Miriam einen großen Wasserkessel auf den Propangaskocher der Guerillas und kochte Tee für die Passagiere.

Der Minibus mit den zehn Geiseln jagte ohne Licht durch die Wüste. Die Gefangenen sprachen kein Wort. Nach wenigen Minuten übernahm ein Guerilla-Jeep mit aufmontiertem Maschinengewehr die Führung. Die Nacht war sternenklar. Nach etwa einer halben Stunde erreichten sie eine Straße und wurden kurz darauf von jordanischen Soldaten mit entsicherten Maschinenpistolen an einer Sperre angehalten. Offenbar sollten die Geiseln befreit werden. Aber die Hoffnung trog – nach kurzem, heftigem Wortwechsel mit drohend erhobenen Waffen fuhr der Jeep weiter. Auch an der nächsten Straßensperre richteten die Guerillas ihre Waffen auf die Geiseln und drohten mit sofortiger Erschießung, falls die Jordanier eingreifen sollten.

Als der Morgen graute, erreichten sie ein palästinensisches Flüchtlingslager am Stadtrand von Amman. Die Fahrzeuge hielten vor einem einstöckigen, umzäunten Betongebäude, in das die Geiseln geführt wurden. Die untere Etage bestand aus vier Räumen, die einen kleinen Innenhof begrenzten. Das kleinste Zimmer, welches etwa sieben Quadratmeter maß, sollte offenbar die Gefangenen aufnehmen. Die Fenster waren zugemauert; es gab nur ein winziges Luftloch. Auf dem Zementboden lagen schmutzige Wolldecken. Die Guerillas schoben die Geiseln in den Raum und verschlossen die eiserne Tür mit einem schweren Riegel. »Was jetzt?« fragte Palagonia.

Feinstein schlug vor: »Schlafen!«

Die zehn Männer legten sich sternförmig auf den Boden – die Köpfe an der Wand, die Füße in der Mitte. So reichte der Platz gerade aus. Aber die Geiseln konnten nicht schlafen. Rabbiner David stand auf und sprach in einer Zimmerecke monotone Gebete. Die anderen beteten im stillen mit. Es wurde drückend heiß. Der Riegel rasselte, ein Guerilla brachte Tee und verschwand wortlos. Englisch verstand er nicht.

Wenig später hatte Bob Palagonia ein menschliches Bedürfnis. Er hämmerte an die Tür, der Guerilla öffnete und führte ihn in einen winzigen Verschlag. Die Toilette bestand aus einem Loch im Boden und einem Tonkrug mit schmutzigem Wasser. Als Toilettenpapier benutzte Palagonia kurz entschlossen einige Hundert-Rupien-Noten, die er seit Indien noch in der Tasche trug. Für diese exklusive Hygiene sollte er innerhalb von achtundvierzig Stunden vierhundert Mark ausgeben...

Am Nachmittag zeigte einer der Jungen, Mike Drummond, Zeichen beginnenden Wahnsinns. Er stand auf und schlug mit den flachen Händen an die Wand – immer den gleichen Takt, tam, tam, tamteram, tam, tam, tamteram. Sein Blick war ausdruckslos, die Augen auf einen festen Punkt fixiert. Er trommelte ohne Pause, während Jonathan David seine Gebete sprach.

Wir müssen was unternehmen! dachte Feinstein fieberhaft. Wenn der Junge kollabiert, werden die anderen womöglich angesteckt – und dann ist hier die Hölle los.

»He, Mike«, sagte er, »laß dich nicht unterkriegen! Wir kommen schon wieder 'raus. Daumen hoch!«

Feinstein hob den Daumen, und die anderen machten es ihm nach.

Mike trommelte weiter.

Da begann Feinstein Witze zu erzählen. Er mußte einfach die beklemmende Stille in der Zelle durchbrechen und die jungen Burschen ablenken, für die er sich als Zweitältester in der Gruppe verantwortlich fühlte. Jonathan David, der älteste Gefangene, murmelte immer noch Gebete, und während sich der Rabbiner betend über den Talmud beugte, erzählte Feinstein Witze – schmutzige Witze, naive Witze, makabre Witze. Stundenlang. Mike hörte tatsächlich zu trommeln auf, legte sich wieder auf den Boden und fiel schließlich in das allgemeine Gelächter ein. Die Krise war vorbei.

»Wenn wir hier 'rauskommen«, sagte Feinstein, »dann weiß ich schon, wie wir das große Geld machen; mit Markenartikelwerbung! Ich stelle mir das so vor: Wir kommen auf dem Kennedy-Flugplatz an – auf dem Rollfeld sind Presse und Fernsehen versammelt. Die Flugzeugtür geht auf, und Bob tritt als erster ins Scheinwerferlicht. Deutlich sichtbar hält er eine Pakkung Winston hoch und ruft in die Mikrofone: ›Ohne meine Winston-Zigaretten hätte ich das Drama nicht überlebt! Winston ist nicht nur die aromatischste Zigarette der Welt – Winston macht Mut! Winston gibt Kraft!‹ Dann tritt Bob ab, und ich schiebe mich ins Bild, klopfe auf meine Hose und verkünde: ›Meine bügelfreie Superflex-Hose hat auch unter den höllischsten Bedingungen tipptopp gehalten. Superflex ist staubabweisend, auch wenn in der Wüste der Sandsturm tobt. Superflex, die Hose für den Mann in allen Lebenslagen! Superflex gibt Selbstvertrauen!‹ Als nächster kommt Mark und zeigt sein Dunhill-Feuerzeug. ›Dunhill, das ideale Feuerzeug für Flugzeuggeiseln...‹ Jeder von uns wirbt also für einen anderen Artikel, während hundert Millionen Amerikaner gebannt vor dem Fernsehschirm sitzen! Und hinterher lassen wir uns dafür ordentlich bezahlen. Was meint ihr dazu?«

Allgemeines Gelächter brach aus, und Feinstein atmete erleichtert auf, als er sah, daß die Jungen am kräftigsten lachten. Und er ließ keine Pause eintreten. Immer wieder erfand er neue Geschichten, und wenn ihn seine Phantasie einmal im Stich ließ, sprang Palagonia mit Anekdoten aus seiner Militärzeit ein. Die beiden Männer begründeten in diesen kritischen Stunden eine Freundschaft fürs Leben.

Langsam verging der Tag, und die Geiseln wurden sich ihrer Lage wieder stärker bewußt. In den Flugzeugen hatten sie noch eine gewisse Ahnung gehabt, was in der Welt vor sich ging. In diese Zelle drang aber kein einziger Laut von draußen. Als um die Mittagszeit ein arabischer Wächter einen Eimer Wasser, eine Tasse und ein Fladenbrot brachte, hatte Feinstein gestikulierend versucht, irgendwelche Informationen aus ihm herauszuholen. Vergebens.

Naomie Feinstein wußte am Abend kaum noch, wie sie diesen Donnerstag überstanden hatte. Immer wieder fragten ihre vier Kinder nach dem Vater und wann er wiederkäme. Was sollte sie ihnen sagen? Sie wußte ja selbst nicht, ob sie ihren Mann je lebend wiedersehen würde. Ihr Vater, William Koster, versuchte ihr Mut zu machen: »Ben ist bestimmt nichts passiert.

Tote Geiseln haben für die Guerillas keinen Tauschwert.« Das klang logisch, aber trösten konnte es Naomie nicht.

Schon am Donnerstag morgen hatte Unheil in der Luft gelegen. Die Guerillas waren nervös, unzugänglich, barsch. Zum erstenmal brachten sie kein Frühstück und kein Waschwasser an Bord. Es gab auch keine Milch für die Babys. Um zehn fingen die Kleinen vor Hunger zu schreien an, denn am Abend vorher hatte es auch nur einen Fruchtcocktail gegeben. Ein Schluck Wasser war alles, was Naomie Feinstein ihren Kindern jetzt bieten konnte.

Es war die unnachgiebige Haltung des Internationalen Krisenstabs in Bern, die die Guerillas auf dem Revolutionsflugplatz so unsicher machte. Das Ultimatum war um neun Uhr morgens abgelaufen. Was sollten sie jetzt tun? Einige wollten die Drohung der Volksfront wahrmachen und die Geiseln mit den Flugzeugen in die Luft sprengen. Dazu gehörte auch ein Guerillamädchen, das die BOAC-Passagiere wegen seiner barschen Art »Bombshell-Bessy« nannten. Mit umgehängter Maschinenpistole lief sie durch die Kabine und rief wütend: »Eure Regierung will Leila Khaled nicht herausgeben! Eurer Regierung ist es ganz egal, was mit euch passiert. Wenn's nach mir ginge, würde ich euch jetzt alle in die Luft jagen.«

Die fünfunddreißig Schulkinder an Bord starrten das Mädchen entsetzt an. Die Erwachsenen schwiegen bedrückt. Aber als »Bombshell-Bessy« nach einer Stunde wieder an Bord kam und revolutionäre Volksfrontlieder anstimmte, hatten sich die Kinder von ihrem Schrecken erholt und bildeten sofort einen eigenen Chor. Gegen den brausenden Kindergesang kam »Bombshell-Bessy« nicht an. Sie stampfte wütend mit dem Fuß auf und verschwand.

Unterdessen kletterte Abu Fahdi, der Kommandant des Revolutionsflugplatzes, die Leiter zur benachbarten Swissair-Maschine hinauf und fauchte Captain Schreiber an: »Wenn Sie noch was retten wollen, dann können Sie Telegramme an Ihre Regierungen schicken. Vielleicht werden die dann vernünftig.«

Schreiber zögerte nicht lange. Er schrieb: »An den Bundesrat und das Schweizer Volk! Es ist fünf Minuten vor zwölf. Die

DC 8, in der wir hausen, ist zur Sprengung vorbereitet. Wenn Sie es mit Ihrem Gewissen verantworten können, dann zaudern Sie weiter!« Das Telegramm, auf einen Notizzettel geschrieben, wurde augenblicklich von einem Kurier nach Amman gebracht.

Der fünfzehnjährige Engländer Nigel Hatcher nebenan in der BOAC-Maschine hatte ganz andere Sorgen: Er wollte eine Schildkröte und einen Salamander aus Bahrein nach England bringen. Der Salamander war ihm zu seinem großen Kummer bereits an Bord entwischt. Und die Schildkröte, die in einer mit Wasser gefüllten Dose saß, wurde immer matter. Das Wasser hätte längst erneuert werden müssen – es stank bereits. Aber von den Guerillas erhielten die Passagiere nur fünf Becher Trinkwasser pro Tag. Davon konnte Nigel der Schildkröte nicht viel abgeben. Er war verzweifelt!

Die britischen Passagiere hatten die Schildkröte übrigens »Ted Heath« getauft, weil ihr Premier ihnen genauso langsam und träge erschien wie dieses Reptil. Warum ließ er sie hier in den dynamitgeladenen Flugzeugen warten, statt Leila Khaled sofort aus der Haft zu entlassen? Warum zögerte er so lange, die Forderung der Guerillas zu erfüllen? Wenn immer ein Passagier an Nigels Sitz vorbeikam, beugte er sich zu der Schildkröte herunter und fragte: »Na, wie geht's Ted denn heute?«

Die Guerillas saßen den ganzen Tag am Radio und verfolgten die Weltnachrichten. Was sie zu hören bekamen, machte sie immer nervöser: Nachdem in Bern die harte Entscheidung gefallen war, bereitete sich US-Präsident Nixon auf die nächste Runde vor. Die amerikanische Sechste Mittelmeerflotte bewegte sich auf die libanesische Küste zu, und vier riesige Truppentransportflugzeuge wurden in Begleitung von fünfundzwanzig Phantom-Düsenbombern zum NATO-Flugstützpunkt Adana in der Türkei verlegt – eine halbe Jet-Flugstunde vom Revolutionsflugplatz entfernt.

Am Abend des 10. September steigerte sich die Nervosität der palästinensischen Kommandos zur Hysterie. Als die Nacht einfiel, schaufelten sie fieberhaft Schützengräben und brachten weitere Dynamitladungen an den drei Flugzeugen an. Swissair-Captain Schreiber versuchte vorsichtig herauszufinden, was los war, und ein Guerilla klärte ihn tatsächlich auf, daß man einen Hubschrauberangriff der Israelis erwarte.

Schreiber zog sofort die naheliegende Schlußfolgerung: Wenn die Israelis kommen, sprengen die Guerillas Maschinen und Menschen in die Luft! Tatsächlich schienen sich kurz vor zehn Uhr abends seine Befürchtungen zu bestätigen, als Uschi Gyger auf Zehenspitzen zu ihm ins I.-Klasse-Abteil kam und flüsterte: »Einer der Guerillas da hinten hat mir gesagt, man wolle die Maschinen in die Luft sprengen, wenn die Israelis kommen!«

Schreiber ließ sich die Meldung sofort von seinen Bewachern, die im Schein einer Gaslaterne vor sich hindösten, bestätigen. Er erfuhr jedoch auch, daß man Besatzung und Passagiere auf jeden Fall rechtzeitig vorher informieren würde, um die Evakuierung einzuleiten.

Dem Captain fiel ein Stein vom Herzen. Er versammelte augenblicklich seine Crew um sich, besprach die Lage mit ihnen und ordnete die Vorbereitung einer Notevakuierung an. Leise wurden die Passagiere geweckt, die ihre Schuhe anziehen und das Handgepäck bereithalten mußten. Dann wurden sie umgruppiert. Zu den älteren Leuten wurden junge gesetzt, zwei sportliche Männer standen am hinteren Ausgang bereit, um notfalls abzuspringen und die schlaff gewordenen Notrutschen straffzuziehen, und die Besatzungsmitglieder verteilten sich auf die Notausstiege. Niemand tat in dieser Nacht ein Auge zu. Sie wußten freilich genausowenig wie ihre Bewacher, daß die Israelis das Kommandounternehmen »Geiselbefreiung«, welches eine Gruppe von israelischen Offizieren im Generalstabsgebäude von Tel Aviv ausgearbeitet hatte, als Sandkastenspiel betrachteten. Ein bewaffneter Überfall mußte das Leben der Geiseln in Gefahr bringen. Die Sache lohnte sich nicht.

Allerdings befürchteten die Guerillas nicht nur einen israelischen Überfall, sondern sie waren auch auf einen Angriff der jordanischen Armee gefaßt. An diesem Donnerstag hatten sich die königstreuen Truppen erstmals geweigert, die Geiseln mit zusätzlichen Lebensmitteln zu versorgen. Die Vorräte der Volksfront reichten nicht aus, und die unnachgiebige Haltung der Jordanier bei diesem Verpflegungsproblem ließ auf neue Schwierigkeiten schließen.

In Amman war es überdies zu harten Auseinandersetzungen zwischen der Volksfront und anderen Freischärlern gekommen. Unter Vorsitz von Jasser Arafat hatte sich die überwiegende Mehrheit des Zentralkomitees der Palästinensischen Befreiungsorganisation auf einer Sitzung am Vormittag dafür ausgesprochen, die Flugzeuggeiseln zu entlassen. Die Volksfront stand damit innerhalb der palästinensischen Widerstandsbewegung isoliert da. Und schließlich waren auch ihre Kontakte zu den westlichen Regierungen praktisch zusammengebrochen, seit André Rochat die Nachricht von der Ablehnung des Ultimatums überbracht hatte. Kein Wunder also, daß die Atmosphäre auf dem Revolutionsflugplatz geballten Zündstoff enthielt...

Unterdessen diskutierten die Volksfrontführer in Amman die neue Lage. Gegen zehn Uhr abends beschlossen sie, die achtzehn Männer, die sich noch in der TWA-Maschine befanden, im Schutz der Dunkelheit zu evakuieren und ebenfalls zu verstecken. Die Zahl der verschleppten Passagiere würde sich dann auf vierunddreißig erhöhen. Was immer auch in dieser Nacht geschehen mochte – ein Angriff der Israelis oder eine Attacke der jordanischen Armee –, diese vierunddreißig Geiseln würde man jedenfalls dem Zugriff des Gegners entziehen.

Es war halb elf nachts, als die Männer in der TWA aufgerufen wurden und aussteigen mußten. Captain Woods und seine Crew, die ja auch dazu gehörten, legten vehementen Protest ein. Sie fühlten sich immer noch für Passagiere und Flugzeug verantwortlich, wollten aber vor allen Dingen die Frauen nicht allein lassen, die den Aufbruch der Männer entsetzt verfolgten. Aber kein Einwand half – die Männer wurden aus der Maschine gedrängt.

Eine halbe Stunde, nachdem sie von Bord gegangen waren, kam der Flugingenieur Al Kiburis noch einmal zurück. Die Guerillas hatten ihm befohlen, den Filmprojektor auszubauen und mitzunehmen. Auch die bewegliche Einrichtung der Bordküche ging in dieser Nacht in die Hände der palästinensischen Kommandos über.

Die Männer wurden in Kleinbussen nach Zerka gebracht, wo man sie in ein kleines, unmöbliertes Haus führte. Die Nacht verbrachten sie, in schmutzige Wolldecken gehüllt, auf dem Zementfußboden.

10

Als die Sonne über der Wüste aufging, atmeten Geiseln und Guerillas erleichtert auf: In der Nacht war kein Schuß gefallen. Die Israelis hatten nicht angegriffen, und die jordanische Armee stand immer noch zwei Kilometer entfernt in Wartestellung. Nur für Captain Schreiber begann dieser Freitag mit einer unangenehmen Überraschung: Ein Guerilla kletterte in die Swissair-Maschine und befahl: »Mitkommen!«

Beunruhigt stieg der Captain aus dem Flugzeug. Unten wartete ein klappriges Auto. »Einsteigen!« lautete der nächste Befehl, der von einem Stoß mit der Maschinenpistole begleitet wurde. Schreiber nahm auf dem Rücksitz Platz, zwei Guerillas zwängten sich rechts und links von ihm in den Fond. Mit einem Beduinenkopftuch wurden ihm die Augen verbunden. Wer neben dem Fahrer saß, konnte der Captain nicht mehr erkennen. Der Wagen fuhr an. Schreiber zählte die Sekunden. Nach drei Minuten war die Fahrt zu Ende. »Aussteigen!« befahl eine Stimme. Dann eine andere: »Hinsetzen!« Schreiber setzte sich in den Sand. Ein Guerilla riß ihm die Augenbinde ab. Vor ihm stand Mouna Saudi, die mollige arabische Kunstmalerin, die in Beirut in die BOAC zugestiegen war. Hinter ihm hielten die Guerillas ihre Maschinenpistolen im Anschlag.

»Also, wo ist das Geld?« fragte Mouna sanft.

Captain Schreiber wußte sofort Bescheid. Er hatte ja schon darauf gewartet, seitdem die Bordpapiere verschwunden waren: Es ging um die zweieinhalb Millionen Schweizer Franken, die sich in einem versteckten Schließfach an Bord der Swissair-Maschine befanden.

»Sie zeigen uns sicher, wo das Geld ist«, sagte die Araberin liebenswürdig.

Schreiber hielt es für zwecklos, sich auf lange Manöver einzulassen. Bei den Leuten mußte man mit allem rechnen. Resigniert sagte er »Okay« und stand auf. Er wurde zum Flugzeug zurückgebracht, wo er vom Chefsteward den Schlüssel zum Bordtresor verlangte. Schweigend trugen die Guerillas die in gelbes Ölpapier eingewickelten und versiegelten Geldpakete aus dem Flugzeug.

Die Kriegskasse der Volksfront war wieder gefüllt, aber die Kriegsmoral der Guerillas sank an diesem Tag weiter. Trotz des ausgebliebenen Angriffs der Israelis hatte sich ihre Lage verschlimmert. Die Versorgung der Flugzeuggeiseln war praktisch zusammengebrochen. Nachschub gab es auch für die Guerillas selber nicht. Die Nachrichten, die aus ihren Transistorradios drangen, waren deprimierend. Das Schicksal der Geiseln, für die nun schon der sechste Tag in der Wüste anbrach, empörte die Weltöffentlichkeit; auch die arabischen Länder verurteilten das abenteuerliche Vorgehen der Volksfront. Präsident Nasser befürchtete, daß die Flugzeugentführer den Israelis einen Vorwand geben könnten, militärisch einzugreifen. Sie waren bereits an der jordanischen Grenze mit drei Panzerbrigaden aufmarschiert. Das nahöstliche Pulverfaß konnte jeden Augenblick explodieren.

Seit einer Woche war es in Amman und Irbid immer wieder zu sporadischen, aber heftigen Kämpfen zwischen palästinensischen Freischärlern und der jordanischen Armee gekommen. König Hussein konnte seine Beduinensoldaten und Offiziere kaum mehr im Zaum halten. Die Armee stand kurz vor einer Meuterei – sie wollte mit den Freischärlern endlich abrechnen.

Diesem zunehmenden Druck von außen waren die Guerillas nicht mehr gewachsen. Interne Querelen brachen aus. Am Sonnabend, dem 12. September, zeichnete sich zwischen den Führern der Volksfront in Amman und den noch radikaleren Guerillas auf dem Revolutionsflugplatz in der Wüste ein Bruch ab. Und als gegen zehn Uhr vormittags aus dem Hauptquartier der Befehl kam, alle Geiseln nach Amman zu bringen, die gekaperten Maschinen stehenzulassen und den Flugplatz zu evakuieren, tobte Abu Fahdi vor Wut. Er hatte eine andere Lösung im Sinn gehabt, und den Befehl wollte er nur zum Teil befolgen. Der Abtransport der Geiseln war schon aus versorgungstechnischen Gründen notwendig, aber alle wollte er nicht laufenlassen; schließlich hatten die westlichen Regierungen immer noch keine einzige Forderung der Volksfront erfüllt!

Gegen halb elf tauchte Abu Fahdi an Bord der TWA-Maschine auf und erklärte den verschüchterten Frauen und Kindern, daß sie sich zur Abfahrt bereitmachen sollten. Als Naomie Feinstein mit ihren vier Kindern die Leiter hinunterstieg, wußte sie nicht, was die Guerillas mit ihnen vorhatten. An Befreiung wagte sie noch nicht zu denken – sie wollte sich keine falschen Hoffnungen machen.

Unter dem Flugzeugrumpf standen die Koffer der Passagiere. Naomie suchte ihr Gepäck heraus und schleppte es mit den Kindern zu einem bereitstehenden Lastwagen. Für die Geiseln selbst waren wieder Kleinbusse vorgefahren. Im letzten fand Naomie noch Platz. Als sich die grüne Buskolonne in Bewegung setzte, war den meisten Insassen entgangen, daß vier TWA-Passagiere an Bord zurückgeblieben waren. Vier junge Mädchen hatten die Guerillas festgehalten: Barbara, Sarah, Miriam und Fran. Sie saßen völlig verschreckt in dem riesigen Flugzeug, bis ein Guerilla sie aufforderte, mit ihrem Handgepäck zur Swissair-Maschine zu gehen.

Auch dort waren die Frauen und Kinder entlassen worden, und Nigel Hatcher aus der BOAC war mit seiner Schildkröte und den anderen vierunddreißig englischen Schulkindern ebenfalls abgefahren, während Major Potts sich von Frau und Töchtern trennen mußte und allein zurückblieb. Schließlich versammelten sich noch siebenundzwanzig Passagiere und Besatzungsmitglieder aus allen drei Maschinen an Bord der Swissair – die letzten Faustpfänder der Guerillas auf dem Revolutionsflugplatz.

Eingehüllt in eine riesige Staubwolke, fuhren die grünen Busse durch die Wüste, zwei Jeeps mit schwerbewaffneten Posten vorweg. Als sie die Straße nach Zerka erreichten, blieb Naomie Feinsteins Bus stehen. Die anderen fuhren weiter, und die Frau des New Yorker Bauunternehmers sah sich plötzlich allein mit sieben Kindern und drei bewaffneten Guerillas. Ihre Nerven waren in den vergangenen sechs Tagen so strapaziert worden, daß dieser kleine Zwischenfall sie in höchsten Schrecken versetzte. Obwohl der Fahrer ausstieg und sich am Motor zu schaffen machte, glaubte Naomie nicht an eine Panne, sondern an eine geplante Sache. Sie fürchtete, man wolle sie isolieren oder sogar umbringen ...

Da fuhr ein Jeep heran, zwei Obristen der jordanischen Armee legten die Hand salutierend an den Stahlhelm und sprachen ein paar Worte mit den Guerillas. In fließendem Englisch erklärte schließlich einer der Offiziere: »Sie können mit uns weiterfahren, wenn Sie wollen. Der Bus hat einen Motordefekt.«

Die Kinder waren von dem Vorschlag begeistert. Sie fuhren natürlich viel lieber in dem offenen Jeep als im Bus, und Naomie betrachtete die beiden jordanischen Offiziere als vom Himmel gesandte Beschützer. Eilig stiegen sie um, die Kinder verteilten sich, so gut es ging, auf den Rücksitzen, Naomie nahm zwischen den beiden Obristen Platz, und zwei Guerillas stellten sich zu beiden Seiten auf die Trittbretter.

In Zerka fanden sie schließlich wieder Anschluß an die Buskolonne, der ein jubelnder Empfang bereitet wurde. Tausende von Menschen säumten die Straßen und wurden von den Guerillas, die im Jeep vorwegfuhren, über Megafone zu Sprechchören angefeuert. Immer mehr Neugierige eilten aus den Häusern, Cafés und Läden, drängten sich begeistert am Straßenrand, in den aufgerissenen Augen Jubel und Haß. Die Guerillas wurden als Helden gefeiert.

Naomie Feinstein fand die Menge furchterregend. Die Menschen drängten ungestüm nach vorn, und manchmal schien es, als wollten sie den Jeep stürmen, auf dem sich die Kinder festklammerten. Je lauter der Jubel der Menge wurde, desto ängstlicher wurden die Geiseln.

Inzwischen bereitete Abu Fahdi auf dem Revolutionsflugplatz sein großes Spektakel vor. Im Ammaner Hauptquartier ahnte niemand, was er vorhatte, und auch die letzten Geiseln wußten es nicht, als sie die Swissair-Maschine verlassen und in neuangekommene Busse steigen mußten. Auf fernen Sanddünen hatten die Kameraleute des britischen unabhängigen Fernsehens (ITV) ihre Apparate in Stellung gebracht. Ein Guerilla hatte ihnen den Tip gegeben, der ihnen zu einem sensationellen Film verhelfen sollte.

In der Mittagshitze fuhren die Busse los. Aber schon nach wenigen hundert Metern wendeten die Fahrer und brachten ihre Fahrzeuge halbkreisförmig mit Blick auf die verlassenen Düsenriesen zum Stehen. In einem der Busse hatte auch Abu Fahdi Platz genommen. Jetzt wandte er sich an die mit ihm fahrenden Geiseln und verkündete triumphierend: »Wir werden nun vor euren Augen die Flugzeuge in die Luft jagen!«

Der Flugingenieur der BOAC-Crew war entsetzt. Spontan schlug er Abu Fahdi vor: »Ich kaufe euch die BOAC für achthunderttausend Pfund ab!« (Er wußte, daß das Flugzeug mit zweieinhalb Millionen Pfund versichert war.) Der Kommandant des Revolutionsflugplatzes warf ihm nur einen verächtlichen Blick zu. »Uns geht es nicht ums Geld, sondern ums Prinzip!« erklärte er gelassen.

Mit der Sprengung der Maschinen wollte Abu Fahdi den verhaßten Kapitalisten einen Schlag versetzen. Er ahnte nicht, daß die Fluggesellschaften wenig Grund hatten, den Verlust ihrer Flugzeuge zu bedauern. Im Gegenteil: Sie machten zu jener Zeit schlechte Geschäfte und litten unter chronischem Kapitalmangel. Die entführten Maschinen waren steuerlich weitgehend abgeschrieben und durchaus entbehrlich. Wenn sie jetzt zerstört wurden, war die fällige Versicherungssumme für die Gesellschaften sogar eine willkommene Kapitalspritze ...

»Mund aufmachen! Es geht los!« schrie Abu Fahdi plötzlich. Sekunden später erschütterte eine Detonation die Wüstenstille. Das Cockpit der britischen Maschine flog in die Luft. Dann explodierten die Tanks der TWA. Dazwischen zerbarst der Rumpf der Swissair-Maschine. Angewidert wendete sich Swissair-Flugingenieur Vollenweider von dem Schauspiel ab. »So eine Scheiße!« preßte er hervor. Der deutsche Co-Pilot Jerosch erklärte später, er sei in seinem Leben noch nie so deprimiert gewesen wie bei diesem Anblick sinnloser Zerstörung. Zwanzig

Minuten lang detonierten die Sprengladungen. Dreiundneunzig Millionen Mark flogen in die Luft, und die Guerillas schwenkten ihre Maschinenpistolen und jubelten.

Da wurde die Lage mit einemmal blutig ernst. Von allen Seiten brausten die schweren Centurion-Panzer der jordanischen Armee heran, die seit sechs Tagen in der Wüste auf der Lauer gelegen hatten. Die Soldaten wollten die Geiseln befreien. Ihre Panzerkanonen waren drohend auf die Busse gerichtet. Nervös entsicherten die Guerillas ihre Maschinenpistolen und zielten auf die Passagiere.

Abu Fahdi sprang mit ein paar Mann ab, und es entspann sich eine wüste Debatte zwischen Guerillas und jordanischen Offizieren, die den Chef des Revolutionsflugplatzes einen »Akruti« – einen Hurensohn – nannten.

Miriam Beeber und Sarah Malker saßen in einem der Busse nebeneinander und beobachteten die Auseinandersetzung mit klopfendem Herzen. Miriam hatte noch nie schwere Panzer aus solcher Nähe gesehen und fand sie fast furchterregender als die auf sie gerichteten Maschinenpistolen der Guerillas. »Was sagen sie?« flüsterte sie ihrer Freundin zu, die jedes Wort der hitzigen Diskussion verstand. Sarah antwortete mit zitternder Stimme: »Wenn sich die Armee nicht verzieht, wollen die Guerillas uns alle töten!«

Nach fünfzehn Minuten gaben die Jordanier nach. Mit aufheulenden Motoren zogen sich die Panzer zurück, und die Buskolonne jagte über die Dünen davon ...

Später, als sie nach Zerka kamen, erlebten sie die gleiche Jubelszene wie zuvor ihre Mitgefangenen. Der Geiseltransport wurde zum Propaganda-Triumphzug für die Volksfront. Diesmal feuerte Abu Fahdi die Menge über ein Megafon an: »Es lebe die Volksfront! Nieder mit dem Zionismus! Nieder mit dem Imperialismus!« Und die Geiseln atmeten erleichtert auf, als sie die kleine Garnisonstadt hinter sich hatten.

Als sie den Stadtrand von Amman erreichten, sah Miriam, wie sich ein Personenwagen des Roten Kreuzes vor die Autobuskolonne setzte. Sie war nun überzeugt, daß die Guerillas sie zum Hotel bringen und dort entlassen würden. Seit sechs Tagen hatte sie sich nicht gewaschen, nicht die Wäsche gewechselt, keine Zähne geputzt. Ihr Kleid war schweißverklebt, ihr Haar voller Wüstensand. Sie freute sich auf das erste Bad im Hotel, auf eine eisgekühlte Coca-Cola ...

Da sprang plötzlich Abu Fahdi aus dem Bus, und im gleichen Augenblick scherte der Fahrer aus der Kolonne aus und jagte eine steil ansteigende Gasse hinauf. Das Rot-Kreuz-Auto war verschwunden! Der Bus kam vor einem einstöckigen Haus zum Stehen, und unmittelbar darauf traf noch ein weiterer Bus mit acht Engländern, sechs Schweizern und zwei Deutschen ein. Aus dem Haus trat ein schlanker Guerillaführer – Lippenbart, Sonnenbrille, Maschinenpistole unter dem Arm – und verkündete mit schneidender Stimme: »Alles aussteigen! Sie sind jetzt Kriegsgefangene. Wir werden Sie so lange festhalten, bis Ihre Regierungen unsere Forderungen erfüllt haben!« Da verlor Miriam Beeber zum erstenmal, seit ihr Flugzeug entführt worden war, die Nerven. Sie brach schluchzend zusammen ...

Währenddessen herrschte im Hotel »Intercontinental«, wohin die Mehrzahl der Geiseln tatsächlich gebracht worden war, Hochstimmung und Verwirrung. Über hundert Presseleute aus aller Welt fielen über die Entlassenen her. Die englische Stewardess Mandy Cooke fand sie fast schlimmer als die Guerillas auf dem Revolutionsflugplatz. Fernsehscheinwerfer, Interviews, freudige Wiedersehensszenen, Tränen, hin und her sausende Kinder, bange Fragen: »Sind jetzt alle entlassen? Wer fehlt noch?« In der Halle des Hotels, das unter den Straßenkämpfen schwer gelitten hatte, herrschte ein einziges Chaos. Unbehindert von der jordanischen Armee drängten sich die Guerillas durch die Menge, liefen frei ein und aus und luden die Journalisten zu Pressekonferenzen in ihr Hauptquartier ein. Vertreter des Internationalen Roten Kreuzes, Diplomaten, herbeigereiste Manager der betroffenen Fluggesellschaften und Presseleute bemühten sich verzweifelt um ein klares Bild der Lage. Wie viele Geiseln befanden sich eigentlich jetzt noch in den Händen der Guerillas? Es war grotesk: Nicht einmal im Volksfront-Hauptquartier wußte man es genau! Es waren insgesamt fünfundfünfzig –

achtunddreißig Amerikaner, acht Engländer, sechs Schweizer, zwei Deutsche und ein Holländer.

Durch das Menschengewühl drängten sich Naomie Feinstein und Martin Mensch. Der Rechtsanwalt versuchte nun schon seit drei Tagen, seine Tochter Barbara zu finden. Gleich bei seiner Ankunft war es ihm dank seinem Bekannten gelungen, Kontakt mit dem Volksfrontsprecher Bassan aufzunehmen, der sich von der Verzweiflung dieses jüdischen Vaters aus New York jedoch nicht beeindrucken ließ. »Ihre Tochter war in Israel. Sie ist ein Freund der Kibbuz-Bewegung«, erklärte er kühl und weigerte sich beharrlich, Auskünfte über ihren Verbleib zu geben oder ihr gar eine Nachricht zuzuspielen. Als Martin Mensch seine Tochter nun auch nicht im »Intercontinental« finden konnte, wußte er weder ein noch aus. Wo war Barbara?

Und wo war Benjamin Feinstein? Naomie fragte jeden, den sie traf. Aber weder ihre Leidensgefährten noch die amerikanische Botschaft, noch die TWA, die in der Hotelhalle einen Auskunftsdienst organisiert hatte, konnten über ihren Mann und ihren Vater Auskunft geben. Lediglich zwei, wenn auch rätselhafte Hinweise erhielt sie: Als sie zufällig in der Damentoilette eine Hotelsekretärin traf, erkundigte sie sich routinemäßig nach einem Gast namens Feinstein, der eventuell im Hotel abgestiegen sei. Das Mädchen ließ sich nicht beim Händewaschen stören, sagte aber ganz nebenbei: »Nein, Mrs. Feinstein, Ihr Mann ist nicht hier. Er befindet sich an einem sicheren Ort und wird schon bald wieder bei Ihnen sein.«

Und als man sie und die Kinder wenig später im Hotel »Philadelphia« einquartierte, das als geschützter bezeichnet wurde, sprach der Kofferträger sie merkwürdigerweise an: »Ich habe gehört, daß Sie Ihren Vater und Ihren Mann suchen...«

Naomie fuhr überrascht auf. »Wissen Sie etwas?« fragte sie erregt. Der Träger stellte das Gepäck ab und lächelte: »Machen Sie sich keine Sorgen, Madame, sie werden schon bald wieder hier sein!«

Naomie konnte sich keinen Reim auf diesen Tip machen. Wußten die beiden Araber etwas, oder wollte man sie nur beruhigen? Oder spekulierten sie auf ein Trinkgeld?

Während im »Intercontinental« Entlassungspartys gefeiert wurden, saß Naomie in der Tür zwischen den beiden Zimmern, die man ihr im »Philadelphia« gegeben hatte. Den einen Raum hatte sie zwei englischen Mädchen überlassen, die sich ängstigten und nicht allein sein wollten, und im anderen schliefen endlich ihre vier Kinder. Sie hatten baden und die Wäsche wechseln können – zum erstenmal seit einer Woche. Naomie fand keinen Schlaf. Sie saß auf ihrem Stuhl und zermarterte sich den Kopf. Was war mit Ben? Was mit Vater? Lebten sie überhaupt noch? Sie selbst kam sich immer noch wie eine Gefangene vor. Wer konnte schon mit Sicherheit behaupten, daß sie und die Kinder am nächsten Tag ausreisen würden? Die Guerillas hatten ja noch ihre Pässe. Die Nacht wollte für Naomie Feinstein kein Ende nehmen.

Ihrem Mann und seinen neun Mitgefangenen hatte dieser Tag eine freudige Überraschung gebracht. Am Nachmittag war plötzlich ein arabischer Arzt aufgetaucht, mit dem sich die Geiseln endlich verständigen konnten. Er hatte dafür gesorgt, daß die Stahltür des kleinen Zimmers aufblieb und eine ordentliche Mahlzeit gebracht wurde: stark gesüßter Tee, Weintrauben, frisches Brot. Er hatte Medikamente hinterlassen, und ihm war es auch zu verdanken, daß die zehn Geiseln jetzt volle Bewegungsfreiheit innerhalb des Hauses hatten und sich jederzeit auf dem Innenhof die Beine vertreten durften.

Gegen elf Uhr nachts gab es eine zweite Überraschnug: Ein Mercedes der Guerillas fuhr vor, der die TWA-Crew absetzte. Captain Carroll Woods, Jim Majer und Al Kiburis wurden mit großem Hallo begrüßt. Die Guerillas hatten sie aus unerfindlichen Gründen von der Gruppe jener achtzehn Männer getrennt, die in der Nacht vom Donnerstag zum Freitag aus dem TWA-Flugzeug verschleppt worden waren. Während die Geiseln Nachrichten austauschten und ihre Erlebnisse berichteten, brachten die arabischen Wächter Schaumgummiunterlagen, die auf dem Boden ausgerollt wurden. Sogar fabrikneue Wolldecken gab es in dieser Nacht.

Naomie wurde erst um sechs Uhr morgens durch das Läuten des Telefons vom Grübeln abgelenkt. Schnell griff sie zum

Hörer. Vielleicht eine Nachricht von Benjamin? Aber der Anruf brachte nicht die ersehnte Lösung. »Bitte seien Sie um halb acht mit Ihrem Gepäck in der Halle«, sagte der Portier lediglich. Enttäuscht weckte Naomie die beiden Mädchen und die Kinder und packte die Koffer. Pünktlich um halb neun fuhren Autobusse der jordanischen Armee vor dem »Philadelphia« vor, um die Passagiere aufzunehmen. Auf der Fahrt zum Ammaner Flugplatz übernahmen zwei gepanzerte Mannschaftswagen den Begleitschutz. Keine Paß- und Zollkontrolle – die Busse fuhren direkt an die Balair-Maschine heran, die vom Roten Kreuz gechartert worden war. Am Pistenrand standen schwere Centurion-Panzer zum Schutz des Flughafens.

Minuten später startete die Maschine. Naomie Feinstein warf einen letzten Blick auf Amman. Sie flog mit gemischten Gefühlen ab. Wenn sie die Kinder nicht bei sich gehabt hätte, wäre sie nicht aus Amman abgereist – nicht ohne ihren Mann und ihren Vater.

Während die TWA-Passagiere in Nikosia auf Zypern übernachteten, um am nächsten Morgen mit einem Charterflugzeug der amerikanischen Gesellschaft weiterzufliegen, war das Abenteuer für die entlassenen britischen Geiseln bereits beendet. Auch sie hatte man von den Hotels abgeholt und zum Flughafen gebracht, wo sie am Nachmittag eine Passagiermaschine der Royal Air Force mit Ziel London bestiegen. Unterwegs stellten die Internatsschüler das Flugzeug fast auf den Kopf. Sie waren nicht auf ihren Sitzen zu halten, tobten im Gang herum, ließen sich im Cockpit die Instrumente erklären und bedienten sich großzügig mit französischem Champagner. Als sie in London gelandet waren, zeigte sich, daß sie im Umgang mit der Presse etwas dazugelernt hatten: In der Ankunftshalle bestürmten die Reporter sie mit Fragen, aber die Lausejungen hielten eisern den Mund. Dann verkündete Nigel Hatcher laut: »Von uns könnt ihr nur Storys kriegen, wenn ihr uns Karten für das Fußballspiel England gegen Ungarn beschafft!« Die Reporter versprachen es und hielten ihr Versprechen.

11

Seit die TWA-Crew zu ihnen gestoßen war, fühlten sich Benjamin Feinstein und Robert Palagonia erleichtert. Sie waren nun nicht mehr allein für die Teenager verantwortlich, die unter der Gefangenschaft besonders litten. Am Sonntag morgen brachten die Guerillas – wahrscheinlich auf Veranlassung des arabischen Arztes – Rasierzeug, Seife, Zahnpasta und frische Schlafanzüge russischer Herkunft. Die Geiseln besorgten sich eine Waschwanne, Wasser wurde in Eimern herangeschleppt, und nun konnten die Männer zum erstenmal seit einer Woche ein Bad nehmen. Selbst ihre schmutzige Wäsche wurde abgeholt und frisch gebügelt zurückgebracht. Mittags gab es Huhn, Fleisch, Eier, Kartoffeln und Bananen, die die Guerillas brüderlich mit den Geiseln teilten. Nur die orthodoxen Juden hielten streng auf koscheres Essen. Sie aßen beispielsweise die Eier roh, weil sie die Kochtöpfe nicht für koscher hielten.

Das Verhältnis zwischen Geiseln und Guerillas wurde geradezu freundschaftlich. Sie setzten sich sogar zum gemeinsamen Singen zusammen. Die Amerikaner versuchten, arabische Revolutionslieder zu lernen, und die Guerillas mühten sich mit »*All my loving*« und Beatles-Songs ab. Manchmal kam ein junger Araber in Zivil, der fließend Englisch sprach. Er brachte ein Transistorradio mit, und man hörte zusammen die Nachrichten der BBC. Präsident Nixon, so wurde gemeldet, hielt die Entführung der Geiseln für »illegal«. Sofort stand der Spaßmacher Feinstein auf und sagte zu dem Araber: »Haben Sie das gehört? Die ganze Sache ist illegal. Dann können wir jetzt ja gehen!« Er ging prompt zur Tür, die jungen Amerikaner schlossen sich lachend an. Aber bevor sie den Ausgang erreicht hatten, wurden sie von den Wachen zurückgehalten. Zehn Minuten später stürzte ein arabisches Mädchen in den Raum herein und beschimpfte die Geiseln: »Ihr seid alle Zionisten und Imperialisten!« Sie wurde geduldig und schweigend angehört – und verteilte schließlich Erdnüsse, die sie mitgebracht hatte.

Einer der Guerillas gestand, daß er sich in eine junge Engländerin verliebt hatte, während er an Bord der BOAC-Maschine in der Wüste patrouillieren mußte. Sie hatte ihm ihre Adresse gegeben, und nun wollte er ihr einen Brief schreiben. Da er jedoch nur ein paar Worte Englisch sprach, setzte David Müller, einer der jungen Amerikaner, einen schwungvollen Liebesbrief für ihn auf, und der verliebte Guerilla unterschrieb.

Inzwischen richteten sich die britischen, deutschen und Schweizer Geiseln und die Amerikanerinnen in dem Haus am Stadtrand von Amman ein, vor dem sie abgesetzt worden waren. Miriam, Sarah, Fran und Barbara bezogen ein kleines Zimmer, das neben der Küche lag. Das Haus war unmöbliert, aber man brachte ihnen am Abend ebenfalls neue Schaumgummiunterlagen, Toilettenartikel, fabrikneue Wolldecken und russische Pyjamas. Heißwasserboiler und Dusche im Badezimmer funktionierten, so daß sich die Geiseln waschen und einigermaßen erfrischt in die Schlafanzüge schlüpfen konnten. Ihre Stimmung war jedoch gedrückt.

Die Engländer, die in einem Raum zusammen wohnten, besprachen die Lage. Seit dem Morgen hatten sie keine Nachrichten mehr hören können, weil die Batterien ihrer Transistorradios verbraucht waren. Was ging in der Welt vor? Wurden die Vermittlungsbemühungen fortgesetzt, oder hatte man die Geiseln schon vergessen?

»Wir sollten etwas unternehmen«, meinte Captain Goulborn. »Vielleicht hilft es, wenn wir einen Brief schreiben und ihn der Presse zuzuspielen versuchen?«

Der Vorschlag fand allgemeine Zustimmung. Major Potts riß ein Blatt aus seinem Notizbuch, und Goulborn schrieb: »Wir werden unter den gegebenen Umständen äußerst korrekt behandelt. Unsere Unterkunft ist sehr eng, aber unsere Moral ist ungebrochen. Bitte holt uns hier so schnell wie möglich heraus, denn mit jedem Tag, der vergeht, werden die Dinge komplizierter.«

Abu Fahdi, der noch nachts um zehn kam, um neue Radiobatterien zu bringen, versprach, den Brief zu den englischen Presseleuten ins Hotel »Intercontinental« zu bringen. Schon am nächsten Tag machte er Schlagzeilen in der britischen Presse.

In den Abendnachrichten der BBC hieß es, die Verhandlungen über die Freilassung der Geiseln würden fortgesetzt. Die Wirklichkeit sah jedoch anders aus.

Jordanien befand sich am Rande des Bürgerkriegs, und die Mission des IKRK scheiterte an dessen Vizepräsidenten. Am frühen Morgen des 12. September war Jacques Freymond von Genf nach Amman geflogen, um sich persönlich in die Verhandlungen über die Flugzeuggeiseln einzuschalten. Im Moment seiner Landung wurden jedoch fünfundvierzig Kilometer vom Ammaner Flughafen entfernt die drei entführten Düsenriesen in die Luft gesprengt. Noch am Tag zuvor hatte André Rochat aus Amman nach Genf gefunkt, die Volksfrontführer hätten ihm versprochen, die Flugzeuge nicht zu zerstören. Freymond empörte sich über die wortbrüchigen Abenteurer: »Mit diesen Leuten verhandele ich nicht mehr«, erklärte er und kehrte noch am gleichen Tag mit André Rochat nach Genf zurück.

Die Guerillas hatten zwar dreihundertsiebzig Flugzeuggeiseln entlassen, aber durch Jacques Freymonds plötzlichen Rückzug gerieten die restlichen fünfundfünfzig in eine schwierige Lage. Es gab nun überhaupt keine offizielle Möglichkeit mehr, mit der Volksfront über ihre Freilassung zu verhandeln. Das IKRK hatte seine Vermittlerrolle aufgegeben, die Drähte waren abgerissen, der internationale Krisenstab in Bern war somit praktisch außer Funktion gesetzt ...

In dieser Situation schaltete sich ein britischer Amateurdiplomat ein, der sich für die acht englischen Geiseln einsetzte. Michael Adams, Publizist und Direktor des Londoner Instituts für palästinensisch-britische Verständigung, hielt sich bereits seit drei Tagen in Amman auf. Er hatte erstklassige Beziehungen zu den Volksfrontführern und handelte am Sonntag vormittag mit Volksfrontchef Abu Maher kurz entschlossen die Bedingungen für den Austausch der englischen Geiseln gegen Leila Khaled aus.

Der Vertrag wurde in Adams' Notizbuch niedergeschrieben, von Abu Maher im Namen der Volksfront gegengezeichnet und gestempelt und sofort zur britischen Botschaft gebracht, von wo er per Telex an Premierminister Heath weitergeleitet werden konnte. Der britische Regierungschef jedoch hielt sich an die vom Krisenstab festgelegte Entscheidung und teilte mit: »Keine Einzelaktion. Das Angebot der Volksfront ist abzulehnen!«

Michael Adams aber blieb weiter aktiv. Am Montag sprach er vor dem »Intercontinental« einen seriös gekleideten Herrn an, der ihm schon seit Tagen aufgefallen war, weil er ständig vor dem Hotel auf und ab lief.

»Kann ich Ihnen irgendwie behilflich sein?« fragte Adams.

»Ich bin der niederländische Botschafter«, stellte sich der Herr vor. »Ich warte auf meinen Holländer.«

Adams hatte gar nicht gewußt, daß sich auch ein Holländer unter den Geiseln befand. Es war der TWA-Purser Rudi Swinkels.

»Vielleicht kann ich in dieser Sache etwas tun«, meinte er, fuhr sofort zum Volksfront-Hauptquartier und trug Abu Maher persönlich die Angelegenheit vor. »Schauen Sie«, schloß er, »Sie haben nun schon fünf Regierungen gegen sich aufgebracht. Lohnt es sich wirklich, auch noch die Niederländer zu verärgern – wegen einer einzigen holländischen Geisel?«

Abu Maher versprach, die Sache im »Komitee« zu besprechen und Adams noch in der gleichen Nacht die Entscheidung mitzuteilen.

Kurz vor Mitternacht, Adams ging gerade zu Bett, klingelte das Telefon in seinem Zimmer im »Intercontinental«. Abu Maher war am Apparat und sagte nur einen Satz: »Sie können Ihren Holländer morgen um elf hier abholen!«

Als Adams und der niederländische Botschafter am nächsten Morgen im Volksfront-Hauptquartier erschienen, erlebten sie eine Überraschung: Rudi Swinkels hatte es gar nicht eilig, aus der Gewalt der Guerillas zu entkommen! »Ich kann unmöglich einfach so weggehen«, erklärte er, »ich muß mich unbedingt noch von Dr. Achmed verabschieden, mit dem ich hier verabredet bin.« Der Purser hatte sich mit dem Guerilla-Arzt angefreundet.

Adams hatte Verständnis dafür, daß zwei Männer, die unter so außerordentlichen Umständen Freundschaft geschlossen hatten, nicht ohne Abschied auseinandergehen wollten. Aber jetzt kam es wirklich auf Minuten an. »Kommen Sie mit, Mann«, flüsterte er Swinkels zu, »und zwar sofort! Es ist fünf Minuten vor zwölf. Jeden Augenblick kann der Bürgerkrieg ausbrechen, und wer weiß, ob die Volksfront sich die Sache dann nicht anders überlegt und Sie doch nicht laufen läßt!«

Da erst nahm Swinkels seinen Flugkoffer und meinte enttäuscht: »Okay, dann muß ich wohl gehen.«

Aber als sie das Hauptquartier verließen. kam ihnen Dr. Achmed entgegen; die beiden Freunde fielen sich um den Hals, küßten sich nach arabischer Sitte auf beide Wangen, und dann schob Adams den Purser in das wartende Taxi.

»Mach's gut, alter Junge«, rief der Guerilla-Arzt und winkte dem davonfahrenden Taxi nach. Die Zahl der Geiseln hatte sich auf vierundfünfzig verringert.

In ihrem Versteck am Stadtrand von Amman gewöhnte sich Miriam Beeber an die neue Routine ihrer Kriegsgefangenschaft. In ihrem viel zu großen russischen Pyjama sah sie wie ein Zirkusclown aus. Die Männer lagen in Unterhosen auf den Schaumgummimatratzen. Ihrer aller Hauptproblem war die Langeweile. Sie tauschten zwar Bücher aus, aber die Lektüre war schnell verbraucht. Einer ihrer Bewacher brachte ihnen schließlich Lesestoff aus seiner Bibliothek – Kurzgeschichten von Kafka, »*Auferstehung*« von Tolstoi und »*Der Rote Brief*« von Hawthorn: Der Guerilla war Oberschullehrer und hatte in den Vereinigten Staaten studiert. Manchmal erhielten die Geiseln auch den *Daily Star,* eine in Beirut erscheinende Zeitung in englischer Sprache. Major Potts entdeckte eines Tages mit Erleichterung ein Bild seiner Frau mit den beiden Töchtern, das bei ihrer Ankunft in Nikosia aufgenommen worden war, wie der Begleittext verhieß. Die Familie war also wenigstens in Sicherheit.

Verpflegungsprobleme gab es bei dieser Gruppe auch nicht. Die Guerillas brachten frisches Obst, Brot, Huhn, Reis, Schafskäse und Gemüse in Dosen. Dr. Jeschke entpuppte sich als ein meisterhafter Koch, und die Mädchen gingen ihm eifrig in der Küche zur Hand.

Am Sonntag nachmittag erhielten die vier jüdischen Studentinnen zum erstenmal Besuch. Vier arabische Guerillamädchen, die sie auf dem Revolutionsflugplatz kennengelernt hatten, kamen unvermutet zu ihnen. Sie hatten ihre staubigen Khakiuniformen mit knapp sitzenden Jeans und T-Shirts vertauscht, ließen sich unbekümmert auf den Schaumgummimatratzen nieder und waren schon bald mit den jungen Jüdinnen in eine lebhafte politische Diskussion verwickelt. Samia, die zu den Bewachern der BOAC-Maschine gehört hatte, erläuterte die politischen Ziele der Volksfront in fließendem Englisch: »Wir wollen die Israelis nicht ins Meer werfen. So kann man das Palästinaproblem nicht lösen. Wir brauchen eine proletarische Revolution in den arabischen Ländern und auch in Israel. Wenn die ausgebeutete Klasse erst einmal ihre Unterdrücker abgeschüttelt hat, spielen Staatsgrenzen keine Rolle mehr. Die Juden werden dann gemeinsam mit den Palästinensern und anderen Arabern den Sozialismus aufbauen. Dabei wird der Zionismus ebenso untergehen wie das reaktionäre Feudalregime in Jordanien.«

Am nächsten Tag brachte Mouna ein Geschenk für Miriam Beeber mit, die an der Diskussion besonders interessiert teilgenommen hatte. Es war ein Bildband, den die Araberin eben erst in einem libanesischen Verlag veröffentlicht hatte. Er zeigte Aufnahmen von palästinensischen Kindern, die Opfer des Kriegs geworden waren: Kinder in den Flüchtlingslagern, Kinder zwischen Panzern und Kanonen, Kinder auf Schlachtfeldern zwischen Leichen. Eine erschütternde Dokumentation, die Mouna mit folgender Widmung für Miriam versah: »Mögen deine finstern Erlebnisse in der jordanischen Wüste deinen Sinn erleuchten und dein Verständnis für das Elend des palästinensischen Volkes wecken, das durch die Revolution den Frieden erreichen will.«

Zwischen den amerikanischen Jüdinnen und den Guerillamädchen bahnte sich an diesem Tag eine Freundschaft an, die mit einer gemeinsamen Party zu Sarah Malkers Geburtstag am 20. September gekrönt werden sollte. Die Araberinnen hatten Miriams Vorschlag begeistert zugestimmt – aber aus der Geburtstagsparty sollte nichts werden. In der Nacht des 15. September gruppierten die Guerillas die Geiseln um. Die Konfrontation zwischen dem König und den palästinensischen Freischärlern hatte sich derart verschärft, daß der Bürgerkrieg unvermeidbar schien. Und die Guerillamädchen vertauschten ihre Freizeitkleidung wieder mit der staubigen Khakiuniform.

12

Der Abschied war kurz und herzlich. Die jungen Guerillas umarmten ihre Gefangenen, mit denen sie in den vergangenen Tagen Lieder gesungen und Freundschaft geschlossen hatten: Die zwölfköpfige Gruppe Feinstein wurde verlegt.

»Wir fühlen uns hier ganz wohl«, protestierte Captain Woods. »Lassen Sie uns doch bleiben, wo wir sind«, bat er den Volksfrontfunktionär, der abends um halb acht gekommen war und den Geiseln befohlen hatte, ihre Sachen zusammenzupacken.

»Sie können hier nicht bleiben«, beschwor der Guerilla den TWA-Captain. »In Ihrem eigenen Interesse bringen wir Sie an einen sicheren Ort. Dort ist es auch noch bequemer und besser als hier.«

»Unsinn«, schrie Woods nervös zurück. »Den Trick kenne ich schon! Immer heißt es: ›Wir bringen Sie an einen besseren Ort.‹ Und immer sind die Unterkünfte schlechter geworden!«

Der Araber war gehetzt und in Eile. Er hob beide Hände und rief: »Ich schwöre bei Allah, daß ich die Wahrheit sage! Bitte beeilen Sie sich und kommen Sie mit!« Da sah der TWA-Captain ein, daß er sich nicht widersetzen konnte, und schloß sich kopfschüttelnd den anderen Geiseln an, die bereits die bereitstehenden Autos bestiegen hatten.

Zehn Minuten später erreichten sie das dreistöckige Haus am Stadtrand von Amman, in dem bisher die deutsch-britisch-schweizerische Gruppe gefangengehalten worden war. Bis auf die vier jungen Mädchen waren die Geiseln jedoch inzwischen in das Flüchtlingslager Wahdat gebracht worden, wo man sie in einem einstöckigen Haus mit kleinem Innenhof einschloß.

Nun sah Miriam nach sechs Tagen Ungewißheit ihren Freund

Mark Shane wieder. Natürlich fiel sie ihm erleichtert und begeistert um den Hals. Minuten später trafen schließlich auch die restlichen amerikanischen Geiseln ein, die bisher an zwei verschiedenen Orten in Amman untergebracht waren. Ben Feinstein konnte überrascht und froh seinen Schwiegervater William Koster in die Arme schließen. Seine erste Frage galt Naomie und den Kindern, aber Koster konnte nur berichten, daß er sie zuletzt im Flugzeug gesehen habe.

Nun waren in diesem Haus auf dem Hügel sämtliche in Amman festgehaltenen amerikanischen Geiseln (insgesamt zweiunddreißig) untergebracht. Die Engländer, die Schweizer und die Deutschen hatten in dieser Nacht einen schlechten Tausch gemacht. Zwei winzige Räume ihrer neuen Unterkunft waren ihnen zugewiesen worden. In einem dritten hielten sich die palästinensischen Wächter auf, und in dem vierten, der Straße zugewandten Raum stapelten sich Munitionskisten mit chinesischer Aufschrift. Auf dem kleinen Innenhof befand sich eine primitive Latrine, daneben standen zwei mit Wasser gefüllte Fässer.

Am nächsten Morgen um sechs – es war Mittwoch, der 16. September – hörten die Engländer, die sich in einem Raum zusammengefunden hatten, im Radio, daß König Hussein eine Militärregierung eingesetzt und Feldmarschall Madschali mit diktatorischen Vollmachten ausgestattet habe. Die Guerillas betrachteten das als offene Kriegserklärung. Im Flüchtlingslager wurden sofort Waffen und Munition verteilt – nicht nur an Männer, auch an Frauen und selbst an zwölfjährige Knaben. Die Wächter der Geiseln hatten ihr Radio auf die Welle des Guerilla-Senders eingestellt, der den ganzen Tag über Marschmusik und revolutionäre Lieder ausstrahlte. Am Nachmittag tönte es aus dem Guerilla-Radio: »Brüder! Haltet eure Finger am Gewehrabzug, bis das faschistische Militärregime beseitigt ist!« Und mit Pathos in der Stimme verkündete ein Bewacher den Engländern: »Wir teilen jetzt das gleiche Schicksal. Wir sind Brüder!«

Der Bürgerkrieg begann am nächsten Morgen um 5.54 Uhr: das Rattern von Maschinengewehren, pfeifende Kugeln, das Zischen von Raketen, Granatwerferfeuer, der ohrenbetäubende

Knall feuernder Panzerkanonen, dumpfe Einschläge. Die Geiseln schreckten aus dem Schlaf hoch und drängten sich an den Innenwänden ihrer Räume zusammen. Major Potts kommentierte den Kriegsbeginn gelassen mit »*That's it!*«, während Swissair-Captain Schreiber mit Entsetzen an die Munitionskisten im vorderen Zimmer dachte: Wenn da ein Volltreffer einschlägt, fliegen wir alle in die Luft!

Gegen acht Uhr brachte ein Guerilla Tee. Mehr gab es nicht zum Frühstück. »Machen Sie sich keine Sorgen«, versuchte der Araber die Geiseln, die ihn mit Fragen bestürmten, zu beruhigen. »In zwei Tagen ist alles vorbei und Hussein geschlagen.«

Dem Schweizer Passagier Dr. Hans Sticher schien, daß die Guerillas ihre Lage zu rosig sahen. Als Reservehauptmann einer Flak-Einheit konnte er den Kriegslärm genau interpretieren. Er hörte Artilleriegranaten, die höchstens einen Kilometer von der Geiselunterkunft entfernt explodierten. Und die Einschläge kamen näher! Die jordanische Armee war offenbar im Vormarsch. Sticher hatte Angst. Aber er ließ sich nichts anmerken, weil er seine Mitgefangenen nicht beunruhigen wollte. Außer ihm gab es in der Gruppe keinen Militärexperten.

Bei den Engländern nebenan war Major Potts der Militärfachmann. Mit geschlossenen Augen, den Rücken an die Wand gelehnt, lauschte er auf den Kriegslärm. Wenn eine Granate in der Nähe einschlug, kommentierte er beispielsweise gelassen: »*This was a twentyfive pounder!*«

»*Pretty close?*« fragte Captain Goulborn einmal zurück, als es besonders laut knallte und das Zimmer erbebte.

»*Pretty!*« war die stoische Antwort des Majors, der sich in seinem Element fühlte.

Oben auf dem Hügel wurden auch die amerikanischen Geiseln vom Gefechtslärm aus dem Schlaf gerissen. Schreckensbleich rannten die Mädchen aus ihrem Zimmer in die Halle, die sich im Zentrum des Hauses befand. Instinktiv ahnten sie, daß dies der sicherste Ort war. Kurz darauf stürzten auch die Männer herein und warfen sich auf den Boden. Einige legten schützend ihre Arme um die Mädchen. Der Rabbiner David bedeckte seinen Kopf mit einer Wolldecke, und wenn der Gefechtslärm für Sekunden abebbte, hörte man ihn darunter Gebete murmeln. Dann verlöschte das Licht, und als die Geiseln in einer Gefechtspause in ihre Zimmer zurückkehrten, stellten sie fest, daß auch das Wasser ausblieb.

Die Kämpfe dauerten an – Stunde für Stunde. Wann immer der Gefechtslärm anschwoll, stürzten die Geiseln in die Halle und warfen sich zu Boden. Gegen Mittag ballerte auch noch mit ohrenbetäubendem Lärm eine Feldhaubitze los, die die Guerillas ausgerechnet auf dem Dach der Geiselunterkunft in Stellung gebracht hatten. Mein Gott! dachte Feinstein, wenn sich die Jordanier auf das Ziel einschießen, sind wir verloren ...

Im Hotel »Intercontinental« waren Licht, Wasser und Telefon bereits am frühen Morgen ausgefallen. Die Militärregierung hatte zudem strikte Ausgangssperre angeordnet. Vor den Augen von hundert Reportern der Weltpresse spielte sich das Ereignis des Jahres ab – aber niemand konnte seine Story herausbringen! In der näheren Umgebung wurde heftig gekämpft. Offenbar versuchten die palästinensischen Freischärler, das Hotel zu erobern. Eine Maschinengewehrsalve schlug in den großen Wassertank auf dem Hoteldach ein. Das Wasser lief an den Wänden herunter. Fensterscheiben splitterten, Gewehrkugeln pfiffen durch die Hotelzimmer und rissen den Putz von den Wänden, und die Reporter suchten unter den Betten Deckung oder liefen in den Keller. Dort saß auch Martin Mensch, bleich, stumm, apathisch. Er hatte Barbara nicht helfen können, und jetzt war es zu spät ...

Alle Verbindungen zur Volksfront waren abgerissen, ihre Führer waren verschwunden. Nachrichten über die vierundfünfzig Geiseln waren nicht mehr zu erhalten. Nur eins war gewiß: Sie befanden sich im Zentrum des Bürgerkriegs, und die Beduinensoldaten des Königs gingen mit schweren Waffen und äußerster Brutalität gegen die Stützpunkte der Palästinenser vor.

Als es dunkel wurde, flauten die Kämpfe etwas ab. Die amerikanischen Geiseln standen in der Küche und schauten aus dem Fenster in das Tal hinab. Der nächtliche Himmel war illuminiert wie bei einem Brillantfeuerwerk: rote, grüne und weiße Leuchtkugeln, explodierende Raketen, goldene Streifen von Leuchtspurgeschossen.

Im hinteren Zimmer lagen Ben Feinstein und Bob Palagonia nebeneinander auf dem Boden und diskutierten in der Dunkelheit die Frage, was für die Geiseln wohl besser wäre – ein Sieg der Guerillas oder ein Sieg der jordanischen Armee. Sie waren zwar sicher, daß die Guerillas nicht vorhatten, sie zu erschießen, aber wenn die Jordanier das Haus stürmen sollten – würden sie dann nicht vielleicht doch die Nerven verlieren?

»Ich glaube, daß das Haus unter direkten Beschuß kommt und wir mit den Guerillas gemeinsam sterben«, meinte Bob. Die beiden Männer hatten mit dem Leben abgeschlossen. »Ich bin sicher, daß wir heute nacht dran sind«, flüsterte auch Ben. Vor einem Jahr war seine Mutter an Krebs gestorben, und seither hatte ihn der Tod viel beschäftigt. Er war darauf vorbereitet zu sterben, spürte weder Selbstmitleid noch Angst, dachte aber mit Sorge an Naomie und die Kinder. Wie würden sie ohne ihn auskommen?

Bob betete stumm. Er hatte noch nie in seinem Leben so viel gebetet.

Miriam Beeber saß mit Mark Shane zusammen. Sie hörten schweigend dem fernen Gefechtslärm zu. Auch Miriam hatte die Hoffnung aufgegeben, diesen Krieg lebend zu überstehen. Ich bin doch noch so jung, dachte sie. Warum muß ich schon sterben? Und sie fragte sich auch, welche Auswirkung der Tod der Geiseln auf die Welt haben würde. Ob es zu einem größeren Krieg käme?

In den folgenden Tagen wechselte die Kampftätigkeit – auf wilde Schießereien folgten Stunden relativer Ruhe. In dem Haus auf dem Hügel übernahm Sarah Malker das Kommando in der Küche. Die Guerillas teilten ihre Verpflegung nach wie vor brüderlich mit ihren Gefangenen. Sie brachten rotchinesische Konserven, Fleisch und Gemüse, mitunter trieben sie sogar ein paar Eier oder ein Huhn auf. Der Nachschub floß jedoch von Tag zu Tag spärlicher, und auch das Trinkwasser, das die Guerillas in Kübeln herbeischafften, mußte rationiert werden.

Bald gab es nur noch eine Mahlzeit und drei Tassen Wasser pro Tag.

TWA-Flugingenieur Al Kiburis zeichnete mit Bleistift einen Kalender an den weißen Wandputz und strich die Tage ab. Immer wieder verkündete er das Datum ihrer Befreiung, um den anderen Mut zu machen. »Am 20. September ist es soweit!« rief er, und als der 21. September kam, gab er den 23. als den Tag der Befreiung an. Er sollte sich wiederum irren.

Ben Feinstein suchte Zuflucht beim schwarzen Humor. »Stellt euch mal vor«, sagte er, »was für eine glorreiche Beerdigung uns erwartet! Man wird unsere Leichen mit Militärtransportern nach Washington fliegen und in kostbare Mahagonisärge betten. Die Särge werden mit der Staatsflagge bedeckt und auf Lafetten gehoben. Dann beginnt der Trauerzug die Pennsylvania Avenue hinunter – Pferdegetrappel, dumpfer Trommelwirbel, ergriffene Zuschauer. Und schließlich wird man am Parktor des Weißen Hauses eine Bronzetafel mit unseren Namen anbringen...«

Niemand mochte so recht über Feinsteins Geschichte lachen, am wenigsten die beiden Rabbiner Hutner und David. Sie hielten sich abseits, ließen sich auf kein Gespräch ein und beteten ununterbrochen.

Am besten standen die acht britischen Geiseln die Nervenanspannung des Bürgerkriegs durch. In dem engen Haus im Flüchtlingslager Wahdat lagen sie nebeneinander auf ihren Schaumgummimatratzen, hörten die BBC-Nachrichten und kommentierten die Weltereignisse mit trockenen Scherzen. Einer von ihnen hatte ein *Playboy*-Witzbuch bei sich und las in den Kampfpausen daraus vor. Fritz Schreiber bewunderte die Engländer. Briten, wie sie im Buche stehen! dachte er. Wie bringen sie es fertig, immer so gelassen zu bleiben?

Die Stimmung der Schweizer und der deutschen Geiseln war gedrückt. Horst Jerosch wälzte sich unruhig auf seiner Matratze hin und her. Die Untätigkeit, zu der er inmitten des Kampfgetümmels verurteilt war, entnervte ihn. Immer wieder überlegte er sich Fluchtmöglichkeiten. Lieber wollte er auf der Flucht erschossen werden, als hier zu warten, bis ihn eine Granate in Stücke riß. Schließlich sah er jedoch ein, daß der Gedanke an Flucht unsinnig war. Da sie nur bei Nacht von einem Ort zum andern gebracht worden waren, wußten die Geiseln nicht einmal, wo sie sich befanden.

Nach einer Woche erbitterter Kämpfe wurde der Bürgerkrieg durch einen kurzen Waffenstillstand unterbrochen, und die Militärregierung hob die Ausgangssperre für drei Stunden auf. Verzweifelte Hausfrauen stürzten auf die Straßen, um einzukaufen. Sie fanden nichts als zusammengeschossene und ausgeplünderte Läden. Indessen lief der deutsche Bundestagsabgeordnete Hans Jürgen Wischnewski, der nach Amman geflogen war, um sich um die beiden deutschen Geiseln Jeschke und Jerosch zu kümmern, von der deutschen Botschaft zum Militärlager am Palast der Königinmutter. Er wollte jetzt zwei deutsche Journalisten befreien, die von Freischärlern im Hotel »Philadelphia« festgehalten wurden, und bat um Panzerunterstützung. Ein jordanischer Offizier bedeutete ihm jedoch höflich, daß man in dieses Gebiet, das von den Palästinensern beherrscht werde, auch mit Panzern nicht vordringen könne. Auf dem Rückweg zur Botschaft geriet Wischnewski unter Maschinengewehrbeschuß. Am Abend schrieb er in sein Tagebuch: »Ich erfuhr, daß ich schneller laufen kann, als ich je gedacht hatte.«

Inzwischen hatte sich die internationale Lage gefährlich zugespitzt. Ägyptens Staatspräsident Nasser befürchtete eine militärische Intervention der Amerikaner und Israelis. Am 17. September schickte er seinen Generalstabschef, General Sadek, mit einer Militärmaschine nach Amman, um einen Waffenstillstand zwischen Husseins Truppen und den Guerillas auszuhandeln. Aber König Hussein war zurückhaltend. Er durfte optimistisch sein: Präsident Nixon hatte ihm militärische Unterstützung versprochen, falls er im Bürgerkrieg mit den Palästinensern in eine schwierige Lage geraten sollte. Zwölftausend amerikanische Fallschirmjäger waren in Fort Bragg (North Carolina) bereits in Alarmbereitschaft versetzt worden. Sie konnten innerhalb von sechzehn Stunden in Jordanien sein; der Hubschrauberträger »Guam« stach mit eintausendfünfhundert Marineinfanteristen von Morehead City (North Carolina) in Richtung Mittelmeer in See; und die beiden Angriffsflugzeugträger »Independence« und »Saratoga« (jeder mit fünfundachtzig Atomdüsenbombern an Bord) wurden ins östliche Mittelmeer beordert.

Am 19. September rückten die Syrer mit einer Panzerbrigade über die jordanische Nordgrenze vor und griffen zugunsten der palästinensischen Guerillas in die Kämpfe ein. Jetzt geriet König Hussein tatsächlich in Bedrängnis. Wenn sich nun noch die Iraker auf die Seite der Guerillas schlugen, war er verloren...

Zwei Tage später schickte der amerikanische Präsident seinen modernsten Flugzeugträger zur Verstärkung der 6. US-Mittelmeerflotte aus. Die 8. US-Infanteriedivision in Deutschland wurde in Alarmbereitschaft versetzt. Gleichzeitig verstärkten die Sowjets ihre Mittelmeerflotte mit fünfzehn Kriegsschiffen.

Die Welt schien am Rande eines Kriegs zu stehen. Eilig lud Nasser zu einer arabischen Gipfelkonferenz nach Kairo ein. Er hoffte, König Hussein und seinen Hauptgegenspieler, den palästinensischen Guerillaführer Jasser Arafat, an einen Tisch zu bekommen. Aber die beiden folgten seiner Einladung nicht. Vielmehr gab König Hussein seinen Elitetruppen, den jordanischen Fallschirmjägern, den Befehl, die vierundfünfzig Flugzeuggeiseln zu befreien – koste es, was es wolle.

Die Gefangenen saßen untätig in ihren Unterkünften und warteten verzweifelt auf Tod oder Befreiung...

Viele tausend Kilometer von dieser Bürgerkriegszene entfernt spielten sich indessen andere Dramen ab: In Europa und Amerika bangten die Angehörigen der Geiseln um deren Schicksal. In ihrer komfortablen Villa in Scarsdale bei New York fand Mrs. Mensch schon seit Tagen keinen Schlaf mehr. Der Brief, den Barbara aus der Wüste an ihre Eltern geschickt hatte, war nicht angekommen, und ihr Mann hatte sich zum letztenmal telefonisch aus Beirut gemeldet, von wo er nach Amman weiterflog. Seitdem befürchtete sie auch für ihn das Schlimmste.

Mrs. Ruth Berkowitz, deren Mann zu den sechs amerikanischen »Star-Geiseln« gehörte, war gleich nach der Rückkehr mit ihrer Tochter Talia zu ihren Eltern geflogen. Sie hatte ihre Armbanduhr noch nicht auf amerikanische Zeit umgestellt, und wenn sie nun auf die Uhr schaute, wußte sie jederzeit, wie spät es in Jordanien war, wann Gerald schlafen ging und wann er erwachte – wenn er noch lebte ...

Ruths Mutter wartete Tag und Nacht vor dem Fernsehschirm auf die neuesten Nachrichten, die sich jedoch häufig widersprachen. Ruth wollte sie nicht mehr hören. Sie wies auch sämtliche Fernsehanstalten, Nachrichtenagenturen und Zeitungen ab, die per Telefon um Interviews baten. Als sie von Rudi Swinkels Entlassung erfuhr, rief sie ihn sofort an. Der Purser kannte Gerald Berkowitz jedoch überhaupt nicht ...

Naomie Feinstein führte in diesen Tagen für mehrere tausend Dollar Ferngespräche. Sie telefonierte mit entlassenen Geiseln in England und der Schweiz, aber niemand konnte über ihren Mann Auskunft geben. Alle zwei Stunden fragte sie im Außenministerium in Washington nach den neuesten Meldungen aus Jordanien. Die Beamten dort standen zwar mit der amerikanischen Botschaft in Amman in Funkverbindung, über Benjamin Feinstein aber wußte man nichts.

In ihren New Yorker Wolkenkratzerpalästen hatten die TWA und die Pan Am sogenannte »Information Desks« eingerichtet. Zahlreiche Bodenstewardessen saßen dort mit dem Auftrag am Telefon, den Angehörigen der Entführten laufend die neuesten Nachrichten durchzugeben. Die Mädchen lösten sich dabei in drei Schichten ab und mußten ihren Gesprächspartnern oft in stundenlangen Telefonaten über tiefe Depressionen hinweghelfen.

Am 22. September erreichte die Nahostkrise ihren Höhepunkt. Die Entscheidung, ob mit den Syrern auch die Sowjetunion auf der Seite der Guerillas in die jordanischen Kämpfe eingreifen würde, hing an einem seidenen Faden. Präsident Nasser befürchtete einen Zusammenstoß der Großmächte auf arabischem Boden. Seiner Initiative war es zu verdanken, daß die eilends in Kairo zusammengerufene Gipfelkonferenz arabischer Staats- und Regierungschefs eine Friedensdelegation unter dem sudanesischen Staatschef General Numeiri nach Amman entsandte.

Noch in der gleichen Nacht entspannte sich die Lage. Der

Geschäftsträger der Sowjetbotschaft in Washington teilte dem stellvertretenden amerikanischen Außenminister telefonisch mit, daß der Kreml bereits mit Damaskus in Verbindung stehe: Die Sowjets drängten die Syrer, ihre Panzer aus Jordanien abzuziehen. Die Russen, so zeigte es sich, waren nicht bereit, für die Palästinenser gegen die Amerikaner zu kämpfen. Am Mittwoch, dem 23. September, zogen sich die syrischen Panzer aus Jordanien zurück.

General Numeiri flog unterdessen zweimal von Kairo nach Amman, verhandelte mit König Hussein und dessen Gegenspieler Jasser Arafat und konnte die streitenden Parteien endlich am Freitag, dem 25. September, zu einem Waffenstillstand überreden. Dennoch ging die Schießerei an vielen Orten weiter. König Husseins Beduinensoldaten richteten unter den Palästinensern ein furchtbares Blutbad an.

13

Sie saßen auf dem Boden und spielten Karten: Captain Fritz Schreiber und Dr. Hans Sticher gegen Co-Pilot Horst Jerosch und Flugingenieur Ernst Vollenweider. Die Türen des kleinen Hauses im Flüchtlingslager Wahdat waren verschlossen. Fliegenschwärme umsummten die Geiseln. Im vorderen Raum hockten zwei Wächter der Volksfront, nebenan lagen die Engländer auf ihren Schaumgummimatratzen und hörten die täglichen Nachrichten. Die BBC meldete zwar den Waffenstillstand zwischen Jordaniern und palästinensischen Freischärlern, aber davon war hier nichts zu merken. Im Flüchtlingslager ging der Krieg weiter – Granateinschläge, Maschinengewehrsalven, dumpfe Detonationen von Handgranaten. Es war Freitag, der 25. September 1970, morgens neun Uhr. Schreiber und Sticher gewannen die Partie.

Gegen halb zehn hörten die Geiseln ganz in der Nähe das Geschrei von Frauen und Kindern. Menschen rannten durch die schmale Gasse am Haus vorbei. Der Lärm explodierender

Handgranaten kam rasch näher. Ernst Vollenweider befestigte kurz entschlossen sein weißes Unterhemd an einem Stock und schob es durch das kleine vergitterte Fenster. Captain Schreiber bezog an dem anderen Luftloch Posten; falls eine Handgranate von draußen hereinfliegen sollte, wollte er sie gleich zurückwerfen, ehe sie explodierte.

Horst Jerosch merkte als erster, was geschehen war. »Ich glaube, die Guerillas sind abgehauen!« rief er plötzlich.

»Gefangene! Schweizer! Engländer!« schrie Vollenweider aus dem winzigen Fenster. Getrampel von Soldatenstiefeln, das Knattern einer Maschinenpistolensalve, die im Vorderzimmer einschlug – plötzlich war der kleine Innenhof voller Soldaten mit roten Baretten: König Husseins Elitetruppen! Sie rissen die verriegelte Tür auf und stürmten ins Haus, die Geiseln sprangen auf und fielen ihnen um den Hals. Die dunkelhäutigen Beduinensoldaten führten einen Freudentanz auf, aber ihr Offizier hatte es eilig. Sein Stoßtrupp befand sich in vorderster Kampflinie, und noch waren die Guerillas überall. So unterbrach er die fröhliche Szene mit dem Befehl zum sofortigen Aufbruch.

Draußen zeigte sich, daß lediglich die Unterkunft der Geiseln und die beiden Nachbarhäuser die Kämpfe ohne Schaden überstanden hatten. Die übrigen Häuser waren teils schwer beschädigt, teils total zerstört. Horst Jerosch bekam nachträglich noch einen Schrecken. Haben wir ein Glück gehabt! dachte er. Geduckt rannten die Geiseln mit den Soldaten eine steile Gasse hinauf und erreichten nach etwa zehn Minuten eine breite Straße. Auf der Kreuzung standen zwei schwere Centurion-Panzer und feuerten eine Salve nach der anderen ab. Explodierende Granaten zerfetzten die armseligen Unterkünfte der Flüchtlinge. Die Guerillas waren verschwunden.

Neben den Panzern standen Soldaten. Sie begrüßten die Geiseln herzlich und schossen vor Freude mit ihren Maschinenpistolen in die Luft, bis die Magazine leer waren.

Der jordanische Offizier, der die Gefangenen befreit hatte, führte sie in ein halbzerstörtes Haus. »Wo sind die anderen?« fragte er und bot Zigaretten an.

Captain Schreiber skizzierte auf einem Fetzen Papier die

Lage des Hauses, in dem die Gruppe vorher gefangengehalten worden war, da er annahm, daß sich die amerikanischen Geiseln dort befanden. Dann fuhren drei gepanzerte Mannschaftswagen vor, und eine halbe Stunde später standen die unrasierten, ungewaschenen Männer leicht benommen in der hocheleganten Halle der jordanischen Stabsoffiziers-Akademie. Die Zivilisation hatte sie wieder.

Aber noch herrschte Ungewißheit über das Schicksal der restlichen achtunddreißig Flugzeuggeiseln. Nassers Emissäre nahmen erneut Verbindung mit der Volksfront auf.

Die Guerillas befanden sich in einer verzweifelten Lage. Sie konnten die Geiseln nicht mehr versorgen und auch nicht mehr für ihr Leben garantieren.

In dem Haus auf dem Hügel versuchten die amerikanischen Gefangenen, sich körperlich fit zu halten. Feinstein organisierte einen Gymnastikkurs. Einer der Teenager, Geoff Newton, hatte aus Pappe ein »Scrabble« und ein Schachspiel gebastelt. Jede Stunde, die verging, erschien den Geiseln wie ein Tag. Die Kämpfe hielten unvermindert an, und die Guerillas wurden immer nervöser. Sie baten ihre Gefangenen, Briefe zu schreiben – an Präsident Nixon, an das Internationale Rote Kreuz, an den UNO-Präsidenten U Thant. Sie wußten, daß sie den Bürgerkrieg verloren hatten, und wollten retten, was zu retten war. Zwar wurden die Briefe geschrieben, aber sie erreichten ihre Empfänger nicht.

Am Nachmittag des 26. September tauchte unvermutet Abu Khaled auf. »Sie müssen eine wichtige Mission erfüllen«, sagte er zu Captain Woods. »Es geht um die Befreiung der Geiseln.«

Woods sollte zunächst alle Rangabzeichen und Metallknöpfe von seiner Pilotenuniform abtrennen und dann von einem Guerillamädchen in Zivil zur ägyptischen Botschaft in Amman gebracht werden, um dort die letzten Forderungen der Guerillas vorzutragen: Aufhebung der Ausgangssperre, das Recht, die Toten zu beerdigen, Einhaltung des Waffenstillstands, Beendigung des Kriegsrechts.

»Wenn jordanische Soldaten Sie unterwegs abfangen, dann

geben Sie sich als amerikanischen Ingenieur aus, der seine Botschaft sucht«, empfahl Abu Khaled.

Als der Captain und das Mädchen später von einem jordanischen Spähtrupp angehalten wurden, hielt sich Woods nicht an Abu Khaleds Weisung, sondern gab sofort die ägyptische Botschaft als sein Ziel an. Wenige Minuten später traf er dort in einem Armeejeep ein und erklärte den Ägyptern und einem jordanischen Offizier die Lage des Hauses, in dem seine Landsleute gefangengehalten wurden. Dann ging alles sehr schnell. Benjamin Feinstein öffnete in der Küche gerade eine Dose Erbsen, als Abu Khaled in Begleitung eines untersetzten Herrn in Zivil zurückkehrte, der sich schwer auf einen Krückstock stützte – ein Diplomat aus der ägyptischen Botschaft in Amman, wie sich später herausstellte.

»Ihr seid frei!« rief Abu Khaled erregt.

Die Nachricht traf die Geiseln wie ein Schock. In zwei Minuten waren sie abmarschbereit. Der Ägypter führte sie durch den Hinterhof auf die Straße. Er hatte ein Taschentuch an seinem Krückstock befestigt und humpelte überraschend flink vor ihnen her. Überall wurde geschossen – von der jordanischen Armee keine Spur! Die Geiseln huschten an den Hauswänden entlang. »Wir müssen zu den Rot-Kreuz-Bussen«, rief der Ägypter.

Viele Palästinenser beobachteten den Abmarsch der Gefangenen. Sie wußten, daß sie auf dem Weg in die Freiheit waren, standen auf der Straße und schauten aus den Fenstern. Einige drohten mit der Faust, andere winkten ihnen wehmütig nach.

Plötzlich sprang ein Mann auf die Gruppe zu. Er trug ein Kind auf dem Arm und rief immer wieder: »Amerika! Amerika!« Terrorisiert von der Mordlust der Beduinensoldaten, wollte er sein Kind den Geiseln mitgeben, um es zu retten.

Die Gruppe huschte von Deckung zu Deckung, aber der Ägypter fand die Rot-Kreuz-Busse nicht! Guy Winteler hatte lange mit den Fahrzeugen im Niemandsland gewartet, aber schließlich, als es dämmrig wurde, die Hoffnung aufgegeben, die Geiseln noch an diesem Tag zu sehen. Daher hatte er sich mit den Bussen zurückgezogen. Der Ägypter war verzweifelt.

Da stürzte plötzlich eine Meute von Halbwüchsigen aus einem Haus. Sie waren mit Maschinenpistolen bewaffnet, liefen auf die Geiseln zu, umstellten sie, schrien, gestikulierten und bedrohten sie mit den Waffen. Ein untersetzter Bursche sprang auf Sarah Malker zu, riß ihr die Trommel, die sie in Jerusalem gekauft hatte, aus der Hand und zerschlug sie auf dem Boden. Die Geiseln schauten entsetzt in die haßverzerrten Gesichter der jungen Kommandos. Sie glaubten, ihre letzte Stunde habe geschlagen – aber da tauchte ein älterer Palästinenser unter den Halbwüchsigen auf und befahl ihnen, sich zurückzuziehen. Die Gefahr war gebannt.

Der Ägypter wischte sich erschöpft den Schweiß von der Stirn. »Warten Sie hier auf mich«, bat er die Amerikaner, schwang den Krückstock mit dem Taschentuch und humpelte davon. Die Geiseln blieben im Niemandsland zurück, verbargen sich im Hof einer Tabakfabrik und hockten sich resigniert auf die Laderampe. Es war dunkel, und zwei qualvolle Stunden vergingen, bis der Ägypter endlich mit den Rot-Kreuz-Bussen zurückkehrte. Beim Einsteigen pfiffen den Geiseln Maschinengewehrkugeln um die Ohren. »Niederducken!« schrie der Ägypter, dann rasten die Busse davon.

Ihr Ziel, das Rot-Kreuz-Krankenhaus, bot einen erschreckenden Anblick: zerschossene Fassaden, überall Glasscherben, Ärzte und Schwestern in blutigen Kitteln. Die Geiseln wurden auf mehrere Zimmer verteilt und fielen erschöpft in die Betten.

Die wenigsten von ihnen hatten das Elend gesehen, das sie umgab. In diesem Krankenhaus waren die Opfer des Bürgerkriegs untergebracht worden – größtenteils Kinder. Miriam, Sarah, Barbara und Fran, die sich ein Zimmer teilten, wurden am nächsten Morgen von einer jungen Palästinenserin geweckt: »Ich möchte Ihnen gerne das Krankenhaus zeigen. Sie sollen sehen, was König Hussein angerichtet hat. Und bitte berichten Sie darüber, wenn Sie wieder zu Hause sind!«

Die amerikanischen Mädchen sahen Kinder ohne Arme und ohne Beine, Kinder, denen Granatsplitter die Augen weggerissen hatten. Miriam Beeber wurde schwarz vor den Augen. Sie wankte zur Toilette und übergab sich.

Dieser Tag brachte den Geiseln die endgültige Freiheit. Sie wurden mit Armeebussen zum Flughafen gebracht und starteten mit einer Sondermaschine der Royal Jordanian Airlines zum Flug nach Nikosia. Als die Maschine von der Piste abhob, brachen die Passagiere in Jubelrufe aus und stimmten Lieder an. Selbst der Rabbiner David fiel in den Gesang ein.

Auf der Insel Zypern gab es einen turbulenten Empfang, der auf die meisten Amerikaner nicht weniger schrecklich und verwirrend wirkte als die vergangenen Tage. Im Hotel fielen die Reporter über sie her, sie wurden gegen Cholera geimpft, sie genossen nach drei Wochen endlich wieder den Luxus eines heißen Bades und frischer Wäsche und Kleider. Ben Feinstein und Barbara Mensch meldeten sofort Blitzgespräche nach New York an. Feinsteins Frau hatte bereits von einem Beamten im Außenministerium von der Freilassung ihres Mannes erfahren und war gleich am Apparat: »*I feel like a million dollars!*« lachte Ben zur Begrüßung.

Martin Mensch hatte Amman noch während des Bürgerkriegs mit einem Rot-Kreuz-Flugzeug verlassen, nachdem er die Hoffnung aufgegeben hatte, Barbara jemals lebend wiederzusehen. Als er jetzt die Stimme seiner Tochter hörte, ließ er sich aufatmend in einen Sessel fallen. »Endlich! Gott sei Dank!« sagte er.

Am gleichen Nachmittag wurden die Amerikaner noch nach Hause geflogen. Bei der Zwischenlandung in Rom kam Präsident Nixon, der gerade auf Staatsbesuch in Italien war, an Bord. In einer kurzen Ansprache lobte er sein staatsmännisches Geschick: »Wir haben Stärke gezeigt und gleichzeitig Zurückhaltung geübt. Das hat sich als der richtige Weg erwiesen.«

Acht Stunden später landeten die Amerikaner auf dem Kennedy-Flughafen in New York. Miriam Beeber flüchtete verwirrt vor dem Presserummel und fiel ihrer Mutter in die Arme. »Mami, bring mich schnell weg von hier!« schluchzte sie.

In Buffalo (N. Y.) war Ruth Berkowitz am Verzweifeln. Reporter aus allen Teilen des Landes hatten sie den ganzen Tag über angerufen und ihr zur Freilassung ihres Mannes gratuliert. Auch die Stewardess vom »Information Desk« der TWA in New York hatte ihr mitgeteilt, daß die restlichen achtunddreißig Geiseln entlassen worden seien. Aber wieso meldete Gerald sich nicht? Und dann kam am Abend der schreckliche Anruf von der örtlichen Fernsehstation. Ruths Mutter nahm den Hörer ab. Ein Redakteur fragte sie: »Was sagen Sie zu der Entlassung der zweiunddreißig Geiseln?«

Die alte Dame wurde mißtrauisch. »Wieso zweiunddreißig?« sagte sie. »Es sind doch achtunddreißig!«

Der Redakteur mußte sie berichtigen: »Die letzten Agenturmeldungen sprechen nur von zweiunddreißig entlassenen Geiseln.«

Henriette Klein legte mechanisch den Hörer auf. In diesem Augenblick begannen die Abendnachrichten des Fernsehens, und Ruth Berkowitz betrat das Zimmer. Der Sprecher berichtete, daß zweiunddreißig Geiseln entlassen worden seien, sechs befänden sich noch in der Gewalt der Guerillas. Ruth wußte sofort, daß es sich dabei nur um das halbe Dutzend Männer handeln konnte, das schon in der zweiten Nacht aus der TWA-Maschine geholt und von den Guerillas verschleppt worden war. Sofort rief sie das Außenministerium in Washington an, wo sie erfuhr, daß sich ihr Mann tatsächlich nicht unter den entlassenen Geiseln befand. Ruth wurde schwarz vor den Augen. Sie war immer überzeugt gewesen, daß ihrem Mann nichts geschehen sei – daß er lebte. Jetzt begann sie zu zweifeln.

Am Mittag dieses 27. September 1970 konnte Nasser endlich sein Vermittlungswerk krönen. Im Festsaal »1001 Nacht« des Kairoer »Hilton«-Hotels schüttelten sich nach sechsstündiger Verhandlung König Hussein und der Palästinenserführer Jasser Arafat die Hände. Es war ein kühler Händedruck – aber das Ende des Bürgerkriegs wurde damit vorerst besiegelt. Nasser war zu Tode erschöpft. Er erhob sich schwerfällig vom Konferenztisch und sagte: »Alles, was ich jetzt will, ist schlafen!«

Am nächsten Tag, kurz nachdem er den letzten arabischen Führer am Flugplatz verabschiedet hatte, starb der ägyptische Staatspräsident in seiner Villa an einer Embolie. Seine Vermittlungsbemühungen in der Weltkrise, die von den Flugzeugentführern der Volksfront ausgelöst worden war, hatten seine letzten Energiereserven verbraucht. Zwischen Atlantik und Persischem Golf stürzten sich die arabischen Massen in einen Taumel hemmungsloser Trauer.

Die sechs »Star«-Geiseln, die in Irbid gefangengehalten wurden, hatten den Bürgerkrieg mit knapper Not überlebt. Hier hatte der König nicht nur Panzer und Artillerie eingesetzt, sondern auch die Stützpunkte der Guerillas von seiner Luftwaffe bombardieren lassen. Die Amerikaner waren in ein halbfertiges Schulgebäude evakuiert worden, wo sie in einem massiv gebauten Betonkeller Schutz suchten. Während ihrer dreiwöchigen Gefangenschaft waren sie von ihren Bewachern gut behandelt worden. Tagsüber durften sie sich frei bewegen, und wenn nicht gekämpft wurde, sonnten sie sich im Hof. Von den Guerillas erhielten sie amerikanische Zigaretten und Zeitungen, sie hatten ein Radio und einen elektrischen Rasierapparat. Im Vergleich zu den anderen Geiseln lebten sie nahezu luxuriös.

Einen Tag nach Nassers Tod fuhren vor dem Schulhaus zwei Rot-Kreuz-Fahrzeuge vor. Die Geiseln beobachteten ohne sonderliches Interesse, wie sie wendeten und parkten. Es war gerade eine faszinierende Schachpartie im Gang, Robert Schwartz lag, nur mit der Unterhose bekleidet, vor dem Fenster in der Sonne – auf den Gedanken, daß ihre Freilassung sozusagen vor der Tür stehen könne, kam keiner der Männer. Sie waren innerlich auf eine lange Haftzeit eingestellt – wenn es anders kommen sollte, so würden sie sich angenehm überraschen lassen.

Als Guy Winteler und der anonyme ägyptische Diplomat mit dem Krückstock wenig später eintraten, waren sie einen Moment lang unsicher. Handelte es sich bei diesen gepflegten, rasierten Herren, die mit sauberen Hemden und geknüpften Krawatten schachspielend auf den Matratzen saßen, tatsächlich um die letzten, langgesuchten Geiseln? Oder waren es hochgestellte Guerilla-Kommandeure? Zögernd stellte Winteler sich und seinen Begleiter vor. »Sind Sie die Geiseln?« fragte er, immer noch ungewiß.

Berkowitz antwortete: »So ist es.«

»Ach so.« Winteler war offensichtlich verblüfft. »Dann darf ich Sie bitten, uns zu folgen. Sie sind frei!«

Die sechs Amerikaner reagierten merkwürdig gelassen – keine

Begeisterung, keine Jubelrufe; sie packten einfach ihre Sachen und gingen. Bevor sie jedoch in die bereitstehenden Wagen steigen konnten, wurden sie nochmals von einem palästinensischen Kommandotrupp angehalten: Die Guerillas wollten sich unbedingt zusammen mit den Geiseln fotografieren lassen Das Bild wurde an Ort und Stelle gemacht, und nach einem herzlichen Abschied, den Winteler kopfschüttelnd verfolgte, konnten sie endlich nach Amman fahren. Dort wurden sie von Mr. Wilson, dem Vizepräsidenten der TWA, in Empfang genommen. Berkowitz und die beiden Brüder Abraham und Yasef Rafoul – Rabbiner aus New York – hatten nur einen Wunsch: Sie wollten spätestens am nächsten Tag vor Sonnenuntergang in New York sein, denn da begann das jüdische Neujahrsfest.

Wilson setzte seinen Ehrgeiz darein, diese Bitte zu erfüllen. Am nächsten Morgen flog er mit den letzten sechs Geiseln in einem Charterflugzeug nach Nikosia, wo sie in eine zweite Chartermaschine umstiegen. Nach einem kurzen Aufenthalt in Athen ging der Flug mit einer planmäßigen TWA-Maschine weiter nach New York. Dort wartete bereits ein Funkstreifenwagen auf die Geiseln. Mit Blaulicht und Sirene jagte er durch den New Yorker Abendverkehr, und wenige Minuten vor Sonnenuntergang waren Berkowitz und die Gebrüder Rafoul tatsächlich zu Hause.

Am gleichen Tag wurde Leila Khaled aus ihrer Londoner Haft entlassen. Sie hatte vierundzwanzig Tage in der Polizeistation von Ealing verbracht, wo man sie als humorvolle, intelligente Gefangene schätzen gelernt hatte.

Ihre Haftroutine sah folgendermaßen aus: Acht Uhr wecken, Frühstück in Gesellschaft der Polizeibeamtin Anne Oldham und eines bewaffneten Wächters. Anschließend las Leila alle Londoner Tageszeitungen – mit besonderer Vorliebe den konservativen *Daily Telegraph*. Etwa um halb zwölf Körpertraining in einem größeren Raum, wo sie mehrmals um einen vier Quadratmeter großen Tisch herumlief. Im Hof der Polizeistation durfte sie nicht spazierengehen, denn ihre Bewacher fürchteten, daß ein israelischer Agent eine Handgranate über die Mauer werfen könne. Kurz vor dem Mittagessen duschte sich Leila in der

Dienstwohnung von Commander Bond, und nach dem Lunch spielte sie gewöhnlich mit Commander Dick Schach. Die Gefangene und ihr Bewacher erwiesen sich als gleichwertige Partner.

Später am Nachmittag gab es ein Tischtennismatch oder Kartenspiele mit den Polizeibeamten. Beim Rommé war sie unschlagbar. Einer ihrer Partner berichtete später: »Wenn wir um Geld gespielt hätten, wären wir alle pleite gegangen.«

Als Leila die Nachrichten von den schweren Verlusten der Palästinenser im Bürgerkrieg las, weinte sie. »Mein Verlobter ist ein Guerilla«, schüttete sie Anne Oldham gegenüber ihr Herz aus. »Ich weiß, daß er gefallen ist. Ich fühle es. Wenn ich bloß bei ihm sein könnte ...« (Ihre Sorge um den Verlobten – Codename: Bassem – war unbegründet. Eineinhalb Monate nach ihrer Entlassung verbrachte Leila mit Bassem Flitterwochen am Persischen Golf.)

Am Mittwoch, dem 30. September, bestellte Leila wie immer das Abendessen aus der Kantine. Aber noch bevor es serviert wurde, hielt ein geschlossener Polizeiwagen vor dem Hinterausgang der Polizeistation. Leila mußte in Windeseile ihren Koffer packen. Nur zwei Leute wußten, daß die Entlassungsaktion begonnen hatte: Anne Oldham und Commander Bond. Mit ihnen bestieg die Araberin den Polizeiwagen.

Nach etwa einem Kilometer Fahrt durch den abendlichen Hauptverkehr schlossen sich zwei Limousinen der Kriminalpolizei an, zu denen später sechs Kriminalbeamte auf Motorrädern stießen. Das Ziel des Konvois war der Flugplatz Northold in Middlesex.

Anne Oldham legte eine Stewardessenuniform an, bevor sie mit Leila den wartenden Hubschrauber bestieg. Ein zweiter Hubschrauber nahm Commander Bond auf. Um halb neun landeten die beiden Helikopter auf dem Flugplatz Lyneham der Royal Air Force. Ein dichter Polzeikordon riegelte ihn hermetisch von der Außenwelt ab. Kriminalbeamte mit Polizeihunden bewachten die am Pistenrand stehende vierstrahlige Düsenmaschine vom Typ »Comet«, die Leila mit Anne Oldham, Commander Bond und zwei weiteren Polizeibeamten nun bestieg. Sie saß allein mit ihren vier Bewachern im hinteren Teil des

Flugzeugs, das sofort Kurs auf München nahm. Dort stiegen die drei arabischen Terroristen mit je einem Bewacher zu, und in Zürich nahm die »Comet« schließlich ihre letzten Passagiere auf: drei arabische Guerillas und drei Schweizer Kriminalbeamte. Es war zwei Uhr nachts, als die Maschine zum Flug nach Kairo startete, wo sie im frühen Morgenlicht landete.

Der Flugplatz der ägyptischen Hauptstadt war für den Luftverkehr gesperrt worden. Nur die Maschinen mit den Ehrengästen zu Nassers Beerdigung durften landen, und Geschwaderkommandant James mußte mit den Kriminalbeamten aus drei Nationen sofort wieder abfliegen, nachdem Leila und die übrigen Araber ausgestiegen waren.

Die sieben Terroristen wurden zu einem Gästehaus der ägyptischen Regierung gefahren. In den Straßen Millionen von Menschen. Trauerumzüge, Frauen, die sich in hysterischer Verzweiflung die Haare ausrissen, berittene Polizei, Hubschrauberschwärme am sonnigen blauen Himmel. Sprechchöre: »Gamal, warum hast du uns verlassen? Wir haben keinen Vater mehr!« – dann die chaotische Überführung der Leiche, der Durchbruch der Masse an der Kasr-el-Nil-Brücke, wild um sich schlagende Polizisten, die Ehrengäste, die in einem Menschenmeer untergingen und um ihr Leben fürchteten, die eingekeilte Lafette mit dem Sarg, der um ein Haar von der Menge entführt worden wäre. Noch nie hatte die Welt ein spektakuläreres Staatsbegräbnis gesehen!

Leila Khaled saß im Gästehaus vor dem Fernseher und beobachtete es fasziniert. Trauer über Nassers Tod empfand sie nicht. Die Volksfront für die Befreiung Palästinas hatte den ägyptischen Staatspräsidenten leidenschaftlich bekämpft: Er ließ sich auf den amerikanischen Friedensplan ein und wollte sich mit den Israelis einigen – auf Kosten der Palästinenser.

Dennoch erwies Leila am nächsten Morgen dem Staatsmann Nasser ihre Reverenz. Gemeinsam mit den sechs anderen arabischen Terroristen legte sie an seinem Grab einen Kranz nieder.

Dem Verfasser ist es ein Bedürfnis, all jenen Dank zu sagen, die dieses Buch möglich gemacht haben, insbesondere dem *Stern*. Mit der personellen und finanziellen Unterstützung des Hamburger Magazins war es möglich, die »Betroffenen« der größten Flugzeugentführungsaktion in der Geschichte der Zivilluftfahrt in Europa, Amerika und dem Nahen Osten aufzusuchen und ausführlich zu interviewen. Die Flugkapitäne der gekaperten Maschinen, Stewardessen, Co-Piloten, Bordingenieure, Sicherheitsbeamte, Flughafenangestellte, die »Heldin der arabischen Revolution«, Leila Khaled, Minister und Diplomaten, Mitglieder des Internationalen Komitees vom Roten Kreuz und der Volksfront für die Befreiung Palästinas sowie zahlreiche Geiseln und ihre Angehörigen haben ihre Erlebnisse im Zusammenhang mit den Flugzeugentführungen minuziös geschildert und auf Tonband gesprochen. Die Abschriften dieser Tonbänder, die mehr als tausend Seiten füllen, haben mir als Material für das vorliegende Buch gedient.

Hamburg, Sommer 1971   *Jörg Andrees Elten*

Bitte beachten Sie die folgenden Seiten. Die dort angegebenen Preise entsprechen dem Stand vom Frühjahr 1973 und können sich nach wirtschaftlichen Notwendigkeiten ändern.

Goldmanns GELBE Taschenbücher

Anthony Nutting: Die arabische Welt. Von Mohammed bis Nasser. Mit 7 Karten und 5 Stammtafeln. Band 1932/33. DM 5.–

Der Islam ist eine der großen geistigen und politischen Kräfte unserer Welt. In den 32 Kapiteln dieses Buches schildert Nutting ein Geschehen, das zu den dramatischsten Kapiteln in der Geschichte der Menschheit gehört.

Roland Oliver und John D. Fage: Kurze Geschichte Afrikas. Mit 10 Karten, einer Zeittafel und bibliographischen Hinweisen. Band 1418/19. DM 5.–

Zwei hervorragende Afrika-Kenner geben hier eine Zusammenfassung dessen, was archäologische Funde, mündliche Überlieferungen und die Ergebnisse von vielen wissenschaftlichen Untersuchungen über die Epochen der afrikanischen Geschichte aussagen.

Gustav Faber: Im Land der Bibel. Eine Reise durch das moderne Israel. Mit 22 Aufnahmen des Verfassers und 2 Landkarten. Band 2509. DM 3.–

Der bekannte Reiseschriftsteller Gustav Faber besuchte Stätten des Alten und des Neuen Testaments: Jerusalem, Bethlehem, Nazareth u. a. um festzustellen, wie diese Orte des frühen Christentums die Jahrhunderte überdauert und sich der modernen Zeit angepaßt haben.

WILHELM GOLDMANN VERLAG MÜNCHEN

Goldmanns GELBE Taschenbücher

JUSTITIA

Sensationelle Kriminalfälle

Gesammelt und herausgegeben von G. H. Mostar und R. A. Stemmle.
8 Bände zu je DM 3.–

Jahre des Schreckens. (1796)
Die Hölle in der Rue Lusueur – Kriminelles Hörspiel – Der Einbruch in eine Fürstengruft u. a.

Die Höllenmaschinen des Dandy Keith. (1898)
Der höfliche Attentäter – Der Tod des Gelehrten – Vorschuß auf den Tod u. a.

Die Bräute des Satans. (1911)
Der Mann der weißen Magie – Der Kirchenräuber von Lüneburg – Irrsinn und Irrtum u. a.

Die Medea von Paris. (1923)
Engelsgesicht – Die Unsympathische – Das verratene Beichtgeheimnis – Amphitryon u. a.

Das verschwundene Kind. (1936)
Die Kindsmörderin und die Scharfrichterin – Tartuffe als Mörder – Die falsche Glücksfee u. a.

Der Dienstmädchenmörder von Wien. (1974)
Die deutsche Brinvilliers – Die beiden Freundinnen und ihr Giftmord u. a.

Unschuldig verurteilt! (1986)
Justizmord im Kleinstaat – Die ehrbare Witwe mit 20 000 Kronen – Der Briefmarder u. a.

Der Meisterfälscher. (1999)
Der Prophet der feinen Leute – Ein verbrecherischer Staatsanwalt – Vampir u. a.

WILHELM GOLDMANN VERLAG MÜNCHEN

Goldmanns GELBE Taschenbücher

NATIONEN IM AUFBRUCH
Restauration und Fortschritt. 1815–1871 (7).
Herausgegeben von Richard Ruhland. Band 1818. DM 3.–

Die tiefgreifenden politischen, wirtschaftlichen und sozialen Umwälzungen, die die Zeit zwischen 1815 und 1871 prägen, spiegeln sich in den Quellentexten. Große Aufmerksamkeit widmet der Band den ökonomischen, technischen und sozialen Veränderungen und bringt einen Auszug aus dem Kommunistischen Manifest.

DAS ZEITALTER DES IMPERIALISMUS
Kaiserreich u. Erster Weltkrieg. 1871-1918 (8).
Herausgegeben von Rolf Eckart. Band 1819. DM 3.–

Hier werden vor allem die gesellschaftlichen Verhältnisse im deutschen Kaiserreich von 1871–1918 durch die Texte anschaulich, die die wichtigsten Ereignisse dieser Zeit berühren: Annexion Elsaß-Lothringens, Kulturkampf, Antisemitismus, Sozialistengesetze, Kolonialpolitik, Aufrüstung, Erster Weltkrieg.

DAS DRITTE REICH
1918–1945 (9).
Herausgegeben von Christian Geißler. Band 1820. DM 3.–

Die Quellentexte geben Aufschluß über politische Tendenzen, die im 3. Reich und vorher teils untergründig und teils offenkundig in Deutschland schwelten. Die Äußerungen, z.B. von Hitler, Höß, Hanns Johst, Rudel, Anna Seghers, Briand, Geschwister Scholl, Moltke, deuten darauf hin, was getan, aber auch, was versäumt wurde.

WILHELM GOLDMANN VERLAG MÜNCHEN

Roman/224 Seiten
Leinen 19.80

Eine Schwäche für das Leben

Francis Clifford

Der Leser wird gefesselt und in Atem gehalten von der Geschichte zweier Brüder, einer modernen Variante des Kain-und-Abel-Themas.

„Seit Graham Greenes ‹Der dritte Mann› gab es keinen Schriftsteller von solch durchschlagender Qualität."

Daily Telegraph

Verehrter Leser,
senden Sie bitte diese Karte ausgefüllt an den Verlag. Sie erhalten kostenlos unsere Verlagsverzeichnisse zugestellt.

WILHELM GOLDMANN VERLAG · 8 MÜNCHEN 80

Bitte hier abschneiden

Diese Karte entnahm ich dem Buch _____

_____

Kritik + Anregungen _____

_____

_____

_____

_____

_____

_____

_____

_____

Ich wünsche die kostenlose und unverbindliche Zusendung des Verlagskataloges und laufende Unterrichtung über die Neuerscheinungen des Wilhelm Goldmann Verlages.

Name _____

Beruf _____ Ort _____

Straße _____

Ich empfehle, den Katalog auch an die nachstehende Adresse zu senden:

Name _____

Beruf _____ Ort _____

Straße _____

Goldmann Taschenbücher sind mit über 3200 Titeln (Frühjahr 1972) die größte deutsche Taschenbuchreihe. Jeden Monat etwa 25 Neuerscheinungen. Gesamtauflage über 125 Millionen.

Aus dem WILHELM GOLDMANN VERLAG
8 München 80, Postfach 80 07 09 bestelle ich
durch die Buchhandlung

Anzahl	Titel bzw. Band-Nr.	Preis

Datum:

Unterschrift:

Wilhelm Goldmann Verlag

8000 MÜNCHEN 80
Postfach 80 07 09

Bitte mit
Postkarten-
Porto
frankieren.